Hans-Otto Thomashoff

Ich suchte das Glück und fand die Zufriedenheit

HANS-OTTO THOMASHOFF

Ich suchte
DAS GLÜCK
und fand
DIE ZUFRIEDENHEIT

Eine spannende Reise in die Welt
von Gehirn und Psyche

ARISTON

Der Liebe und der, der ich sie verdanke

Verlagsgruppe Random House FSC® N001967
Das für dieses Buch verwendete FSC®-zertifizierte Papier
EOS liefert Salzer Papier, St. Pölten, Austria.

Bibliografische Information der Deutschen Bibliothek

Die Deutsche Bibliothek verzeichnet diese Publikation
in der Deutschen Nationalbibliografie; detaillierte bibliografische
Daten sind im Internet unter http://dnb.ddb.de abrufbar.

Redaktion: Dr. Regina Carstensen
Umschlaggestaltung: Hauptmann und Kompanie Werbeagentur,
Zürich, Dominic Wilhelm
Satz: EDV-Fotosatz Huber/Verlagsservice G. Pfeifer, Germering
Druck und Bindung: Pustet, Regensburg
Printed in Germany

ISBN 978-3-424-20104-8

Inhalt

Einleitung

Zufriedenheit versus Glück

Wozu ein Buch über Zufriedenheit? Ganz einfach: Weil alle Menschen glücklich sein wollen. Und dabei einem Irrglauben aufsitzen: Nicht Glück macht glücklich, sondern Zufriedenheit. Zufriedenheit *ist* das eigentliche Glück.

Dabei ist das Glück, oder eher die Suche danach, in aller Munde. Ganz anders die Zufriedenheit. Sie führt ein regelrechtes Schattendasein. Nicht einmal als Buchtitel war sie bislang besetzt. Ihr haftet etwas Unspektakuläres, ja Langweiliges an. Es fehlt ihr der Kick. Und doch ist Zufriedenheit für ein gelingendes Leben viel bedeutsamer als ihr so begehrter Verwandter, das Glück. Denn das bestätigen Alltagserfahrung ebenso wie Hirnforschung: Glück ist flüchtig, Zufriedenheit hingegen beständig.

Und doch, getrieben von Hollywood und bunter Werbemaschinerie, streben wir heutzutage alle nach dem Glück durch Konsum, Spiel, Drogen und Beziehungsperfektionswahn – und finden dabei keine Zeit mehr, unser Leben zu leben. Wir sind viel zu sehr damit beschäftigt, uns selbst zu optimieren, und versprechen uns als Belohnung für unsere Mühen ein glückliches Leben. Dabei bemerken wir gar nicht, dass hinter jedem Ziel schon das nächste lauert, das erreicht werden will. Und so jagen wir von schöner zu schlanker zu schlauer und werden doch nur immer frustrierter.

»Macht die Lektüre von Frauenzeitschriften unglücklich?«, wollten drei Wiener Psychologinnen wissen. In einem medienpsychologischen Experiment gingen sie der Frage nach einem möglichen Zusammenhang zwischen schlechter Stimmung, Unzufriedenheit mit dem eigenen Körper und dem Schlankheitsstreben bei jungen Frauen nach. Und siehe da: Die Studie belegte eindrucksvoll, dass sie nach dem Konsum von Frauenzeitschriften signifikant häufiger mit ihrer Figur unzufrieden waren. Und das verhagelte ihnen eindeutig die Stimmung.

Ein Glücksgefühl entsteht vor allem dann, wenn ein Ereignis überraschend besser eintritt als ursprünglich erwartet. Und aus der Hoffnung darauf, dass es so kommen möge. Genau auf dieser Hoffnung basieren etwa sämtliche Glücksspiele.

Ganz anders dagegen das Gefühl wohliger Zufriedenheit. Es stellt sich ein, wenn die Bedürfnisse von Körper und Psyche weitgehend gestillt sind, trotz der von der Umwelt gesetzten Grenzen. Gelingt die Bedürfnisbefriedigung zumindest ausreichend, steht einem zufriedenen Leben eigentlich kaum noch etwas im Wege. Ja selbst die so oft gepriesene Suche nach dem Sinn des Lebens wird dann überflüssig. Macht sie doch nur dort Sinn, wo die Realität frustrierend ist.

Entsprechend ergaben weltweite Studien der OECD, der internationalen Organisation für wirtschaftliche Zusammenarbeit und Entwicklung, dass die Mehrheit der

Menschen subjektive Zufriedenheit mit dem Leben als das höchste Gut ansieht. Vor Gesundheitszustand, Bildungsniveau, dem Zustand der Umwelt, der Balance von Arbeit und Freizeit, der beruflichen Situation, der Größe von Wohnung und Einkommen, dem politischen System. In genau dieser Reihenfolge. Eine deutsche Besonderheit gibt es auch: »In Deutschland fällt auf, dass die materielle Situation überdurchschnittlich ist, die subjektive Lebenszufriedenheit aber unter dem Schnitt liegt.« So die OECD laut *FAZ* vom 20. Januar 2014. Es gibt also viel zu tun.

Können wir Wissenschaft im Alltag überhaupt gebrauchen?

Das vorliegende Buch basiert auf Erkenntnissen aus Psychologie, Psychoanalyse und Neurobiologie. Nur wenn diese drei Disziplinen im Zusammenhang betrachtet werden, ergibt sich ein schlüssiges Gesamtbild von der Funktionsweise unseres Gehirns und seiner von ihm erschaffenen Psyche. Während die Psychologie misst, wer zufrieden ist und welche Verhaltensweisen damit einhergehen, versucht die Psychoanalyse diese Beobachtungen zu erklären. Sie leitet aus der Entwicklungspsychologie die Entstehung individueller Charakterstrukturen ab, die die Grundlage bilden für unser Verhalten und für unser Empfinden. Die Neurobiologie schließlich zeigt auf, wie und wo genau im Gehirn diese Strukturen biologisch Gestalt annehmen. Inzwischen kann sie sogar in Ansätzen objektiv sichtbar machen, was wir wie denken und fühlen. Parallelen, Überschneidungen und Unterschiede zwischen verschiedenen psychischen Zuständen werden so erkennbar.

Immer baut sich das Gehirn – ausgehend von seiner genetischen Ausgangsbasis – in konstantem Wechselspiel mit der Umwelt auf und erschafft so die Psyche. Indem wir verstehen, wie wir zu dem werden, wer wir sind, gewinnen wir gezielte, weil wissenschaftlich fundierte Ansätze für ein zufriedeneres Leben mit ganz konkreten Handlungsempfehlungen.

Mit einem solchen lebenspraktischen Ziel vor Augen lag es nahe, als Quellen für das vorliegende Buch nicht nur auf die wissenschaftliche Literatur zurückzugreifen, sondern sie durch Fallgeschichten aus der Praxis, durch den lebendigen Austausch mit Kollegen und durch Anekdoten aus dem Alltag zu bereichern. Dieses bunte Leben fand ich nicht nur in meinem eigenen Umfeld, beruflich und privat, sondern überall in der Beobachtung und in der Überlieferung gelebten Menschseins. Es lieferte lebensnahe und konkrete Ansatzpunkte zur Erläuterung der eigentlichen wissenschaftlichen Zusammenhänge.

Wird Zufriedenheit zu einem bewusst angestrebten Lebensziel, so entsteht dadurch eine echte Alternative zum Dauerfrust in der Hektik des vorbeirauschenden Alltags, der sonst irgendwann in einem Burn-out oder in esoterische Weltflucht mündet. Und das betrifft keineswegs nur jeden Einzelnen von uns, sondern hat zugleich weitreichende gesellschaftliche Konsequenzen. Denn würden mehr von uns zufrieden leben, so wäre das ansteckend für die anderen. Stichwort: Spiegelzellen. Warum das so ist und was Spiegelzellen eigentlich sind, auch das erfahren Sie in diesem Buch. Auf diese Weise könnte langfristig zahlreichen psychischen und psychosomatischen Krankheiten, ja selbst Aggression, Gewalt und Kriminalität wirkungsvoll vorgebeugt werden.

Wenn also Sie, liebe Leserin, lieber Leser, wenn jeder von uns, wenn wir alle gemeinsam unser Leben ändern, indem wir bewusst nach mehr Zufriedenheit streben, dann bessert sich unsere Lebensqualität entscheidend. Nicht nur wir selbst werden dann glücklicher, sondern zugleich gewinnen wir Lösungsansätze für diverse drängende Probleme unserer Gesellschaft. Mehr noch: Dieses Lebensgefühl würde automatisch an zukünftige Generationen weitergegeben. Denn den weiteren Verlauf unserer Evolution beeinflussen wir längst aktiv mit, ob wir das nun wollen oder nicht. Wie? Auch das wird im Laufe dieses Buches ersichtlich.

Am besten fangen wir gleich an. Denn es ist eigentlich gar nicht schwer. Sie werden sehen.

1 Der wunderbare Weg des Lebens

Was heißt hier eigentlich »gesund«?

Stellen Sie sich vor, man bietet Ihnen an, eine Zeit lang nichts zu tun, rein gar nichts. Als Ausgleich dafür erhalten Sie eine großzügige Bezahlung. Das Angebot klingt doch verlockend, oder? Kanada 1954: Die Interessenten für die Teilnahme an einem solchen psychologischen Experiment standen Schlange. Sie sollten in der Tat nichts weiter tun, als in einem Bett zu liegen. Ihre Hände wurden in losen Handschuhen und die Augen durch Brillen in einer starren Blickrichtung fixiert. Essen und Trinken wurde den Teilnehmern nach Belieben verabreicht. Jederzeit, so die Vorgabe, stand es ihnen frei, den Versuch abzubrechen.

Die meisten schliefen sich erst einmal in Ruhe aus. Als sie dann wieder wach wurden, sangen oder pfiffen sie nach einer Weile vor sich hin. Oder sie begannen, mit sich selbst zu sprechen. Stunden später empfanden sie ihre Lage zunehmend als quälend. Obgleich es den Verzicht auf ihr Honorar bedeutete, stiegen die Ersten aus. Wer blieb, begann ohne Ausnahme innerhalb von nur 24 Stunden wild zu halluzinieren. Die Versuchsleiter waren gezwungen, das Experiment vorzeitig abzubrechen. Die verbliebenen Teilnehmer selbst waren dazu nicht mehr in der Lage. Sie litten an hochgradigen Verwirrtheitszuständen, waren klinisch psychotisch oder umgangssprachlich gesprochen schlichtweg durchgedreht. Ohne Außenreize bricht unser psychisches Gleichgewicht zusammen, so wie unser Körper ohne Flüssigkeits- oder Nahrungszufuhr nicht existieren kann.

Ein ähnlich gelagertes historisches Beispiel: Der deutsche Kaiser Friedrich II. war nicht nur ein strategisch denkender Staatsmann, sondern zugleich auch ein seiner Zeit weit vorauseilender Universaldenker, Wissenschaftler und Schriftsteller. Anfang des 13. Jahrhunderts suchte er nach der Ursprache der Menschheit. Hierzu ließ er Neugeborene von stumm bleibenden Ammen aufziehen. Was als harmloses Experiment gedacht war, mündete in einer kleinen Katastrophe. Denn anstatt munter in Latein, Altgriechisch oder Hebräisch draufloszuplaudern, verstarben alle Säuglinge innerhalb kürzester Zeit. Unser Gehirn braucht eben mehr als nur irgendwelche Reize von außen. Wir brauchen ganz konkret menschliche Kontakte, Beziehungen, und als Teil davon ein gewisses Maß an emotionalem Verständnis und sozialer Anerkennung.

Und so führt nicht nur eine massive Störung unserer Körperfunktionen zum Tod, sondern genauso eine Entgleisung unserer psychischen Stabilität. Selbstmord ist immerhin die achthäufigste Todesursache des Menschen überhaupt, in der Altersgruppe zwischen 15 und 24 Jahren sogar die Zweithäufigste. Allein in den USA nehmen sich pro Jahr 30 000 Menschen das Leben, das ist alle achtzehn Minuten einer. Welchen Überlebensvorteil aber bietet eine Hirnfunktion, die uns offenbar so abhängig macht von unserer Umwelt und die so voller Risiken steckt?

Einen enormen! Denn erst durch die Außenreizabhängigkeit wurde Lernen im weitesten Sinne auch außerhalb des klassischen biologischen Gesetzes von genetischer Mutation und Selektion möglich, wo es willkürlicher genetischer Änderungen bedarf, die sich dann in der Umwelt bewähren müssen. Bis so etwas passiert, vergehen in der Regel Jahrtausende oder mehr. Der Zufall entscheidet.

Mit der direkten Außenreizabhängigkeit dagegen wurde die Anpassungsfähigkeit an die Umwelt und ihren permanenten Wandel unermesslich vervielfacht. Doch damit nicht genug. Evolution ist in letzter Konsequenz nichts anderes als eine Weitergabe von Information. Das geschieht einerseits durch die Gene, aber längst nicht nur durch sie. Auch durch Verhalten – oder bei uns Menschen ganz unmittelbar durch Sprache und Schrift – findet Evolution statt, werden Umweltanpassungen direkt an die nachfolgenden Generationen weitergegeben. Mit der Einführung des Internets ist Information auf einmal zeitlich und mengenmäßig unbegrenzt verfügbar. Potenziell für jeden, jederzeit. Die Geschwindigkeit der Evolution hat sich dadurch massiv beschleunigt.

Doch was hat das alles mit Glück und Zufriedenheit zu tun?

Gut genug, um zu überleben, mehr nicht

In der Evolution haben sich Eigenschaften dann durchgesetzt, wenn sie für das Überleben vorteilhaft waren. Oder es zumindest nicht grob behinderten. Emotionen entstanden dabei als dem Überleben dienende Entscheidungshilfen. Einfach und schnell, nicht immer zuverlässig, aber insgesamt brauchbar. Hilfreich dabei, uns zu bestimmten Handlungen zu motivieren oder uns von anderen abzuhalten. Auch emotional lernen wir. Positive Emotionen verlangen nach mehr. Negative führen zu Vermeidung und schützen uns so vor schädlichem Verhalten.

Gerade bei uns Menschen aber scheint da bei näherer Betrachtung einiges durcheinandergeraten zu sein. Ist doch unsere Suche nach dem Glück im Sinne der Evolution oft fehlgeleitet. Etwa wenn wir an Spielsucht oder andere Süchte denken. Wie erklärt sich diese weitere auf den ersten Blick widersinnige Beobachtung?

Recht einfach, wenn wir uns von einem Mythos verabschieden. Denn die Evolution hält sich keineswegs an die Ideologie vom *Survival of the fittest*, von der Auslese der Besten. Schauen Sie sich einmal bewusst um, und Sie werden schnell bemerken, dass keineswegs nur die Fittesten unter uns weilen, sondern eben alle, die es irgendwie schaffen. Und sei es noch so knapp. »Gut genug, um zu überleben«, lautet die wahre Formel der Evolution, und die toleriert eben so manche Seitenstraße der Entwicklung, selbst wenn sie verschlungen ist. Außerdem sind gerade wir Menschen längst nicht mehr allein den Gesetzen der biologischen Evolution unterworfen. Wie ich bereits angedeutet habe, wird unsere Evolution vor allem kulturell, von unserem angesammelten Menschheitswissen bestimmt. Und dessen Inhalte definieren wir weitgehend selbst. Das ist revolutionär. Und doch haben wir das bislang nicht wirklich erkannt und stellen uns daher nicht den Konsequenzen, die sich daraus ergeben.

Warum wir Bedürfnisse haben

Beginnen wir mit der Frage, wie es zur Entstehung von Bedürfnissen gekommen sein dürfte, jenen psychischen Mächten, die unser Verhalten bestimmen, weil sie nach Befriedigung drängen. Ursprünglich bestand die einzige Aufgabe der Psyche in der Sicherung des Überlebens. Und genau dafür kamen die Bedürfnisse ins Spiel. Also müssen wir grundlegender formulieren: Wie überhaupt entstand die Psyche im Gehirn auf dem langen Weg der biologischen Evolution, und wo stehen wir heute?

Jedes Lebewesen ist nur so lange lebendig, wie es ihm gelingt, ein ausreichendes Gleichgewicht seiner Stoffwechselfunktionen aufrechtzuerhalten. Um die hierfür erforderlichen Schritte zu koordinieren, entwickelte sich bereits bei den einfachsten Tieren, den ersten Vielzellern, ein simples Nervensystem. In konstantem Austausch mit der Umwelt erlaubte es eine gezielte Sicherung der Lebensgrundlagen, etwa durch aktive Nahrungsbeschaffung. Im weiteren Verlauf der Evolution traten dann immer neue Aufgaben hinzu wie geschlechtliche Fortpflanzung und Gestaltung des Lebensraums. Je weiter dadurch die

Nervenvernetzungen wuchsen, desto komplexere Antworten des Nervensystems auf Außenreize wurden möglich. Die Basis für eine zunehmend flexiblere Anpassungsfähigkeit war geschaffen. Gerade die zeichnet uns Menschen ja aus.

Konnten wir bislang die Antworten von Nervensystemen auf Umweltreize nur am Verhalten ablesen, ist es Neurowissenschaftlern inzwischen gelungen, auch ganz direkt im Nervensystem elektrische Impulse zu messen und so im Detail zu erkennen, wann welche Reaktion wie und wo erfolgt.

Am ursprünglichsten und simpelsten arbeitet das Nervensystem bei einem ungebetenen Gast des Menschen, dem Bandwurm. Bei diesem primitiv gebauten Tier bewirkt in der Regel jeder Reiz von außen genau einen einzigen Nervenimpuls als Antwort. Das Tierchen denkt sich also nicht viel, sondern es reagiert wie eine Marionette auf seine Umwelt. Offenkundig reicht ihm das zum Überleben im Darm seines Wirts aus.

Bereits deutlich komplexer sind da die Abläufe in den vergleichsweise zwergenhaften Hirnen einfacher Wirbeltiere. So hat der Neurobiologe Gerhard Roth von der Universität Bremen bei Salamandern bereits mehrere Tausend Impulse als Reaktion auf einen einzigen Umweltreiz messen können. Die Folge davon: Bei so viel Komplexität schleicht sich der Zufall ein und es lässt sich nicht mehr verlässlich vorhersagen, wie ein Tier auf einen spezifischen Außenreiz reagieren wird. Seine Reaktion wird das eine Mal so und das nächste Mal vielleicht ganz anders ausfallen. Ein Muster, das wir ja von uns Menschen bestens kennen. Denn auch bei uns gilt: So wirklich sicher können wir nie wissen, welches Verhalten unsere Handlung bei einem anderen auslösen wird. Immer spielen da viele Faktoren mit hinein. Und immer mischt der Zufall mit. Beobachten Sie Ihre Mitmenschen oder sich selbst, und Sie werden sicher zustimmen. Mal geben Sie dem Obdachlosen 1 Euro und mal nicht, abhängig von allen möglichen Faktoren. Ihrer Laune, seinem Auftreten, dem Wetter und so weiter. Am wichtigsten dabei: Ihr Bauchgefühl gerade in dem Moment.

Diese Gefühle, die so massiv unser Verhalten bestimmen, entstanden evolutionär erst ab einer gewissen Komplexität der Nervensysteme. Denn dafür sind ganz bestimmte Hirnbereiche erforderlich. Weil die etwa bei Salamandern noch fehlen, dürften diese Amphibien Zufriedenheit und Glück im engeren Sinne kaum kennen. Nicht Gefühl und Intellekt bestimmen ihr Verhalten, sondern schlichte, genetisch festgelegte Instinkthandlungen. Mit ihrer Hilfe lernt das einzelne Tier im Laufe seines Lebens und kann sich dadurch innerhalb gewisser Grenzen an seine Umwelt anpassen. Allerdings kann es dieses Wissen nicht an seine Nachkommen weitergeben.

Bei uns Menschen ist das anders. Wir verfügen über das bislang am weitesten entwickelte Nervensystem. Mit dem Gehirn an der Spitze ist sein Aufgabenspektrum inzwischen so umfassend, dass wir auf einen einzelnen Außenreiz in der Regel mit mehreren Millionen Nervenimpulsen antworten. Das meiste von dem, was wir denken, ist demnach hausgemacht. Als Folge davon besitzen wir abstrakte Konzepte, allen voran das Bewusstsein von uns selbst. Ich denke, also bin ich. Über unsere Hirnfunktion erleben wir uns als Menschen. Konsequenterweise haben wir deshalb in den meisten Kulturen das Erlöschen der Hirnaktivität zum entscheidenden Kriterium für den Tod des Individuums definiert.

Mit der gestiegenen Komplexität unseres menschlichen Gehirns blieb seine Aufgabe nicht mehr auf die Sicherstellung der körperlichen Grundbedürfnisse beschränkt. Aus zunehmender Abstraktion entwickelte sich Fantasie und mit ihr begann das Denken im eigentlichen Sinn. Eine psychische Realität entstand, die, wenngleich Teil der körperlichen Existenz, eigenständig nach Aufrechterhaltung eines Gleichgewichts verlangt. Ohne genügend Außenreize, ohne geistige »Nahrung«, können wir eben nicht existieren. Das belegte der Versuch aus Kanada (siehe S. 15ff.). Und wie der tragische Tod der Neugeborenen zeigte, die starben, anstatt zu sprechen, ist *die* entscheidende Form von »Nahrung«, die unser Gehirn benötigt, die Beziehung zu anderen Menschen. Beziehungen wirken direkt auf unsere Hirnstruktur ein und formen damit ihre Biologie. Wie, das werden wir noch im Detail sehen. Einmal gespeichert, können wir sie dann im weiteren Lebensverlauf bei Bedarf selbst abrufen. Doch zuerst einmal müssen wir sie ganz konkret erleben.

Ohne dich bin ich nichts

Als soziale Wesen sind wir vom Beginn unseres Lebens an von anderen Menschen abhängig. Und so neigen wir dazu, anderen zu vertrauen, vor allem in Situationen, in denen wir selbst nicht weiterwissen. Wir fragen nach dem Weg, suchen den guten Rat von Freunden und lassen uns von Fachleuten die Welt erklären in dem unüberschaubar komplexen System, zu dem unsere Gesellschaft geworden ist. Genau diese tief verwurzelte Neigung in uns, wenn es schwierig wird, anderen zu vertrauen, kann allerdings missbraucht werden.

Zum Beleg eines der berühmtesten Experimente der Sozialpsychologie, das der Psychologe Stanley Milgram erstmals 1961 in New Haven in den USA durchführte und das seither an vielen Orten der Welt mit sehr ähnlichen, auf den ersten Blick überraschenden Ergebnissen wiederholt wurde. Die Teilnehmer an dem Versuch bekamen die Rolle von strengen Lehrern zugeschrieben. Sie mussten ihren in einem Glaskasten sitzenden Schülern Fragen stellen und sie bei jeder falschen Antwort mit Elektroschocks bestrafen, deren Intensität im Verlauf kontinuierlich gesteigert wurde. Wie schmerzhaft diese Schocks waren, wussten die Teilnehmer. Denn vor Beginn wurde ihnen selbst probeweise ein Schock mittlerer Stärke verabreicht.

Während die Schüler in Wirklichkeit Schauspieler waren, die die zunehmend quälenden Schockfolgen nur simulierten, sahen sich die eigentlichen Versuchsteilnehmer bald mit einer Gewissensfrage konfrontiert: Würden sie bereit sein, den Stromschalter immer weiter hochzufahren und damit zuletzt sogar vermeintlich das Leben ihrer Schüler zu riskieren? Siehe da, sie waren es, und wie! Psychiater hatten vor dem Experiment geschätzt, dass nur etwa jeder Tausendste Teilnehmer das augenscheinlich brutale Spiel bis zum bitteren Ende fortsetzen würde. In Wirklichkeit aber waren es fast zwei Drittel, die ihre zum Glück nur vorgetäuschten Opfer pflichtgetreu mit den Stromschlägen bis zur Höchstgrenze von 450 Volt quälten, bis zu schwerem Schock mit Lebensgefahr.

Bestürzend war damit unser offenbar bedingungsloser Gehorsam zur Gewaltanwendung in Szene gesetzt worden. Vor dem Hintergrund der Erinnerung an die Gräuel der Nazizeit schien der Beleg gefunden für einen sadistischen Trieb, den wir Menschen quasi alle in uns tragen sollten. So wurde es lange und oft in der wissenschaftlichen Literatur behauptet. Doch ist die Erklärung eine andere. Denn der Gehorsam erweist sich nicht als angeborener Sadismus, sondern als direkte Folge unseres Wunsches, nur ja das Richtige in einer Beziehung zu tun. Grund für die perverse Bereitwilligkeit waren die Anweisungen des Versuchsleiters mit seiner elterlich autoritären Rolle. Ihnen wurde eher entsprochen als dem Ruf des eigenen Gewissens. Kam, wie in späteren Wiederholungen des Versuchs, ein zweiter Versuchsleiter hinzu, der dem ersten Einhalt gebot, wurde das sadistische Spiel fast immer rechtzeitig abgebrochen.

Diese Aufgabe des eigenen Willens, diese Flucht in die Unterwerfung wirkt besonders dann, wenn die Lage heikel wird. Wenn ich selbst unter massivem Druck stehe, etwa weil ich in einem Konflikt zwischen zwei Entscheidungen gefangen bin oder weil die äußere Situation bedrohlich ist, dann bin ich unweigerlich dazu bereit, einem anderen zu vertrauen. Besonders wenn der das Sagen hat und ich damit meine Verantwortung abgeben kann. Ein unbewusster Sog entsteht, der mich in die Rolle eines Hilfe suchenden Kindes drängt.

Gänzlich ins Groteske verzerrt zeigte sich diese Dynamik beim sogenannten Stockholm-Syndrom, benannt nach einem dramatischen Ereignis in der schwedischen Hauptstadt. Am 23. August 1973 stürmte dort ein Gefangener auf Freigang die Kreditbanken am Norrmalmstorg im Stadtzentrum, um sie auszurauben. Der Coup misslang. Die Polizei wurde alarmiert, es kam zu einem Schusswechsel. Schließlich verbarrikadierte sich der Räuber mit vier Geiseln im Bankgebäude. Er forderte die Freilassung eines Komplizen, der zu der Zeit im Gefängnis saß, dazu drei Millionen schwedische Kronen, schusssichere Westen, Helme, Waffen und ein Fluchtfahrzeug. Die Zeit spielte gegen ihn. Fünf Tage lang dauerte der Nervenkrieg. Dann leitete die Polizei durch ein heimlich ins Dach der Bank gebohrtes Loch ein Betäubungsgas in das Gebäude ein, und Räuber wie Geiseln fielen in einen tiefen Schlummer. So konnte das Geiseldrama unblutig beendet werden. Niemand kam zu Schaden.

Das Besondere jedoch geschah nach der Festnahme des Täters. Trotz erlittener Bedrohung und Angst hegten die befreiten Geiseln keinerlei Groll gegenüber ihrem Geiselnehmer. Ganz im Gegenteil: Sie baten um Gnade für ihn und besuchten ihn sogar später, nach seiner Verurteilung, im Gefängnis. In der Bedrohung hatten sie ihren Peiniger lieben gelernt, weil er in der Gefahr, obwohl er selbst sie verursacht hatte, die Autorität der unmittelbaren Situation besessen hatte. Die Geiseln waren zu Kindern eines strengen Vaters geworden.

Jenseits der Biologie

Die Macht der Beziehung erweist sich damit als wesentlich prägender für unser Handeln, als es die These vom vermeintlich rein auf seinen Vorteil bedachten Egoisten Glauben machen will. Nur im Miteinander hat der Mensch im Laufe der Evolution überlebt, und ebendas prägt ihn noch heute. Die Psyche im menschlichen Gehirn baut sich auf aus ihren Erlebnissen und damit insbesondere aus den in ihr verinnerlichten Beziehungserfahrungen. Immer reagiert die biologische Struktur des Gehirns unweigerlich auf das, was als Information aus der Umwelt auf ihren Vernetzungsprozess einwirkt. Das bewusst und unbewusst vermittelte Wissen ist damit essenziell am Aufbau der biologischen Struktur beteiligt.

In weiten Teilen des Gehirns gilt: ohne Außenreiz keine Hirnstruktur. Zwar nahm die Geistesgeschichte der Menschheit ursprünglich auf biologischem Boden ihren Ausgang, doch längst wirkt sie direkt auf die Biologie ein. Das von einer Generation zur nächsten durch Verhalten und Sprache transportierte Wissen ist dauerhaft in unserer Hirnstruktur verankert und wird damit in jedem von uns aufs Neue zu Biologie. Anders als in der ursprünglich genetisch angetriebenen Evolution können wir damit unsere weitere evolutionäre Entwicklung aktiv beeinflussen, ja in weiten Teilen gezielt gestalten. Indem wir entscheiden, was wir weitergeben.

Was im Bereich der Gene mit der Genmanipulation als Spitze des Eisbergs erkennbar wird, praktizieren wir Menschen auf der Ebene der geistigen Wissensweitergabe, der

»Fortpflanzung« von Hirnstrukturinhalten und damit von Information, bereits seit Jahrtausenden. Nur erkannt haben wir die damit verbundene enorme Freiheit unserer Zukunftsgestaltung bislang kaum. Lediglich einige ideologisch fragwürdige Weltverbesserer propagieren den perfektionierten Menschen, wie ihn allerdings in dieser Form zu Recht keiner haben will. Statt ihnen weiter das Feld überlassen, sollten wir uns in einer offen geführten gesellschaftlichen Diskussion der Verantwortung stellen, dass wir in wesentlichen Teilen bereits selbst mitentscheiden, wer wir sind und wer wir in Zukunft sein werden.

Wie die Kultur ins Gehirn kam

Schon auf den Vorstufen zum heutigen Entwicklungsstand wies die Evolution des Nervensystems einige radikale Umbrüche auf. Erst sie schufen die Grundvoraussetzung für die Wissensweitergabe abseits des genetischen Grundbauplans und damit die biologische Grundlage für Kultur im weiteren und im engeren Sinne.

So besitzen nur Warmblüter (alle Vögel und Säugetiere) Hirnareale, in denen das Stresshormon Cortisol direkt wirksam werden kann. Bei äußerer Belastung wird es in den Nebennierenrinden ausgeschüttet, gelangt über den Blutkreislauf ins Gehirn und aktiviert dort direkt in den Nervenzellen Gene, die zu einer Verhaltensänderung als Reaktion auf vermehrten Stress in der Umwelt führen. Wie schon erwähnt, revolutionierte dieses unmittelbare Lernen an der Umwelt die Anpassungsfähigkeit. Während Kaltblüter (Reptilien, Amphibien, Fische und wirbellose Tiere) es dem Zufall überlassen müssen, ob sich irgendwann einmal ihre Gene zu ihrem Vorteil ändern, können Warmblüter unmittelbar auf Außenreize reagieren und zudem das so angepasste Verhalten dauerhaft an ihre Nachkommen weitergeben.

Der nächste zentrale Entwicklungsschritt kam mit der Fähigkeit zu vorausschauendem Handeln. Nicht nur Reagieren auf die Umwelt, sondern vorsorgliches Vorausplanen für den Fall potenzieller Änderungen wurde so möglich. Bereits die Vorstellung von einem Ereignis genügt uns, um uns auf das Erwartete vorzubereiten. Denken Sie an Ihre Lieblingsspeise, und schon wird Ihnen das Wasser im Munde zusammenlaufen. Die allerersten, noch unmittelbar bedürfnisorientierten und vergleichsweise einfachen Fantasien unserer Vorfahren gewannen durch die zunehmende Komplexität der Denkabläufe an Eigendynamik. Schließlich mündeten sie in den schier grenzenlosen Denkmöglichkeiten, wie wir sie heute haben. Besonders entfalten konnten sie sich dort, wo nicht mehr ein Großteil der Aufmerksamkeit auf die Sicherung der unmittelbaren Überlebensanforderungen gerichtet werden musste. Dort, wo Gesellschaft entstand.

Auch Fantasie findet sich, zumindest als vorausschauendes Vorwegnehmen einer erwarteten Reaktion, schon bei Tieren in unterschiedlichen Entwicklungsstufen. Bereits die recht simpel gestrickten Kapuzineraffen aus den Dschungeln Mittel- und Südamerikas unterstützen einen Artgenossen bei der Nahrungsbeschaffung, weil sie darauf bauen, dass sie später etwas abbekommen. Sie verstehen also, dass ihnen für ihre Hilfe eine Belohnung winkt. In einem trickreichen Versuch sperrte der niederländische Primatenforscher Frans de Waal zwei der schwarz-weißen Affen in unmittelbar nebeneinanderstehende Käfige. Mithilfe einer speziellen Vorrichtung konnten die beiden einen Schlitten mit Früchten in einen der beiden Käfige hineinziehen, allerdings nur mit vereinten Kräften. Obgleich das süße Obst erkennbar nur zu einem der beiden gelangen konnte, half der zweite Affe mit. Und er wurde von seinem Mitstreiter belohnt.

Bei Kapuzineraffen funktioniert diese Form der Kooperation nur, wenn der Lohn unmittelbar sichtbar ist. Menschenaffen hingegen helfen einander auch ohne Aussicht auf eine direkte Gegenleistung. Sie haben bereits eine abstrakte Vorstellung davon, dass das, was sie einem anderen Gutes tun, bei passender Gelegenheit vergolten werden wird. Und so hat sich bei ihnen bereits eine einfache Gemeinschaft von Geben und Nehmen entwickelt, in der Kooperationen und Abhängigkeiten das Zusammenleben bestimmen. Ihr Miteinander wird nicht mehr nur vom Augenblick, sondern bereits in Ansätzen von der Planung für die Zukunft bestimmt. Zukunftssicherung ist bei ihnen nicht mehr Instinkthandlung wie beim Murmeltier, das sich einen Wintervorrat zulegt, sondern bereits ein Stück weit echtes vorausschauendes Handeln.

Dass diese Entwicklung vor allem im Rahmen von Beziehungen stattfindet, deutet bereits an, dass *der* wesentliche Motor für die intellektuelle Weiterentwicklung einer Art innerhalb der Evolution die Intensität und die Vielgestaltigkeit ihres Beziehungslebens sein dürfte. Beziehung erfordert und fördert das Wachstum der Hirnstruktur. Nicht von ungefähr sind die Tiere mit den komplexesten Sozialstrukturen auch die intelligentesten ihrer Ordnung, etwa Papageien und Raben bei den Vögeln oder Menschenaffen und Delfine bei den Säugetieren. Selbst wenn sich hier die Henne-Ei-Frage stellen mag, so ist sie an dieser Stelle unwesentlich, da das Gehirn sich immer auf der Basis seiner Tendenz zur Selbstverstärkung aufbaut. Das heißt, eine einmal eingeschlagene Entwicklungsrichtung wird, solange sie sich bewährt, kontinuierlich fortgesetzt und dadurch von selbst verstärkt. Einmal erfolgreiches Verhalten wird wieder und wieder angewendet und dadurch zur Selbstverständlichkeit.

Selbst-Bewusstsein durch den anderen in uns

Mithilfe der zunehmenden Abstraktion und Verdichtung des Denkens hat sich der nächste evolutionäre Entwicklungsschritt dann quasi wie von selbst ergeben. Das Gehirn sucht stets nach Vereinfachungen. Das spart Speicherplatz und kostbare Energie. Und so bastelt es sich vereinfachende Zusammenfassungen von Wissensinhalten. Das sind pragmatische Konzepte, die automatisch als Ganzes Anwendung finden und sich in der Praxis bewähren. Jeder von uns besitzt deshalb eine Vorstellung von der eigenen Persönlichkeit, sein Selbst, das in der Regel auch dann stabil bleibt, wenn wir in unterschiedlichste Rollen hineinschlüpfen.

Voraussetzung dafür ist die Fähigkeit zur Selbstbeobachtung. Das Gehirn kann die Ergebnisse seiner Arbeit selbst wahrnehmen, seine eigenen Zustände und die Resultate seiner Aktivitäten analysieren. Die Konsequenzen dieser sogenannten Dritte-Person-Perspektive sind ein weiteres Mal revolutionär. Ihr verdanken wir *die* wesentliche Kontrollebene für unser Verhalten, das wir eben bewusst steuern können. Erst deshalb nehmen wir uns als selbstbestimmt wahr. Mehr noch, die Selbsterkenntnis begründet zugleich unser Erleben von Zeit. Wir handeln in der Zeit. Als Folge davon werden wir konfrontiert mit der zeitlichen Begrenztheit unserer Existenz, mit der Einsicht in unseren unausweichlichen Tod.

Wie frei sind wir wirklich?

Aber sind wir wirklich selbstbestimmt? Sind wir wirklich frei, unsere Handlungen nach eigenem Belieben zu gestalten? Wo sich früher Theologen und Philosophen stritten, liegen sich heute die Gelehrten aus Geistes- und Naturwissenschaften unversöhnlich in den Haaren. Und das nicht selten so vehement, dass Diskussionsrunden beinahe regelmäßig im Eklat enden. Warum können Philosophen und Neurobiologen bei diesem Thema so schlecht miteinander?

Begonnen hat der Streit mit einem Versuch des inzwischen verstorbenen Psychologen Benjamin Libet von der University of California. Er fand heraus, dass Freiwillige, die sich zwischen zwei Druckknöpfen entscheiden muss-

ten, mit der einzigen Konsequenz, dass ein dazugehören-
des Lämpchen aufleuchtete, den eigentlichen Handlungsimpuls in der dafür zuständigen Hirnregion schon in
Gang gesetzt hatten, noch bevor sie sich ihrer Entscheidung bewusst waren. Das heißt, bevor sie es selbst wussten, konnte der Untersucher bereits im Hirnstrombild
erkennen, welchen Knopf die Versuchsteilnehmer drücken würden. Zwar nur ziemlich genau 200 Millisekun-
den vorher, doch eben die waren entscheidend.

Während Libet selbst zurückhaltend in seinen Schluss-
folgerungen war und lediglich die Existenz des Unbewussten bewiesen sah, gingen Neurobiologen weiter. Sie
erklärten geradewegs den freien Willen zur Fiktion. Der
nunmehr nur noch vermeintlich selbstbestimmte Mensch
sei in Wirklichkeit nichts weiter als eine Marionette seiner unbewussten Impulse. Geisteswissenschaftler protes-
tierten dagegen, wurde doch ihr in Jahrhunderten philo-
sophischer Denkarbeit aufgebautes Selbstbild als frei und
selbstbestimmt durch diese Entmachtung des Intellekts
komplett über den Haufen geworfen. Doch wer hat nun
recht?

Ohne Frage kommt dem Unbewussten eine entscheidende Rolle in unseren Entscheidungsfindungen, ja in
unserer Lebensbewältigung insgesamt zu. Nicht erst seit
Sigmund Freud lässt sich das kaum noch seriös infrage
stellen. Doch seien Sie beruhigt. Was für das Drücken eines Knopfes gilt, lässt sich keinesfalls pauschal auf sämtliche Denkprozesse unseres Nervensystems übertragen.

Sie kennen das sicher: Berührt Ihre Hand eine heiße
Herdplatte, so ziehen Sie sie unweigerlich zurück, noch

bevor Sie darüber nachgedacht haben. Das Gehirn ist daran gar nicht beteiligt. Denn es handelt sich dabei um einen simplen Reflex. Das Rückenmark allein genügt für diese Handlung. Und das ist auch gut so, spart es doch kostbare Zeit. Würden wir zuerst in aller Ruhe abwägen, ob wir die Hand wegziehen sollten oder nicht, hätten wir aller Wahrscheinlichkeit nach eine schwere Verbrennung. Offenkundig verfügt unser Nervensystem also über verschiedene Denkebenen. Abhängig von der jeweiligen Situation und der Komplexität der Fragestellung besitzen wir ein ganzes Spektrum an Reaktionsweisen, die uns eben weniger oder mehr bewusste Denkarbeit abverlangen.

Dieses Reaktionsspektrum hat sich ebenfalls schrittweise im Laufe der Evolution ausgebildet. Je differenzierter das Nervensystem wurde, desto ausgefeilter wurden auch seine möglichen Antworten auf die Anforderungen aus der Umwelt. Als Folge davon können eben gerade wir Menschen flexibler als jedes andere Lebewesen auf Außenreize reagieren. Abhängig von Zeit und Bedeutung der anstehenden Entscheidung reichen unsere Handlungen vom direkten Reflex, der in Sekundenbruchteilen auf Rückenmarksebene entschieden wird, bis hin zu komplexen Entscheidungsfindungen wie etwa beim Autokauf oder bei der Partnerwahl. Die können gegebenenfalls Jahre in Anspruch nehmen. Sofern es die Zeit erlaubt, bestimmt vor allem die subjektive emotionale Gewichtung, die wir einer Entscheidung beimessen, wie viel Energie wir für den Entscheidungsprozess aufwenden. Das Drücken eines Knopfs, rechts oder links, das ansonsten ohne jede weitere Konsequenz blieb, reichte da nicht aus, um den Versuchspersonen in Libets Experiment Kopfzerbrechen zu bereiten.

Das Unbewusste existiert, ist fraglos mächtig, aber eben doch nicht allmächtig. Ausgehend von körperlichen und psychologischen Grundbedürfnissen entfaltet es sich in konstanter Wechselwirkung mit der Umwelt. Ein Prozess, der, wie wir gleich sehen werden, bereits vor der Geburt beginnt. Am Anfang ist alles Denken unbewusst. Erst ab einer gewissen Abstraktionsebene entsteht eine integrierte übergeordnete Steuerungsinstanz, das selbstreflexive Bewusstsein.

Zwar erleben wir das Bewusstsein als eigenständig und getrennt von unserem Unbewussten, doch handelt es sich letztlich nur um eine weitere Ebene unseres Entscheidungsfindungsapparats. Damit ist das Bewusstsein zwar immer den Regungen des Unbewussten ausgesetzt, aber aufgrund seiner übergeordneten Stellung eben nicht hilf- und willenlos.

Was unsere Lebenszufriedenheit angeht, bedeutet das, dass wir bewusst und aktiv auf die Gestaltung unseres Lebens Einfluss nehmen können. Sofern äußere Faktoren wie Gesundheit oder soziales Umfeld dem nicht massiv entgegenstehen, ist damit grundsätzlich ein recht zufriedenes Dasein ohne allzu großen Aufwand möglich. Es sei denn, passive Bequemlichkeit oder unbewusste Konflikte halten uns davon ab. Doch dazu an anderer Stelle mehr (siehe S. 207ff.).

Jedenfalls kam Libet zu dem Schluss, dass bewusstes Überlegen keineswegs ohne Konsequenzen bleiben muss, dass es zumindest eines kann: uns von einer Handlung abhalten. So uns die Zeit dazu bleibt. Andernfalls handeln wir im Affekt. In der Regel jedoch gilt: Selbst wenn wir etwas tun wollen, können wir es ebenso gut auch lassen. Eine Einsicht, die schon lange Teil menschlicher Traditionen ist, gilt doch nicht umsonst die Askese, der willentliche Verzicht auf etwas Begehrenswertes, in vielen Kulturen als Ausdruck besonderer geistiger Stärke. Sie symbolisiert und feiert den Triumph des Bewussten über das Unbewusste. Verzicht kann so zu einer Quelle von Zufriedenheit werden. Doch seien Sie ein weiteres Mal beruhigt, eine genussvolle Lebensführung kann das mindestens genauso.

Einmal gedacht – immer wieder gedacht

Wo stehen wir heute als Teil der Evolution auf unserem Planeten? In ihrer Essenz besteht Evolution ja, wie schon erwähnt, in der Weitergabe von Information. Biologisches Vehikel dafür sind die Gene. Unterstützt werden sie dabei von anderen Substanzen im Zellinnern, in denen sich Umwelteinflüsse unmittelbar niederschlagen, sodass bereits auf Zellebene ein direktes biologisches Lernen stattfindet. Die junge Wissenschaft, die sich damit befasst, ist die Epigenetik. Täglich verdanken wir ihr neue Einsichten, die belegen, wie stark unser Leben vom Austausch mit der Außenwelt geprägt wird. So konnte die Zürcher Doktorandin Katharina Gapp an Labormäusen zeigen, wie eine bei Elterntieren durch Stresserfahrungen hervorgerufene erhöhte Stressanfälligkeit unmittelbar an die Nachkommen vererbt wird – ohne dass die selbst dem Stress ausgesetzt waren. Schlüssel dazu sind Substanzen, die für die Genaktivierung zuständig sind und wie die Gene selbst in Eizellen und Spermien weitertransportiert werden.

Neben Genetik und Epigenetik dienen vor allem die Nervensysteme der Speicherung und schließlich der Weitergabe von Information. Die einfachsten Nervensysteme wie heute noch beim Bandwurm sind rein genetisch aufgebaut, reagieren, wie wir schon gesehen haben, ausschließlich in direkten Reiz-Reaktions-Ketten und können folglich keine Informationen speichern. Mit jeder evolutionären Stufe aber erweiterte sich das Spektrum an möglichen Reaktionsmustern. Zugleich wurden die Nervensysteme lernfähig, lernten einmal erfolgreiches Verhalten, so primitiv es auch sein mochte, als Reaktion auf die Umwelt zu speichern und bei Bedarf von Neuem anzuwenden.

Mit der Weitergabe des Gelernten an die Nachkommen wurden erstmals die Grenzen der rein biologischen Informationsweitergabe gesprengt. Der erste Schritt auf dem Weg zu einer kulturellen Evolution im weitesten Sinne war getan. Ihr enormer Vorteil besteht darin, dass die direkte Wissensvermittlung von einem Individuum zum nächsten unvergleichlich viel schneller geht als die Informationsweitergabe über den genetischen Code. Ausgelöst durch diesen entscheidenden evolutionären Schritt entstanden in immer schnellerem Tempo immer komplexere Denkprozesse. Bislang am Gipfel dieser Entwicklung steht der Mensch. Was ihn von allen anderen Lebewesen unterscheidet, ist seine Fähigkeit, Information nicht nur direkt zwischen zwei Individuen, sondern mithilfe von Bildern und Schrift auch generationenübergreifend und damit zeitlich und räumlich unbegrenzt zu übermitteln. Die Folge hiervon ist eine nie dagewesene Kumulation von Wissen, in der das Rad eben nicht ständig neu erfunden werden muss.

Und dieses Wissen, das uns zum heutigen Menschen macht, befindet sich gar nicht mehr vorwiegend in unseren individuellen biologischen Gehirnen, sondern in gigantischen Speichern außerhalb der Biologie. Bis vor Kurzem waren es die Bibliotheken, jetzt ist es das Internet als bislang letzter Schritt dieser Entwicklung. Das kulturell angesammelte Menschheitswissen übersteigt die Leistungsfähigkeit eines individuellen menschlichen Gehirns längst bei Weitem und steht ihm online dennoch jederzeit in vollem Umfang zur Verfügung. Genau an dieser Tatsache wird erkennbar, wie revolutionär das digitale Netz für die Weiterentwicklung der menschlichen Art ist. Als Fortsetzung der Erfindung von Schrift hebt es unsere Evolution erst recht auf eine weitere Stufe außerhalb der Biologie, wie sie bis vor wenigen Jahren noch undenkbar schien.

Das inzwischen schier unbegrenzte Wachstumspotenzial unseres Wissens hat allerdings einen Nebeneffekt hervorgebracht. Weil wir nicht mehr haushalten müssen, sammeln und bewahren wir im wahrsten Sinne des Wortes alles Erdenkliche und längst nicht mehr nur das, was dem Überleben dient. Das bunte kreative Potenzial der

menschlichen Psychen vermehrt und entfaltet sich so
pausenlos, erschafft Brauchbares neben Unbrauchbarem,
die rein biologisch betrachtet überflüssige Welt des Schönen und der Künste neben irrwitzigen Ideologien und
Techniken zur Massenvernichtung. Einmal Gedachtes
geht nicht mehr verloren.

Das nackte Überleben reicht uns nicht – wir wollen mehr

Doch welche Rolle spielen Glück und Zufriedenheit in
dieser Entwicklung? Beide entstanden im Laufe des biologischen Evolutionsprozesses als psychische Zustände
für die Belohnung erfolgreichen Verhaltens. Als Kriterium für den Erfolg galt ursprünglich die Überlebenssiche-
rung, sei es etwa durch das Auffinden von Nahrung, durch
den Schutz vor Feinden oder durch die gelungene Vermehrung und Aufzucht von Nachkommen.

Und so finden sich Glück und Zufriedenheit in ihren
Grundformen schon bei Tieren, zumindest bei Säugern,
wahrscheinlich auch bei Vögeln. Bei allen anderen ist das
für das Empfinden dieser Gefühle erforderliche sogenannte limbische System – ein komplexes System aus
mehreren Strukturen im Innern des Gehirns – noch nicht
weit genug ausdifferenziert (siehe S. 55ff.). Doch selbst da
streiten sich die Experten. Inzwischen liegen nämlich erste Hinweise darauf vor, dass selbst Fische zumindest
Schmerzreize und eine einfache Form von Zuneigung
empfinden können.

Wie bei uns Menschen führt bei sämtlichen Säugern Hunger zu Unlust mit dem daraus resultierenden Drang, diesen als unangenehm empfundenen Zustand zu ändern. Hier kommt die Bedeutung des Glücksgefühls ins Spiel. Die Aussicht auf Nahrung weckt nämlich eine freudige Erwartung, die zur Handlung, hier zur Nahrungssuche, anstachelt. Ist sie erfolgreich, so folgt ein kurzes Feuerwerk des Glücks. Ähnlich verhält es sich mit anderen Verhaltensweisen. Immer läuft im Gehirn dasselbe Motivations-und-Belohnungsmuster ab in einem eigens dafür zuständigen Funktionssystem, das wir uns bald im Detail anschauen werden.

Hier zeichnet sich schon ab, warum Glück von Natur aus kurzlebig sein muss. Zufriedenheit dagegen stellt sich erst nach dem flüchtigen Glücksrausch der Belohnung ein. Sie dauert länger. Ja, sie kann sogar zu einer konstant stabilen Grundhaltung der Psyche werden – sofern die Bedürfnisbefriedigung verlässlich gesichert scheint. Voraussetzung dafür ist, dass die Umwelt ausreichend von dem bereithält, was das Individuum braucht. Bildhaft gesprochen wachsen entweder die süßen Früchte von selbst im Überfluss an den Bäumen oder die Umwelt muss aktiv angepasst werden. Etwa indem Baumkulturen angelegt werden, damit eben genügend Früchte wachsen.

Doch nicht nur die Variable Umwelt beeinflusst die mögliche Zufriedenheit. Auch die Persönlichkeitsstruktur des Individuums, die sich auf der Basis seiner genetischen Grundlagen aus seinen Lebenserfahrungen im Gehirn aufgebaut hat, ist entscheidend daran beteiligt, ob eine zufriedene Lebensgestaltung gelingt. Wichtigster

Faktor dabei: die frühsten Beziehungen. Werden die als befriedigend erlebt, so prägen sie die Sicht auf die ganze Welt, fürs ganze Leben.

Wir Menschen haben damit längst den ursprünglich engen evolutionären Rahmen verlassen. Bei uns zählt nicht mehr nur das nackte Überleben als Belohnungsfaktor. Da wir eng mit unserem sozialen Umfeld verflochten sind, haben wir unweigerlich das Bedürfnis, dass es nicht nur uns selbst, sondern ebenso anderen, mit denen wir in Beziehung stehen, gut geht. Unsere Psyche belohnt uns dafür, wenn uns das gelingt. Auch das werden wir im Detail verstehen lernen.

Nebenbei gesagt: Bei den Beziehungen muss es sich gar nicht um reale Mitmenschen handeln. Mit Hunden und Katzen, selbst mit Hasen und Hamstern leben wir in Beziehung. Im weitesten Sinne natürlich. Allein in Deutschland geht der jährlich für Haustiere aufgewendete Betrag in die Milliarden. Ja es müssen nicht einmal Lebewesen sein, für die wir sorgen. Selbst zu Dingen können wir eine persönliche Bindung aufbauen, und das beschränkt sich keineswegs auf Stofftiere und Puppen. Sogar zu abstrakten Konzepten wie zu Heimat, Tradition oder Religion können wir uns mit derselben Zuneigung gebunden fühlen wie zu einer echten Beziehung.

Und schließlich entstanden weitere Einflussfaktoren auf Glück und Zufriedenheit, als wir begannen, uns selbst in der Zeit wahrzunehmen, als unser zunehmend abstraktes Denken uns auf einmal vor existenzielle Fragen stellte, als die Dritte-Person-Perspektive uns den eigenen Tod vor Augen führte.

Sterben wir aus – und mit uns die Zufriedenheit?

Evolution ist spannend, gerade jetzt wohl mehr als je zuvor. Denn wie geht es weiter? In den nächsten Jahrzehnten, in den nächsten Jahrhunderten?

Was da anmutet wie die Fantasie eines kreativen Science-Fiction-Autors, könnte durchaus schon in absehbarer Zeit Realität werden. Zukunftsforscher, die sich auf Konzepte zur künstlichen Intelligenz spezialisiert haben, sind inzwischen davon überzeugt, dass Maschinen denken können werden. Schon sehr bald. Zu ihnen gehört der auf Spracherkennungscomputer spezialisierte Leiter der technischen Entwicklung bei Google, der Amerikaner Ray Kurzweil. In seinem Buch *Menschheit 2.0,* erstmals veröffentlicht 2005, prophezeite er bereits für die kommenden Jahrzehnte den Eintritt in ein transhumanes Zeitalter. Der Platz, der für die Speicherung einer bestimmten Menge an Information benötigt wird, halbiert sich jährlich. Damit lässt sich hochrechnen, dass Computer schon bald effizientere Wissensspeicher sein dürften als unsere Gehirne. Kurzweil ist daher überzeugt davon, dass bereits im Jahr 2029 ein Computer dazu in der Lage sein wird, den Turing-Test zu bestehen, sich in einem Dialog mit einem echten Menschen ununterscheidbar so zu verhalten wie ein anderer echter Mensch.

Dieser schon im Jahr 1950 von dem britischen Informatik-Pionier Alan Turing entwickelte Test läuft folgendermaßen ab: Ein Mensch führt mit zwei für ihn nicht sicht- und hörbaren Gesprächspartnern eine schriftliche

Konversation. Einer der beiden ist ein echter Mensch, der andere eine Maschine. Beide versuchen die menschliche Testperson davon zu überzeugen, dass es sich bei ihnen um eben den echten denkenden Menschen handele. Gelingt es dem Tester trotz intensiven Bemühens schließlich nicht zu entscheiden, wer von den beiden aus Fleisch und Blut ist und wer nur so tut als ob, dann hat die Maschine den Test bestanden. In diesem Moment wäre dann, so Turing, die humane von der künstlichen Intelligenz eingeholt worden.

Kurzweil selbst ist so von seiner Prognose überzeugt, dass er im Jahr 2002 eine Wette darauf einging. Sein Wetteinsatz: 20 000 Dollar. Selbst wenn seine gewagte Prophezeiung zu hoch gegriffen sein sollte, bleibt unbestreitbar, dass die Leistungsfähigkeit von Computern rapider wächst, als wir uns das vorstellen können. Das menschliche Gehirn kann da unmöglich mithalten. Denn es selbst unterliegt, anders als die Inhalte, die es speichert, noch den Gesetzen der Biologie, hat eine begrenzte Lebensdauer und muss sich seine Informationen noch durch mühsames Lernen statt per Mausklick aneignen. Selbst wenn man die ganze Komplexität unserer Hirnleistung berücksichtigt, wird der Zeitpunkt kommen, an dem uns die künstliche Intelligenz regelrecht über den Kopf wächst. Wie enorm die künstliche Informationsspeicherung eines nicht allzu fernen Tages sein wird, zeigen jüngst erfolgreiche Versuche, DNA als Informationsspeichermedium einzusetzen. Die gute alte Erbsubstanz wird dabei in einem völlig neuen Zusammenhang technisch verwendet, als leicht zu bauende und gut zu lagernde Datenbank.

Was die Natur macht – sie speichert in der DNA Information –, machen wir ihr nach. Ein einziges Gramm DNA genügt, um so viele Daten wie eine Million CDs aufzunehmen. Der Technikkommunikationsexperte Marc-Denis Weitze schrieb am 30. Januar 2013 in der *Neuen Zürcher Zeitung*: »Die gesamte digitale Informationsmenge auf der Erde, die gegenwärtig mit 3000 Milliarden Gigabyte angegeben wird und ständig wächst ... würde in DNA etwa 1000 Kilogramm wiegen.« Das künstliche Wissen wird damit dem biologisch-menschlichen davonlaufen. In unfassbar riesigen Schritten. Nicht »Deutschland schafft sich ab« wird uns bald beschäftigen, sondern die Frage: Schafft die Menschheit sich ab? Und was bleibt dann von der Zufriedenheit?

Doch noch ist es nicht so weit. Noch lohnt sich der Blick in unser Gehirn, um dort der Entstehung von Glück und Zufriedenheit auf die Spur zu kommen.

2 Wie die Welt in uns entsteht

Ist das Gehirn wirklich notwendig?

Geschätzte 100 Milliarden Nervenzellen sind der Ort, an dem unser psychisches Erleben und damit auch unser Gefühlsleben entstehen. Das sind sage und schreibe hundert Millionen Zellen pro Kubikzentimeter Hirnmasse. Jede einzelne dieser Zellen steht dabei über durchschnittlich 10 000 Verbindungsstellen, Synapsen genannt, mit anderen Zellen in Kontakt. Art und Intensität dieser Verknüpfungen bilden dabei die Basis für die Informationsspeicherung.

Gedanken entstehen als Folge elektrischer Erregungen innerhalb dieses komplexen Netzwerks, deren Muster vielfältig variieren. Zudem verfügt unser Gehirn über eine geschickte Feinjustierung, da an den Synapsen unterschiedliche chemische Überträgerstoffe (Transmitter) zum Einsatz kommen, die, je nach Art und Menge, die Weiterleitung von Information verstärken oder hemmen. Mittlerweile sind an die 100 verschiedene Botenstoffe identifiziert worden, und immer noch werden neue gefunden. Diese enorme Vielfalt an Transmittern macht einen

Überblick über die detaillierten Wirkungsweisen aller nahezu unmöglich. Doch das ist für uns unerheblich, sind es doch nur einige wenige, die zentral in unseren Gefühlshaushalt eingreifen. Nur sie werden uns deshalb hier interessieren. Schließlich ergänzen noch Auf- und Abbau von Synapsen, von Zellverknüpfungen und selbst von ganzen Nervenzellen die Informationsverarbeitung im Gehirn.

Mit diesem kurzen Überblick haben wir schon das gesamte biologische Rüstzeug vor uns, mit dem unser Gehirn unsere Psyche erschafft, mit dem wir denken, lernen und lieben. So einfach diese Basis ist, so vielfältig sind ihre Schöpfungen. Weil sie enorm flexibel ist. Allein schon die Anzahl an möglichen Verknüpfungen zwischen den Nervenzellen übersteigt bei Weitem unser Vorstellungsvermögen. Neurobiologen rechneten hoch und kamen auf eine Eins mit einer Million Nullen. Ausgeschrieben würde diese Zahl an die 600 Druckseiten dieses Buches füllen. Die Annahme, wir könnten durch die Perfektionierung unserer Untersuchungsmethoden am Gehirn eines Tages Gedanken lesen, erweist sich vor diesem Hintergrund als Illusion. Der Simulation eines Gehirns durch eine Maschine allerdings steht diese Komplexität, wie wir sahen, keineswegs grundsätzlich entgegen.

Wie effizient unser Gehirn arbeitet, wird besonders an Beispielen deutlich, in denen weniger als üblich vorhanden ist und es sich dennoch ganz gut lebt. So berichtete 1980 die renommierte Wissenschaftszeitschrift *Science* in einem treffend betitelten Artikel »Is Your Brain Really Necessary?« (»Ist Ihr Gehirn wirklich notwendig?«), dass sich im Kopf eines jungen Mannes fast nichts als Flüssigkeit befand. Obgleich 95 Prozent seines Hirnvolumens ohne Substanz waren, er nur etwa 100 Gramm Hirnmasse besaß, schaffte er immerhin einen Universitätsabschluss in Mathematik. Sein Intelligenzquotient lag bei sage und schreibe 126. Wenn dafür 5 Prozent des Hirnvolumens genügten, stellt sich die Frage, was der Normalsterbliche in der Regel mit der restlichen Hirnsubstanz anstellt.

Wer bin ich und wie mache ich das?

Trotz dieser offenkundig enormen Leistungsfähigkeit ist und bleibt die Speicherkapazität unseres Gehirns begrenzt. Die Natur drängt nämlich zur Sparsamkeit im Umgang mit Ressourcen. Und so arbeitet, wie schon erwähnt, unsere Psyche mit Vereinfachungen. Das sind Faustregeln, die komplexe Problemstellungen durch einfache Annäherungen lösen, das sind Konzepte oder Module, die bei Bedarf stets als Ganzes aktiviert werden, wodurch die in ihnen enthaltenen Inhalte schlagartig als Gesamtheit verfügbar sind. Beinahe wie auf Knopfdruck können wir so in unterschiedlichste Rollen schlüpfen, können etwa Arzt, Autor, Vater, Gast, Freund, Liebhaber und vieles mehr sein – und bleiben doch wir selbst.

Das, was wir als einheitliche »bewusste« Wahrnehmung von uns selbst, von anderen und von unserer Umwelt erleben, baut sich unbewusst als Gemisch aus Sinneswahrnehmungen und wertender Interpretation in unserer Psyche auf. Und jeder spätere Außenreiz trifft, noch bevor er überhaupt in unser Bewusstsein gelangt, auf diese unbewusst verankerten Gesamtkonzepte, wird blitzschnell in den für die emotionale Bewertung zuständigen Hirnabschnitten voranalysiert und mit bereits gespeicherten früheren Erfahrungen verglichen. So erklärt sich, warum ein einzelner Reiz von außen immer eine komplexe Antwort im Gehirn hervorruft.

Wie Zellen uns die Welt erschaffen

Doch wie können Nervenzellen überhaupt Informationen übertragen und speichern? Dazu ein wenig Chemie. Gibt man Salz in Wasser, löst es sich darin auf. Salzkristalle bestehen nämlich aus Natrium- und aus Chloridionen, das sind Teilchen, die durch elektrische Ladung aneinander gebunden sind. Im Wasser jedoch trennen sie sich und verteilen sich dann gleichmäßig. Genau dieses Streben nach einem Konzentrationsausgleich machen sich Nervenzellen zunutze. Da bei ihnen die Durchlässigkeit der Zelloberfläche für bestimmte elektrisch geladene Teilchen eingeschränkt ist, entsteht zwischen Zellinnerem und Zelläußerem ein elektrisches Ungleichgewicht. Können etwa negativ geladene Ionen die Schranke ungehindert passieren, positiv geladene dagegen nicht, so stauen sich die positiven Ionen außen an der Zellwand an. Ihr Streben nach Konzentrationsausgleich wird gehemmt, während die negativen Ionen sich ungehindert gleichmäßig zwischen innen und außen verteilen können. Auf diese Weise entsteht entlang der Nervenzellwand ein elektrisches Potenzial, außen positiv, innen negativ, das sogenannte Ruhepotenzial der Nervenzelle.

Wird nun die Zellwand auf einmal auch für die positiven Salzionen durchlässig, etwa weil ein bestimmtes Hormon die sonst verschlossenen Kanäle dafür öffnet, so strömen die bis dahin draußen gehaltenen Teilchen abrupt in die Zelle ein. Blitzschnell schlägt das elektrische Potenzial um in sein Gegenteil. Ein Aktionspotenzial ist entstanden, der Grundbaustein für die Informationsübertragung im gesamten Nervensystem. Einmal losgetreten, pflanzt es sich wie eine Welle über die Oberfläche der Zelle fort bis zu den Synapsen. Dort überträgt sich die elektrische Ladung dann entweder direkt auf die benachbarten Zellen oder es kommt zur Ausschüttung von Überträgerstoffen.

Obwohl die Vielfalt unserer Gedanken grenzenlos ist, sind sämtliche Aktionspotenziale komplett identisch und können daher von sich aus keinerlei Auskunft über die Qualität einer Wahrnehmung geben. Allenfalls ihre Häufigkeit kann indirekt die Stärke eines eingehenden Reizes widerspiegeln. Jede darüber hinausgehende Information aber ergibt sich nur aus dem elektrischen Muster der gleichzeitig und nachgeschaltet feuernden Nervenzellen. Erst aus dem Netz an Erregungen entsteht Bedeutung.

Unsere fünf Sinne (Sehen, Hören, Riechen, Schmecken und Fühlen) verfügen über spezielle Sinneszellen, die durch Außenreize so aktiviert werden, dass sie Aktionspotenziale an das Gehirn aussenden. Im Gehirn kommen also niemals direkte Wahrnehmungen an, sondern immer nur die gleichförmigen Aktionspotenziale, die je nach

dem Ort ihres Eintreffens indirekt zu einer Konstrukti-
onsleistung des Gehirns führen. Es muss sich demnach
selbst ein Modell von der »Welt da draußen« erschaffen,
das zum Überleben in der Umwelt taugt. Pausenlos
werden dazu neue Verknüpfungen aufgebaut und alte
gelöscht. In dem andauernden Zustandswandel aus
Auf- und Abbau als Reaktion auf die Impulse von den
Sinneszellen ist das Gehirn niemals statisch. In jedem
Moment konstruiert es sich auf der Basis eintreffender
Reize und früherer Erfahrungen ein Stück weit neu, erschafft es sich seine Sicht auf die Welt in jedem ganz speziellen Augenblick aufs Neue.

Kein Gehirn ohne Umwelt

Der Aufbau der Hirnstruktur erfolgt also immer weitest-
gehend im Wechselspiel mit der Umwelt. Und zwar so
radikal, dass oft überhaupt nur dort, wo von außen Reize
im Gehirn eintreffen, Hirnstruktur aufgebaut wird.

Bislang wird weder in der Wissenschaft noch in der
Gesellschaft insgesamt gebührend berücksichtigt, dass
dieser interaktive Prozess bereits lange vor der Geburt, in
der frühen Schwangerschaft beginnt. Das ist mittlerweile
eindeutig belegt. Erkennen lässt es sich daran, wie die von
der Körperoberfläche im Gehirn des Embryos eintreffenden Reize dort die sensible Hirnrinde aufbauen. Sie entsteht nämlich erst durch diese Reize und bildet daher
nicht den Körper in seiner anatomischen Grundstruktur
ab, sondern dessen Lage als zusammengekauerter Emb-

ryo im Mutterbauch. Die Hände liegen direkt neben dem Gesicht und die Füße benachbart zu den Genitalien. Genau diese Haltung wird von den Sinneszellen der Haut ans Gehirn gesendet und dort dauerhaft gespeichert. Einmal aufgebaut, bleibt sie in dieser Form ein Leben lang erhalten. Zudem sind die Lippen riesig, und auch Hände und Füße übergroß repräsentiert. Weil dort eben mehr Hautsinneszellen liegen, kommt von dort mehr Information ins Gehirn, und entsprechend wird dort mehr Struktur aufgebaut. Es gilt: Die eingehenden Reize formen die Hirnstruktur – ohne Reize keine biologische Struktur.

Am Ende des dritten Schwangerschaftsmonats ist das organische Grundgerüst des Gehirns bereits fertig. Weiter sammelt es pausenlos Inhalte in vielfältigem Kontakt mit seiner Umwelt inner- und außerhalb des Mutterbauchs. Diese ganz frühen Erfahrungen finden damit einen realen biologischen Niederschlag. Sie formen die Urpsyche.

Doch auch nach der Geburt gibt es wesentliche Hirnareale, die sich nur dann aufbauen, wenn sie ausreichend mit Reizen von außen versorgt werden. So erblindet selbst ein völlig gesundes Auge irreparabel, wenn das zu ihm gehörende Sehzentrum nicht bis zum sechsten Lebensjahr trainiert wird. Das kann passieren, wenn ein schielendes Kind eines seiner beiden sich bei ihm überlagernden Sehfelder unterdrückt. Nur eine rechtzeitige operative Korrektur der Fehlstellung in Verbindung mit einer zeitweiligen Abdeckung des dominanten Auges verhindert eine Erblindung des zuvor unterdrückten Auges.

Aber es geht noch weiter: Unser ganzes Leben lang wird beim Aufbau der Hirnstruktur neue Information immer auf die bereits bestehende aufgelagert. Damit beeinflusst die frühere Erfahrung das neu Hinzukommende. Alles Neue wird von der schon bestehenden Struktur gefiltert. Was dabei wiedererkannt wird, wird verstärkt. Als Folge davon neigt unser Denken zu einer automatischen Selbstverstärkung: Was einmal gedacht wurde und im Sinne der Evolution kein entscheidender Nachteil zum Überleben war, wird erneut gedacht. Und das gilt in allen Bereichen, nicht nur in der Verarbeitung von realen Außenerfahrungen, sondern genauso auch in dem, was wir uns nach Lust und Laune ausdenken, in unserer Fantasie.

Wie Tauben sich ihre Logik basteln

Schon Tiere besitzen eine einfache Form von Fantasie. Auch ihre Gehirne basteln sich eine Vorstellung von der Realität zusammen, die nicht unbedingt etwas mit der Wirklichkeit zu tun haben muss. Einzige dabei gültige Regel: Das Überleben darf nicht massiv behindert werden. Schon 1947 bewies der amerikanische Verhaltenspsychologe Burrhus F. Skinner die Entstehung von »Aberglauben« bei Haustauben im Sinne einer sich selbst erfüllenden Prophezeiung, einer absoluten Gewissheit. Er setzte mehrere der Tiere in einzelne Kästen, und alle 20 Sekunden bekamen sie dort ein paar Futterkörner. Was die Tauben zwischen den Fütterungen taten, stand ihnen völlig frei. Und genau hier zeigte der Zufall seine Macht. Je nachdem, was einem Vogel nämlich gerade in der futterfreien Zeit in den Sinn kam, wurde für ihn zur Erklärung für die hereinprasselnden Körner. Und so wiederholte er von nun an sein anfänglich zufälliges Verhalten, um vermeintlich dadurch noch mehr Futter zu bekommen. Das konnte Kopfnicken, Fußkratzen oder Flügelschlagen sein. Jede Taube bastelte sich ihre eigene Logik zusammen und blieb beharrlich dabei.

Wie spätere Experimente zeigten, funktioniert das bei Ratten ganz genauso. Laborratten erhielten am Ende eines kurzen Gangs einen Leckerbissen, wenn sie mindestens zehn Sekunden für den Weg gebraucht hatten, aber nur dann. Da die Nager in der Regel sehr flink sind, waren sie anfangs immer zu früh da und gingen leer aus. Erst als sie damit begannen, sich die Zeit für den Weg künstlich durch das Tanzen von Pirouetten so zu verlängern, dass sie auf die erforderlichen zehn Sekunden kamen, erhielten sie den verdienten Lohn. Einmal gelernt, blieben sie ihrem bewährten Verhalten treu und drehten von nun an Pirouetten vor jeder Fütterung.

Beide Versuche zeigen, wie das Gehirn sich seinen eigenen Reim auf das macht, was in der Welt da draußen vor sich geht. Weil unser Gehirn sich sein Bild von der Außenwelt selbst erschaffen muss, unterscheidet es nicht prinzipiell zwischen Realität und Fiktion. Diese Trennung erfolgt, wenn überhaupt, dann erst sekundär, weswegen die Grenzen oft verschwimmen. Nicht umsonst sind die Aussagen von Zeugen zu ein und demselben Sachverhalt oft widersprüchlich. Die anfänglich direkte Umweltabhängigkeit der Nervensysteme bei niederen Tieren wie dem Bandwurm, aber genauso beim ganz jungen Embryo, wandelt sich im Laufe der Weiterentwicklung des Nervensystems in eine zunehmend indirekte Interaktion mit der Umwelt. Tagaus, tagein ist unser Gehirn bemüht, die in ihm eintreffenden Außenreize so zu interpretieren, dass ein ausreichend erfolgreiches Zurechtfinden in der Umwelt gelingt. Ständig wird überprüft, ob sich das ausgelöste Verhalten bewährt. Und so wird gelernt, so entsteht biologische Hirnstruktur, die das Erlebte speichert.

Da die Zahl an möglichen Außenreizen unbegrenzt ist und sich mit steigernder Komplexität des Nervensystems die potenziellen Innenreaktionen unendlich vervielfachen, werden niemals zwei identische Gehirne existieren. Selbst neugeborene eineiige Zwillinge sind daher keineswegs komplett identisch, weder in ihrer Hirnstruktur noch in ihrem Verhalten. Einen vollkommenen menschlichen Klon kann es also nicht geben.

3 Ich und du und das Gefühl

Als die Gefühle entstanden und wo ...

Machen wir nun einen Abstecher zu den Hirnregionen, die dafür verantwortlich sind, dass in unserer Psyche das subjektive Erleben von Zufriedenheit und Glück entsteht. Dreh- und Angelpunkt aller Emotionen ist das sogenannte limbische System. Es handelt sich dabei um eine recht alte aus mehreren Einzelabschnitten zusammengesetzte funktionale Einheit, in der unser Gefühlsleben in all seinen Facetten zum Leben erweckt wird. Im Gehirn liegen die abstammungsgeschichtlich älteren Strukturen im Inneren und die jüngeren außen – weil es sich schrittweise immer weiter entfaltet hat. Auf dem Hirnstamm und dem Mittelhirn, die beide eine Verlängerung des Rückenmarks darstellen, sitzt ganz im Zentrum des Schädels das Zwischenhirn. Es wird überwölbt vom Großhirn, dem Kortex, der jüngsten und bei uns Menschen allein schon wegen seiner Größe dominierenden Hirnregion.

Das limbische System gehört größtenteils zum Zwischenhirn. Es entstand als evolutionäre Weiterentwicklung beim Übergang von den Reptilien zu den Säugetieren. Gefühle wurden da vor allem bedeutsam, um das Bindungsverhalten zu organisieren. Nur Säuger und Vögel regeln ihr soziales Miteinander über emotionale Bindungen, was vor allem der Aufzucht des Nachwuchses zugutekommt und so dessen Überlebenschancen entscheidend verbessert. An sämtlichen Wahrnehmungen und Entscheidungen sind diese emotionalen Strukturen beteiligt, manchmal offensichtlich, meist aber unbemerkt: Sie bilden das zentrale Steuerungszentrum des Unbewussten.

Kontrolliert wird das limbische System, je nach psychischem Reifegrad einer Persönlichkeit und je nach aktueller Entscheidungssituation, mehr oder weniger stark vom jüngsten Gehirnabschnitt, dem präfrontalen Kortex, dem unmittelbar in der Stirn liegenden intellektuellen Steuerungszentrum des Großhirns. Ebendieser Hirnabschnitt ist es, der uns einst vom *Homo* zum *Homo sapiens* katapultierte.

Die Einzelbausteine des limbischen Systems lassen sich – grob betrachtet – unterschiedlichen Funktionen zuordnen. Und doch gilt auch bei ihnen wie bei allen Aktivitäten des Gehirns, dass immer mehrere Bereiche gemeinsam aktiv sind. Erst aus dem Zusammenspiel von Aktionspotenzialen unterschiedlichen Ursprungs entstehen die charakteristischen elektrischen Erregungsmuster, die unsere Gedanken, Gefühle und Handlungsimpulse bilden. Hier möchte ich in einem kurzen Überblick die wesentlichen anatomischen Strukturen des limbischen Systems vorstellen:

1. *Der Thalamus.* Er hat die Form einer eiförmigen, abgeschlossenen Kammer, weswegen er den griechischen Namen für »Schlafgemach« bekam. Er liegt ganz im Innern des Gehirns und setzt sich aus mehreren Kerngebieten mit unterschiedlichen Aufgabenschwerpunkten zusammen. Vor allem werden hier die von den Sinneszellen aus eintreffenden Reize auf spezielle Nervenzellen umgeschaltet, die dann weiter zur Großhirnrinde führen. Damit wirkt der Thalamus wie ein Filter. Was zum Bewusstsein durchgelassen wird und was nicht, entscheidet sich hier und ist abhängig von der jeweiligen Bedarfslage des Organismus. Wenn wir etwa über einen Markt schlendern und gerade hungrig sind, werden all die bunten Reize der dargebotenen Nahrungsmittel ein Feuerwerk an Aufmerksamkeit erzeugen. Sind wir dagegen pappsatt, werden es eher andere Reize sein, die der Thalamus für uns ans Großhirn sendet. Die wärmende Sonne, ein lächelndes Gesicht, leuchtende Kinderaugen.

2. *Die Amygdala.* Das altgriechische Wort für »Mandel« war Namensgeber für den Mandelkern. Er spielt eine zentrale Rolle bei der emotionalen Bewertung von möglichen Gefahren. Im Mandelkern entsteht die Angst, hier wird die Stressreaktion, hier werden Kampf und Flucht ausgelöst. Wie alle Bereiche des Gehirns passt auch der Mandelkern seine Funktionen an die gelebten Erfahrungen an und wird dadurch zum emotionalen Gedächtnis.

Wer viele überwältigende Bedrohungen erlebt, wird damit tendenziell immer ängstlicher. Wer hingegen erfolgreich Gefahren bewältigt, verringert seinen Angstpegel dauerhaft.

3. *Der Hippocampus.* Vom Aussehen her einem Seepferdchen ähnlich, wählt der Hippocampus aus, welche von den Informationen, die von den Sinneszellen eintreffen, dauerhaft gelernt werden und welche nicht – er vollzieht also Speicher- und Abrufvorgänge im Gedächtnis. Dabei reagiert er ausgesprochen sensibel auf die emotionale Begleitmusik zum Lernprozess. Gute Laune lässt ihn zu Höchstform auflaufen. Umgekehrt verkümmert seine Aktivität unter massivem, vor allem chronischem emotionalen Stress. Gerade unverarbeitete psychische Traumen haben einen solchen Dauerstress zur Folge, sodass Opfer schwerer Traumen oft unweigerlich in ihrer Lernfähigkeit eingeschränkt sind, insbesondere bezogen auf das Verstehen und Beschreiben eigener Gefühlszustände. Noch drastischer sind die Konsequenzen, wenn der Hippocampus aufgrund von Verletzungen oder von anderen Hirnschäden komplett ausfällt, dann können gar keine neuen Erinnerungen mehr aufgebaut werden. Unterstützung bei seiner Arbeit findet der Hippocampus von drei weiteren Strukturen (den Mamillenkörpern, dem Gewölbe und dem Septum), die einen Informationskreislauf zum Großhirn und zurück darstellen und so ebenfalls an der

dauerhaften Speicherung von Information beteiligt sind.

4. *Gyrus cinguli und Gyrus parahippocampalis.* Diese beiden Großhirnwindungen sind für das Erkennen und Wiedererkennen von Informationen mitverantwortlich, weswegen sie ebenfalls dem limbischen System zugerechnet werden. Hier erfolgt nicht nur die unmittelbare emotionale Bewertung, sondern zugleich auch die Abschätzung möglicher längerfristigen Konsequenzen des jeweiligen Verhaltens. Damit findet hier, also im Großhirn, die Impulskontrolle statt, kann gehemmt werden, was sich, etwa vom alarmierten Mandelkern, als Handlungsempfehlung aufdrängt. Und genau diese Fähigkeit, etwas aufgrund einer vorausschauenden Analyse nicht zu tun, unterscheidet den Menschen vom Tier und den Mündigen vom Unmündigen.

Da diese beiden Großhirnstrukturen relativ spät im Leben ausreifen, wird erst vom jungen Erwachsenen erwartet, dass er sie nutzen kann. Aus diesem Grund berücksichtigt unser Rechtssystem das Alter bei der Frage nach der Verantwortlichkeit für eine begangene Straftat.

Der Ort, an dem das Glück entsteht

Verbunden ist das limbische System mit dem Mittelhirn, insbesondere mit einer Zellgruppe, die aufgrund ihrer Lage als ventral tegmentales Areal oder kurz VTA bezeichnet wird. Die funktionale Einheit zwischen limbischem System und Mittelhirn wird mesencephal-limbisches oder mesolimbisches System genannt. Genau diese funktionale Einheit stellt das eigentliche Motivations- und Belohnungssystem dar, bildet also den Ort, an dem das schnelle Glück entsteht. Sein Botenstoff ist das Dopamin. Vor allem die Aussicht auf eine Belohnung aktiviert das Dopaminsystem, um uns zum Handeln zu motivieren. Hierzu sendet es den begehrten Glücksstoff direkt an den Streifenkörper, das Striatum, einen zum Großhirn gehörenden Informationsfilter, der sämtliche Impulse von der Großhirnrinde bündelt. Wenn Dopamin hier an den dafür vorgesehenen Rezeptoren andockt – Rezeptoren sind jene Stellen einer Nervenzelle, an die sich ein Botenstoff bindet, um seine Wirkung auszuüben –, entsteht vorfreudige Euphorie: »Ja, ich will.« Erst einmal ganz unwillkürlich und vollkommen unbewusst werden so Handlungsanreize gesetzt, genährt von dem Versprechen auf Erfolg.

Doch erfinderisch, wie der Mensch nun einmal ist, hat er schon früh bemerkt, dass sich Dopamin nicht nur durch die Aussicht auf eine reale Belohnung ins Mittelhirn ergießt. Diverse Suchtmittel und Drogen wie Alkohol, Nikotin oder Kokain führen ganz genauso zu seiner Freisetzung. So lassen sich dieselben guten Gefühle erwartungsfroher Motivation ganz ohne weiteres Zutun erzeugen. Was sich im wirklichen Leben lustvoll bewährt, kann damit, wenn es aus diesem Lebenszusammenhang herausgerissen wird, hochproblematisch werden. Und es geht sogar noch direkter als mithilfe von Drogen. Im Jahr 1953 schlossen die beiden US-Neurowissenschaftler James Olds und Peter Milner Ratten an eine Elektrode an, die direkt in das Mittelhirn der Tiere hineinreichte. Durch das Drücken eines Knopfes konnten die Ratten damit direkt selbst ihr Belohnungszentrum elektrisch stimulieren. Die findigen Nager verstanden schnell und ließen, einmal gelernt, nicht mehr ab von dem kleinen Knopf. Sie drückten, was das Zeug hielt, bis zu 8000-mal pro Stunde, und dies stundenlang, ja tagelang, ohne Unterbrechung, ohne Nahrungsaufnahme, Sex oder Schlaf bis zum völligen Zusammenbruch.

Da die daran beteiligten Erregungsabläufe grundsätzlich in allen Fällen dieselben sind, stimulieren elektrische Reize, Drogen und reales Erleben die Psyche im Mittelhirn in gleicher Weise. Und das gilt ebenso für die Fantasie. Schon allein die Vorstellung von einer in Aussicht stehenden Beglückung kann freudige Erregung auslösen. So genügt beim Heroinsüchtigen allein der Anblick des Spritzbestecks, um ein regelrechtes Feuerwerk an Glücksgefühlen in seinem Belohnungszentrum zu entfachen. Nicht anders ergeht es dem Verliebten beim Gedanken an seine Angebetete.

Wenn die Chemie Begehren schafft

Liebe motiviert, macht Lust auf mehr und macht – so gesehen – süchtig. Doch geht ihre Wirkung einen wesentlichen Schritt weiter. Denn dasselbe Belohnungszentrum im Gehirn, das für Dopamin so empfänglich ist, der Nucleus accumbens, ist es ebenfalls für die beiden eigentlichen Liebeshormone: Oxytocin und Vasopressin. Die beiden beherrschen die Liebe bei Frau und Mann, wobei Ersteres die weibliche Liebe zu dem Partner, zu Kindern oder zu wem auch sonst dominiert, Letzteres die der Männer. Beide Hormone sind kleine Eiweiße. Sie bestehen aus jeweils neun Aminosäuren, von denen sich nur zwei unterscheiden. Und beide Hormone gibt es nur bei Säugetieren und Menschen – mit einer einzigen Ausnahme: Bei ein paar Fischarten lassen sie sich auch finden, offenbar ist da in der Evolution zufällig das Gleiche entstanden, ohne dass es einen Zusammenhang zu geben scheint.

Mithilfe dieser beiden Eiweißhormone, die eben genau dort im Belohnungszentrum ansetzen, wo ebenfalls das Dopamin wirkt, wurde Beziehung zur entscheidenden Stimulanz für unser Motivationssystem.

Ich und du

Doch wie wirkt Beziehung? Eingangspforte für den anderen in unser Gehirn sind die inzwischen weltweit be-
rühmt gewordenen Spiegelzellen. Die Aktivierung nur
einer einzigen dieser Zellen genügt, um einen ganzen
Handlungsablauf in Gang zu bringen. Zuerst in der Fantasie und, sofern keine Hemmung erfolgt, dann auch im
Verhalten. Voraussetzung dafür ist, dass eine entsprechend
codierte Zelle vorliegt, dass das Verhalten also irgendwann einmal gelernt wurde. Jedem vollständigen Handlungsmuster wird dabei jeweils eine einzelne spezifische
Zelle zugeordnet. Einmal damit verknüpft, erkennt eine
Spiegelzelle »ihr« Verhalten von nun an wieder und setzt
es bei Aktivierung in Gang.

Erstmals beobachtet wurden Spiegelzellen bei Affen,
die bekanntermaßen das Kopieren von Verhalten lieben.
Greift einer von ihnen nach einer Erdnuss, dann feuert
eine ganz bestimmte Greif-die-Erdnuss-Zelle in seiner
Großhirnrinde und löst so den gesamten Handlungsvor-
gang des Nussgreifens aus. Doch selbst wenn der Affe nur
dabei zusieht, wie ein anderer sich eine Erdnuss schnappt,
feuert die Zelle – und zwar bei beiden Affen, bei dem, der
die Handlung ausführt, und bei dem, der nur dabei zusieht. Indem der Zuschauer in seinem Gehirn unbewusst
imitiert, was er beim anderen erkennt, versteht er, was sein
Gegenüber da gerade macht. Für die Ausführung und für
das Verstehen einer Handlung ist demnach ein und dieselbe Zelle zuständig. *Begreifen* ist damit im wahrsten
Sinne des Wortes: verstehen durch Handeln.

Gerade wir Menschen sind echte Spiegelzellenspezia-
listen. Vor allem für das Nachvollziehen unserer psychischen Befindlichkeiten sind die Spiegelzellen das A und
O. Mit ihrer Hilfe erkennen wir nämlich die Gesichtszü-
ge unseres Gegenübers, die sich ja aus Muskelbewegungen, also aus kleinen Handlungen, zusammensetzen.
Unbewusst kopieren wir die Mimik des anderen durch
Spiegelung und versetzen uns so in ihn hinein, verstehen
auf diese Weise, wie derjenige sich gerade fühlt. Damit
bestimmt das mimische Repertoire, das wir vornehmlich
in den ersten Lebensjahren durch die uns umgebenden
Bezugspersonen ansammeln, wie gut wir Mitmenschen
verstehen und wie gut wir daher mit ihnen im Leben zurechtkommen. In den Spiegelzellen speichern wir unsere
frühen Bindungen, hier entsteht unsere Persönlichkeit,
hier zeigt sich, wer und wie wir sind und ob wir zufrieden
durchs Leben gehen oder nicht.

Ganz unwillkürlich »teilen« wir ein Leben lang die Gefühle anderer und begreifen somit intuitiv, woran wir sind,
wenn ein anderer etwa Angst hat, leidet oder wütend ist.
Sie kennen das sicher selbst, wie ansteckend Gähnen oder
Lachen sein kann. Selbst Teilaspekte einer Handlung
oder auch nur die Vorstellung davon genügen, um unseren
hocheffizienten und zugleich so faszinierend einfachen
Spiegelungsmechanismus anzustoßen. Vorstellung und
Realität, Sprache und Handlung – all das ist in ein und
derselben Zelle codiert. Da überrascht es nicht, dass Spiegelzellen am häufigsten im sogenannten Broca-Areal,
dem motorischen Sprachzentrum unseres Gehirns, ihren
Sitz haben. Die unmittelbare Wirkung von Sprache auf

das Erleben wird damit neurobiologisch verstehbar. Der erlebte andere und die an ihn gerichteten Worte haben denselben Ursprung. Damit wird das Liebesgedicht zum direkten Abbild des Geliebten in uns, entsteht so die von uns empfundene Lebendigkeit von Sprache.

Mittlerweile sind Spiegelzellen in beinahe sämtlichen Regionen der Großhirnrinde gefunden worden, was deutlich macht, wie massiv real erlebte Beziehungserfahrungen auf unsere Hirnstruktur einwirken, von Beginn an – bereits Neugeborene können eine ihnen dargebotene Mimik nachahmen – und ein Leben lang.

Was wir so alles fühlen

Doch noch einmal zurück zum limbischen System. Strukturell lassen sich seine Funktionen in drei Ebenen einteilen, die das emotionale Grundgerüst und damit die zentralen Eigenschaften unserer Persönlichkeit formen. Die untere Ebene ist das Temperament, das aus dem Wechselspiel zwischen genetischer Grundausstattung und den bereits vor der Geburt auf uns einwirkenden Umwelterfahrungen aufgebaut wird. Das Temperament steuert vor allem körperliche Regelkreisläufe und elementare, angeborene Verhaltenseigenschaften. Dazu zählen etwa die Stressreaktion als Antwort auf eine Gefahr oder sexuelle Erregung, also all das, was primär der Sicherung des Überlebens von Individuum und Art dient.

Die mittlere und zweite Ebene bestimmt die Ausprägung unserer Grundgefühle. Auf der Basis des Temperaments prägen dabei unsere frühen Bindungen über das Spiegelzellsystem, wie intensiv unsere Gefühle unser Leben beherrschen. Welche Basisemotionen es dabei im Einzelnen zu unterscheiden gilt, darüber streiten sich die Wissenschaftler. Ich selbst finde die Auflistung des Psychoanalytikers Martin Dornes sehr brauchbar. Er zählt zu unseren Grundgefühlen: Freude, Interesse/Neugier, Überraschung, Ekel, Ärger, Traurigkeit, Furcht, Scham und Schuld.

Mithilfe der Grundausstattung von Temperament und Basisemotionen stehen wir in permanentem Austausch mit unserer Umwelt. Aus den so gewonnenen Erfahrungen entwickelt sich in enger Rückkopplung mit dem intellektuellen Steuerungszentrum im Präfrontalkortex, also dem vorderen Stirnhirn der Großhirnrinde, die dritte und höchste Ebene unserer Gefühlswelt. Hier wirkt über unsere sozialen Erfahrungen die kulturelle Umgebung in ihrer ganzen Vielfalt zeitlebens auf uns ein. Hier entsteht letztlich unser ganz subjektiver individueller Lebensentwurf mit der dazugehörigen emotionalen Begleitmusik.

Wie schon gesagt, baut sich überall im Gehirn Neues nur auf dem bereits Vorhandenen auf. Damit bestimmt die aus den früheren Erfahrungen gewonnene Erwartungshaltung die Auswahl dessen, was als neues Erleben hinzukommt und gespeichert wird.

Blitzlichtgewitter für Ungeborene

Die gesamte anatomische Grundstruktur des Gehirns wird ja in ihren Grundelementen vorgeburtlich aufgebaut, damit auch das mesolimbische System als emotionales Steuerungszentrum. Schon in der siebten Schwangerschaftswoche senden die Nervenzellen des Embryos erste Impulse aus, bereits in der achten Woche ist die Grundanatomie des Gehirns geformt. In der zehnten Woche beginnen Teile des limbischen Systems ihre Arbeit aufzunehmen und in die Selbstregulation des heranwachsenden Körpers einzugreifen. Am Ende des dritten Schwangerschaftsmonats startet auf der Basis der fertigen Hirnanatomie bereits der Aufbau der zweiten Ebene des Gefühlssystems. Ab diesem Zeitpunkt werden die Erfahrungen vom Leben im Mutterbauch in der sich entwickelnden Psyche gespeichert. Im fünften Schwangerschaftsmonat kann ein Fötus schmecken, im sechsten hören, im siebten sehen. Vor allem die einfach durchzuführende Herzschlagmessung liefert Hinweise auf seine Reaktion auf Außenreize. So lassen laute Musik oder auch Blitzlichtgewitter das Herz des Ungeborenen vor lauter Aufregung schneller schlagen. Alle diese frühen Erfahrungen bleiben unbewusst, gelangen jedoch zwangsläufig in das emotionale Zentrum des jungen Gehirns, werden in dessen Struktur gespeichert und formen es so als Basis für die Verarbeitung aller späteren Erlebnisse. Sein Inhalt wächst heran wie ein Baum, zuerst kommen Wurzeln und Stamm, dann entstehen Äste, Zweige und Blätter.

Damit tragen wir alle, damit trägt jeder Mensch die Erinnerung an die Zeit vor der Geburt in sich, tief verankert in der Hirnstruktur. Sollten Sie jetzt ungläubig den Kopf schütteln, dann beruht Ihre Skepsis auf einem simplen Missverständnis. Das vorgeburtliche und ebenso das frühe Säuglingsgedächtnis speichern nämlich noch keine konkreten Bilder, Szenen oder gar abstrakte Erinnerungen. Es arbeitet anders als bei Erwachsenen, die es gewohnt sind, bewusst zu denken. Stattdessen bestimmen in dieser Anfangszeit der emotionale Gehalt und der atmosphärische Gesamteindruck von körperlichen Empfindungen, also von Licht, Gerüchen und Geräuschen, das Erleben. Und diese Eindrücke werden gespeichert.

Im Mutterbauch entsteht damit ein Grundgefühl von absoluter Geborgenheit, ohne Angst, ohne Hunger, Durst oder Kälte, von friedvoller Ruhe in universeller Einheit mit der Welt. Sie ahnen es vielleicht. Hier am Beginn unseres Lebens waren wir alle im Paradies. Und da wir alle diese Grunderfahrung teilen, hält jede Kultur eine Vorstellung davon bereit, meist religiös oder spirituell, mal als Versprechen in eine vermeintlich gewisse Zukunft und mal als konkrete Übung für die meditative Versenkung. Verwundert es da noch, wenn in Hirnstrombildern von Meditierenden weite Teile der Großhirnrinde abgeschaltet sind? Wohl kaum, denn genau so arbeitete ja das Gehirn im Mutterbauch, bevor es mit Erfahrungsinhalten gefüllt wurde.

Das Letzte wird das Erste sein

Die paradiesische, vermeintlich »andere« Seite der Welt, von der wir alle eine Ahnung in uns tragen, ist die unbewusst verankerte Erinnerung an die Zeit vor der Geburt. Wenn ein Gehirn abstirbt, verläuft dieser Prozess rückwärts. Wir kennen das von Alzheimerpatienten. Bei ihnen geht das zuletzt Gelernte zuerst verloren, sie vergessen, was sie gerade tun wollten oder was sie am Vormittag gemacht haben. Aber an die Schulzeit, an die können sie sich noch erinnern. Bis auch die dem Vergessen anheimfällt. Beim Sterben läuft dieser Abbauprozess genauso ab, nur viel schneller.

So erklären sich die Schilderungen von Menschen mit Nahtoderfahrungen, die nur knapp dem Tode entronnen sind, schon im Sterben lagen, aber zurück ins Leben geholt wurden. Häufig berichten sie von einem »Tunnelerlebnis«. Darin durchleben sie noch einmal die eigene Geburt, um danach in die Erinnerung an die Zeit davor einzutauchen, in die paradiesische Urgeborgenheit, in das Gefühl des Verschmolzenseins mit dem Universum, ausgeschmückt mit Erinnerungsresten aus dem späteren Leben, aus noch funktionierenden Hirnarealen. Der niederländische Kardiologe Pim van Lommel sammelte dazu in seinem Buch *Endloses Bewusstsein* zahlreiche Beispiele: »Ich sah in der Ferne ein Licht, wie ich es auf Erden noch nie gesehen hatte. So rein, so intensiv, so vollkommen. Ich wusste, dies war ein Wesen, zu dem ich gehen musste. Ich weiß nicht, wie es geschah. Ich brauchte nicht zu denken. Ich wusste alles … Alles war immer gegenwärtig. Und das gab mir ein unbeschreiblich friedliches Gefühl. Das erlebte ich gleichzeitig mit dem Licht, das die Krönung allen Seins war, aller Energie und Liebe und vor allem aller Wärme und Schönheit.« Oder wie eine andere Patientin von ihm berichtete: »Schon bald befand ich mich in einem dunklen Raum, einer Art Tunnel, der kein Ende zu haben schien. Zurück konnte ich nicht, aber mich durch ihn hindurchzuzwängen kam mir ebenso schrecklich vor. Würde ich je wieder herausfinden? Oder würde ich irgendwo auf meinem Weg nach Luft ringend ersticken? Der Tunnel ließ mir kaum Raum und hielt mich eng umfangen. Nachdem ich mich geraume Zeit – weit mehr als eine Schrecksekunde – durch den Tunnel hindurchgeschoben hatte, erreichte ich am Ende so etwas wie ein Licht. Nachdem ich mich mühsam durch das letzte Stück durchgekämpft hatte, stand oder befand ich mich dann in einem vollkommenen Glanz, der mich umfing.«

Anders als von van Lommel angenommen, der diese Beschreibungen als Beleg für die Existenz einer anderen Seite des Universums mit einem Leben nach dem Tod und einer Manipulation unseres Denkens durch Quantenverschränkung sieht, erkennen wir an diesen Schilderungen aus den letzten Augenblicken des Lebens, dass uns die Urerinnerung an die Zeit vor der Geburt zeitlebens unbewusst begleitet. Sie ist die Wurzel für unsere Sehnsucht nach Sicherheit und Geborgenheit, die wir auftanken in idyllischer Umgebung, in romantischer Musik, aber vor allem in unseren Beziehungen. Denn auch das lernen wir schon ganz früh, gleich nach der Geburt: dass Beziehung die vorgeburtliche Geborgenheit ersetzen kann.

Dieser ein Leben lang in uns schlummernden Sehnsucht steht unser Streben nach Autonomie entgegen, also nach dem neugierigen Erkunden und aktiven Gestalten unserer Umwelt. Selbst gesellschaftliche Grundfragen sind geprägt von diesem Spannungsfeld zwischen Sehnsucht nach Totalversorgung und dem Wunsch nach Unabhängigkeit und Eigenverantwortung. Beides sind entscheidende Grundbedürfnisse, die für eine zufriedene Lebensgestaltung berücksichtigt werden müssen.

Wie einfach wir die Welt erobern

Mit der Geburt wechselt das Neugeborene von der allumfassend versorgenden, zuletzt auch beengenden Umwelt im Uterus, in eine Welt aus Licht, Luft und Bewegungsfreiheit. Die Aufgabe der vollkommenen Geborgenheit wird ihm dabei schmackhaft gemacht, weil es für seine einmal geweckte Neugier immer aufs Neue von seinem Gehirn belohnt wird. Verantwortlich dafür ist wie beschrieben der im mesolimbischen System verankerte Motivations-Belohnungs-Kreislauf.

Schon in den ersten Lebensminuten stoßen Reize von außen und innen Handlungsimpulse an, motivieren und münden dann in Belohnung. Diese drei Stufen aus Reiz, Motivation und Belohnung stellen die psychische Grundlage für unser Verhalten dar und bilden damit auch eine wesentliche Basis für unser Erleben von Glück und Zufriedenheit.

So sucht das Neugeborene bereits unmittelbar nach der Anstrengung der Geburt die Mutterbrust – außer es ist zu erschöpft. Angetrieben wird es hierzu vom Bedürfnis nach Nähe und von Hunger und Durst. Entspannt nuckelnd ruht es sich dann erst einmal aus. Doch schon bald beginnt es mit all seinen Sinnen die nahe Umwelt zu erkunden, um bei Bedarf gleich wieder in die Geborgenheit zurückzusinken. Die aus den neuen Eindrücken im jungen Gehirn ankommenden Reize werden gefiltert und bewertet. Uninteressantes wird ignoriert. Potenziell Interessantes hingegen aktiviert das Motivationssystem. Oder, falls es als bedrohlich eingeschätzt wird, das Stresssystem. In beiden Fällen wird ein Handlungsimpuls ausgelöst, umgesetzt und anschließend bewertet. Ist die Handlung erfolgreich, signalisiert das Gehirn Belohnung. Ist sie es nicht, bleibt der Stress, und zwar so lange, bis sich die Situation ändert.

Auslösereize, Handlungsmuster und die Ergebnisse der Handlungen werden gespeichert. Anhand dieses schematischen Ablaufs lernt das junge Gehirn pausenlos. Dabei gewinnen einmal gemachte Erfahrungen eine Eigendynamik, denn ständig werden neu im Nervensystem eintreffende Reize auf der Basis der schon bestehenden Struktur beurteilt und ausgehend von dieser Bewertung die entsprechenden Reaktionen in Gang gesetzt. Was sich erfolgreich bewährt, wird wiederholt und dadurch in der Hirnstruktur verstärkt. Je öfter, desto intensiver. So entsteht im Laufe der Zeit ein Repertoire an zunehmend sich selbst verstärkenden Handlungsmustern. Handeln wird zur Routine.

Was wir wollen und warum

Grob vereinfacht dargestellt läuft der Motivations-Beloh-nungs-Kreislauf in den dafür zuständigen Hirnzentren wie folgt ab: Von den Sinneszellen gelangen die durch Außen-reize ausgelösten Nervenimpulse in den Thalamus. Der fil-tert, ob sofort eine Reaktion ausgelöst werden muss oder ob erst eine Rückkopplungsschleife mit dem Großhirn ab-gewartet werden kann. Direkt oder indirekt über das Groß-hirn geht die ausgelöste Erregung dann vom Thalamus ins limbische System. Sämtliche im Gehirn eintreffenden In-formationen werden also emotional bewertet. Nur die Re-flexe – Stichwort: heiße Herdplatte – bilden eine Ausnah-me, da sie direkt vom Rückenmark gesteuert werden und damit gar nicht bis ins Gehirn vordringen.

Wird durch die emotionale Wertung unsere Neugier geweckt, also aufgrund der abgespeicherten Vorerfahrun-gen eine positive Erwartungshaltung ausgelöst, dann schüttet unser limbisches System Dopamin aus. Wir wer-den munter, sind motiviert und voller Begeisterung, wenn es im Mittelhirn eintrifft. Wir wollen dann das Entdeckte haben, Nahrung oder Sex oder einen der unzähligen Kon-sumartikel, die sich uns heutigen Menschen in den Ausla-gen der Einkaufswelten real oder virtuell darbieten. Die-ses Wollen führt zu Stress. Anfangs durchaus in einem erträglichen Ausmaß, als Appetit oder als Lust und damit keineswegs unangenehm. Sofern sich die Bedürfnisbe-friedigung abzeichnet und schließlich auch eintritt. An-dernfalls entsteht Frust und damit Fortdauer und Steige-rung des Stresses.

Noch massiver und ohne die vorauseilende Dopamin-
belohnung ist der Stress, wenn die eintreffenden Reize
nicht Neugier, sondern Gefahr signalisieren. Der Unterschied liegt dabei allein in der Dosis. Immer ist der Ort
des Stressgeschehens die Amygdala. Bei Gefahr veran-
lasst sie, dass das Nebennierenmark in Sekundenbruchteilen die Akutstresshormone Adrenalin und Noradrenalin
in unseren Blutkreislauf ausschüttet. Dann sind wir hell-
wach. Unsere Aufmerksamkeit ist fokussiert auf die Gefahr. Unsere Muskeln spannen sich an. Unser Herz rast.
Energiereserven werden mobilisiert. Wir sind alarmiert,
bereit zu Angriff oder Flucht.

Ausnahmezustand! Die Macht von Stress

In dieser Situation hat das eigentliche Stresshormon, das
Cortisol, seinen Auftritt. Kaum ein anderes Hormon ist
so vielseitig in seinen Wirkungen, nicht nur im gesamten
peripheren Körper, sondern auch im Zentralnervensystem. Womöglich ist die vom Cortisol gesteuerte Stressreaktion die wichtigste Anpassungsleistung des Säugetier-
hirns überhaupt.

Ihr Ausgangspunkt ist der Hypothalamus, ein unterhalb
des Thalamus gelegener Teil des Zwischenhirns, dem eine
zentrale Aufgabe in der Steuerung unseres Hormonhaus-
halts zukommt. Im akuten Stress werden hier Gene aktiviert, die über einen Regelkreislauf zur Freisetzung von
Cortisol aus der Nebennierenrinde führen. Wie die Sexualhormone gehört Cortisol zur chemischen Gruppe der

Steroide. Als einzige Hormongruppe können Steroidhormone aufgrund ihrer guten Fettlöslichkeit ungehindert Zellwände passieren, also ohne auf ein Transportprotein angewiesen zu sein. So gelangen sie ungehindert und damit schnell und unbegrenzt ins Zellinnere. Dort docken sie direkt an Proteinen an, die für die Genregulation verantwortlich sind, und veranlassen so unmittelbar die Aktivierung oder Deaktivierung von Genen.

Durch seine unmittelbare Wirkungsweise und durch seine vielfältigen Einsatzorte wirkt das Cortisol weitreichender als jedes andere Hormon. Dabei sind seine körperlichen Effekte bei allen Wirbeltieren identisch. Im Stress mobilisiert es Körperreserven, damit sie für die Bewältigung einer Ausnahmesituation zur Verfügung stehen. Hierzu werden aus Muskeln, Knochen und Fettgewebe Nährstoffe freigesetzt, um im Blut als Energielieferanten bereitzustehen. Blutzucker- und Blutfettwerte sind dadurch erhöht. Gleichzeitig wird zur Steigerung des Sauerstofftransports die Zahl an roten Blutkörperchen vermehrt. Alle anderen Körperprozesse, die nichts mit der akuten Lebenssicherung zu tun haben, wie Immunsystem, Muskelaufbau oder Sexualität, werden dagegen zum Ausgleich auf Sparflamme geschaltet.

Bei Warmblütern, also bei Säugern und Vögeln, setzt Cortisol außerdem auch ganz direkt im Gehirn an, denn Amygdala und Hippocampus sind beide übersät mit Cortisolrezeptoren. Dadurch wirkt Cortisol und damit wirkt wiederum Stress massiv und unmittelbar auf die für Emotionen und auf die für das Lernen zuständigen Hirnbereiche ein. Als Folge wandelt sich bei Warmblütern das Gehirn gezielt durch Stress. Das mag auf den ersten Blick erschrecken, ist aber zugleich neurobiologische Grundlage für ihre enorme Anpassungsfähigkeit. Denn erst durch diese direkte Reaktion können sie flexibel auf sich ändernde Umwelteinflüsse reagieren. Außerdem können nur sie die so entstandenen Anpassungen unmittelbar an ihre Nachkommen weitergeben.

Allerdings sind die Wirkungen von Cortisol im Gehirn und damit die Auswirkungen von Stress dosisabhängig. Überschaubarer, »gesunder« Stress verbessert die Informationsspeicherung. Erfolgreiches Verhalten wird als brauchbar abgespeichert. Vor allem, wenn zuerst die Neugier geweckt und damit durch Dopamin noch zusätzlich die Lernfähigkeit gesteigert wird. Übermäßiger Stress dagegen führt zur Auflösung von bestehender Hirnstruktur. Das ist sinnvoll, denn erweist sich der Versuch, eine akute Bedrohung zu bewältigen, als unbrauchbar, wird das entsprechende Verhalten gelöscht. Schließlich hat es sich nicht bewährt und wäre damit auch beim nächsten Mal wahrscheinlich ungünstig. Das Gehirn geht sparsam mit seinen Ressourcen um. Cortisol im Überschuss hilft dabei, da Überflüssiges gelöscht und so Raum für Neues geschaffen wird.

Wie der Stress nachlässt – durch Liebe

Aber Stress beeinflusst nicht nur unmittelbar die Informationsspeicherung im Gehirn, sondern er hat noch einen ganz anderen Effekt auf unsere Psyche, weil wir ihn als unangenehm empfinden, versuchen wir gegenzusteuern.

Gerade in Gefahr suchen wir die Nähe anderer, wie das Stockholm-Syndrom eindrucksvoll vor Augen geführt hat (siehe S. 25). Verantwortlich dafür – als Gegenspieler des Cortisols – ist das schon erwähnte Bindungshormon Oxytocin. Seine Bedeutung für unser menschliches Verhalten steht der des Cortisols kaum nach. Denn Oxytocin ist der Stoff, aus dem die Liebe ist. Wenn es seine wohltuende Kraft entfaltet, dann fühlen wir uns gebunden und geborgen, sowohl als Säugling an der Mutterbrust als auch als Erwachsener in liebevoller Zweisamkeit.

Schon bei der Geburt ist Oxytocin im Spiel. Es löst nämlich die Wehen aus. So werden Mutter und Kind durch den natürlichen Geburtsvorgang in einem Hormonrausch der Liebe aneinander gebunden. Da anschließend auch der Milcheinschuss in die mütterliche Brust auf Oxytocin beruht, stärkt Stillen die Bindung zwischen Mutter und Kind. So wie überhaupt jeder direkte Körperkontakt. Der kleine Säugling lernt damit durch das Stillen und durch die Berührungen der Mutter zum ersten Mal die Zauberkraft der Liebe kennen. Sein ganzes weiteres Leben lang werden seine Beziehungen von der Intensität dieser ersten Bindung geprägt sein, von der Menge an Oxytocin, die in den ersten Lebensmonaten in sein Gehirn gespült wurde und dort zur Bildung von Oxytocinrezeptoren führte.

Zudem werden diese frühen Erfahrungen intensiv gespeichert. Oxytocin fördert nämlich das Wachstum sogenannter Gliazellen im Gehirn. Das sind die Zellen, von denen die Nervenzellen mit Nährstoffen versorgt werden. Dadurch läuft das Liebesgedächtnis auf Hochtouren. Gerade beim ersten Mal. Gelerntes wird verstärkt, in diesem

Fall vor allem die Bindung an die Mutter, die Sicherheit und Geborgenheit gibt.

Wie sehr die Oxytocinwirkung ein Leben lang erhalten bleibt, haben Forscher an der Universität Bonn 2012 nachgewiesen. Erwachsene Männer, die mithilfe eines Nasensprays unter dem Einfluss von Oxytocin standen, verhielten sich deutlich reservierter gegenüber fremden weiblichen Versuchungen als solche, denen ein Placebo verabreicht worden war. Nachweislich hatte das Oxytocin das Gefühl der Bindung an die Partnerin verstärkt. Kein Wunder, dass Oxytocin mittlerweile als »Kuschelhormon« in Nasensprayform von Internetapotheken angeboten wird. Allerdings meist nicht als Liebesstimulanz, sondern als Fremdgehprophylaxe.

Auch wenn Gefahr droht, wird Oxytocin ausgeschüttet. Und zwar direkt in die Endigungen spezieller Nervenzellen, die vom hormonalen Steuerungszentrum Hypothalamus bis hinein in das Stresszentrum der Amygdala ziehen. Das haben Wissenschaftler vom Max-Planck-Institut in Heidelberg ebenfalls 2012 herausgefunden. Das erklärt, warum wir im Stress die Nähe eines anderen suchen. Unbewusst wiederholen wir dabei die in unserer Hirnstruktur verankerte Erfahrung aus unserer Kindheit. Bei Angst holten wir uns Sicherheit bei Mutter oder Vater. Haben wir das früh und verlässlich gelernt, bewahren wir später im Leben eher die Ruhe, wenn es einmal brenzlig wird, da das Oxytocin die Aktivierung der Amygdala dämpft. Wer mehr Bindung erlebt hat und dadurch über mehr Oxytocinrezeptoren verfügt, hat weniger Angst und damit weniger Stress. Die Balance von Cortisol- und Oxytocinrezeptoren bestimmt damit unseren Stresshaushalt. Sie wird früh angelegt, bleibt aber durchaus, weil das Gehirn wandelbar ist, ein Leben lang entwicklungsfähig.

Doch kann die Oxytocinausschüttung in Gefahr beim Erwachsenen noch ganz andere Folgen haben. Eine ungewöhnliche wissenschaftliche Untersuchung brachte das an den Tag. Männer in den besten Jahren wurden 1974 von den amerikanischen Psychologen Donald Dutton und Arthur Aron aufgefordert, einen tiefen Abgrund auf einer schwankenden Hängebrücke zu überqueren, an deren Ende eine weibliche Verlockung auf sie wartete. Nach der bestandenen Mutprobe verfielen die Herren der Schöpfung der attraktiven Weiblichkeit, sie waren sogleich Feuer und Flamme. Ließ man die Männer jedoch eine stabile Holzbrücke überqueren, so war das Interesse an der auf der anderen Seite wartenden Schönheit deutlich geringer ausgeprägt. So kann Angst der Liebe auf die Sprünge helfen.

Erfolg – im Rausch der guten Gefühle

Wenn uns etwas gelingt, vor allem, wenn das Ergebnis überraschend besser ausfällt als gedacht oder wenn die Aufgabe schwierig war und uns so richtig Stress bereitet hat, dann werden wir von unserem Gehirn belohnt. Dann kommen Glücksgefühle auf, Erleichterung, Ruhe, zuletzt wohlige Zufriedenheit. Wieder ist ein chemischer Cocktail dafür verantwortlich. Auch er fließt vom limbischen System zum Mittelhirn und lässt uns im Rausch der guten Gefühle baden. Daran beteiligt ist zuerst einmal wieder das Dopamin. Lässt der Stress nach, haben wir nämlich auf einmal einen Dopaminüberschuss, weil Dopamin die direkte chemische Vorstufe des Akutstresshormons Noradrenalin ist. Ist der Stress vorbei, dann stoppt der Umbau und wir werden überschwemmt vom Dopamin, genießen dann das wunderbar gute Erfolgsgefühl.

Doch das ist längst nicht alles. Denn zusätzlich angefacht wird der Glücksrausch durch körpereigenes Morphium. Erst 2004 wurde der Beweis erbracht, dass diese Droge nicht nur in Pflanzen wie dem Schlafmohn gebildet wird, sondern tatsächlich auch in unseren Nervenzellen.

Und auch für Morphium ist Dopamin die chemische Vorstufe. Damit wirkt beim Stressabfall nicht nur das übrig bleibende Dopamin selbst, sondern zusätzlich wird es zu einem Teil in Morphium umgewandelt. Die Wirkungen beider ergänzen sich, schaukeln sich so richtig auf zum Wohlfühlcocktail.

Mittlerweile ist es Wissenschaftlern gelungen, die Wirkungsweise des Morphiums im Detail zu entschlüsseln. Nicht nur kopiert es das Dopamin, indem es dessen Rezeptoren an der Nervenzelloberfläche besetzt und damit dieselben Wirkungen auslöst, sondern es verfügt außerdem über eigene spezifische Rezeptoren. Dockt es dort an, dann wird Stickstoffmonoxid in die Blutbahn ausgeschüttet. Diese ganz einfache chemische Verbindung besteht lediglich aus zwei Atomen, einem Stickstoff- und einem Sauerstoffatom. Aber sie hat es in sich. Ihr verdanken wir all das, was uns glücklich und entspannt macht:

Pulsschlag und Atmung beruhigen sich. Die peripheren Blutgefäße weiten sich. Der Blutdruck sinkt. Das Herz-Kreislauf-System wird entlastet. Die Haut wird warm. Zugleich wird das Immunsystem auf sein Normalniveau zurückgefahren. Und schließlich wird die Ausschüttung von Noradrenalin weiter gesenkt, wodurch der Stresskreislauf vollends zurückgefahren wird.

Dazu noch ein Detail am Rande: Stickstoffmonoxid wird auch durch Oxytocin freigesetzt. So erklärt sich, warum uns eine liebevolle Beziehung, warum uns vor allem körperliche Nähe ebenso in einen wohligen Glücksrausch versetzen kann.

Bungee-Jumping: Neugier, Angst und Glück

Was belohnt wird, wird gelernt, denn die im Erfolg ausgeschütteten Hormone unterstützen den Lernprozess. Und was sich bewährt, vor allem in schwierigen Situationen, wird besonders gut gespeichert. Schließlich hat es sich als brauchbar zum Überleben erwiesen. Immer ist der Ablauf ganz einfach: Neugier aktiviert die Motivation, und erfolgreiche Gefahrenbewältigung wird belohnt. Am effektivsten gelernt wird damit, wenn es zu einer Kombination aus beidem kommt. Wenn Neugier und Gefahr zusammentreffen, fällt die Belohnung am intensivsten aus. An der Stanford University hat man das mithilfe von Bungee-Jumping bewiesen. Die im Blut der wagemutigen Versuchsteilnehmer gemessenen Dopaminwerte lagen beim Jungfernsprung am höchsten. Mit jedem weiteren Versuch schwand die Angst, und die Dopaminwerte nahmen kontinuierlich ab. Auch der Kick des Abenteuers unterliegt der Macht der Gewohnheit.

Die am Motivations-Belohnungs-Kreislauf beteiligten Substanzen unterstützen damit im Normalfall Lernprozesse: im emotionalen Gedächtnis der Amygdala ebenso wie in Hippocampus und Großhirn.

Gerade bei Glück und Zufriedenheit zeigt sich, wie sehr das eigene Erleben von früheren Erfahrungen abhängt. Der Hirnscanner liefert den Beweis. Noch bis vor wenigen Jahren glaubten Hirnforscher, dass die Glücksgefühle bei allen Menschen einheitlich durch ein Zusammenspiel von sieben Hirnregionen entstehen. Doch diese These lässt sich nicht mehr halten. Frank Schneider, Psychiater und Hirnforscher an der Technischen Hochschule Aachen, staunte 2013 nicht schlecht, als bei glücklichen Versuchspersonen ganz unterschiedliche Hirnareale aufleuchteten, je nachdem, welcher Auslöser bei ihnen für das Glücksgefühl verantwortlich war.

Warum wir sind, wer wir sind

Gefühl ist eben nicht gleich Gefühl, auch wenn es sich gleich anfühlen mag. Gefühle sind abhängig von den Begleitumständen und damit von der gespeicherten realen und letztlich subjektiv getönten Lebenserfahrung. Gelerntes, das sich bewährt hat, wird wiederverwendet, Unbrauchbares abgebaut. Als Folge davon werden wir zu

Lebensspezialisten, wissen immer schneller und besser, welches Verhalten in welcher Situation passt. Hauptort dieses lebenslangen Lernprozesses ist das Großhirn, denn dort liegen unsere Spiegelzellen. Indem sie unsere Verhaltensmuster speichern, sammeln sie zugleich die in jeder Kultur gültigen Regeln für unser menschliches Miteinander. Das biologische Wesen namens Mensch ist damit unweigerlich zugleich das soziale Wesen Mensch!

Und diese Schlussfolgerung gilt genauso umgekehrt. Das intensive Miteinander, das in seiner kapriziösen Komplexität unser Menschsein bestimmt, schlägt sich, wie gezeigt, in der Biologie unserer Hirnstruktur nieder. Damit halte ich es für wahrscheinlich, dass gerade die Spiegelzellen zur eigentlichen Triebfeder für das außergewöhnliche Wachstum unseres Großhirns wurden. Dass wir unseren evolutionären Fortschritt zu einem guten Teil der Speicherung unserer sozialen Bindungen verdanken. Dafür spricht, dass Spiegelneuronen mittlerweile ja in sämtlichen für die Steuerung von Erleben und Verhalten verantwortlichen Großhirnarealen gefunden wurden.

Außerdem werden gerade solche Erlebnisse gespeichert, die emotional intensiv besetzt sind. Und genau das gilt ja für unsere Beziehungen. So ist es sicher kein Zufall, dass bei uns Menschen der Frontallappen der Großhirnrinde am stärksten ausgebildet ist. Hier werden nämlich in enger Verknüpfung mit dem limbischen System die Informationen gespeichert, die wir aus unseren Beziehungserfahrungen gewinnen, aus unserem Verhalten in unserem sozialen Umfeld. Genau hier unterscheiden wir uns am deutlichsten von unseren nächsten Verwandten.

Die Suche nach Sucht

Bleibt noch ein Blick auf die Kehrseite der Belohnung. Der Mensch holt sich seinen Kick und die damit verbundene Entspannung nicht nur durch erfolgreiche Taten. Er hat erkannt, dass es auch einfacher geht. Weltweit wird auf 11 Millionen Hektar Ackerland Kaffee angebaut, Wein auf acht Millionen, Tabak auf knapp vier. Und dann gibt es noch andere Stimmungsmacher, Tee, Cannabis, Koka, Opiate, Amphetamine, LSD, synthetische Drogen und was sonst noch unser Zentralnervensystem mit vielfältigen Wirkungen beglückt.

Die meisten Rausch- und Suchtmittel wirken dabei über das Dopamin. Indem sie dessen Freisetzung steigern, stimulieren sie lustvoll die erste Stufe unseres Belohnungssystems. Morphine sind tückischer. Sie docken zusätzlich direkt an eigenen Rezeptoren an. Damit zünden sie gleichzeitig die zweite Stufe des Belohnungssystems. So gibt es völlige Beglückung, und das auch ohne schweißtreibende Aktivitäten. Gerade deshalb haben sie ein so hohes Suchtpotenzial. Nervenzellen unterscheiden nicht, woher der Stoff kommt, aus dem die guten Gefühle sind, ob aus der Natur oder aus dem Labor. Zudem lässt sich Belohnung besser simulieren, weil höher dosieren, als sie je in der Wirklichkeit zu haben wäre. Genau dadurch entsteht Abhängigkeit.

Glücks- und diverse Computerspiele machen ebenfalls süchtig. Hintergrund ist hier die andauernde Erwartungshaltung auf eine Belohnung, auf den ersehnten Gewinn, die pausenlos das Dopaminsystem in Gang hält. Auch dieser Glückskick ist leichter zu haben als im wirklichen Leben. Und vor allem ist im Fall des Scheiterns, anders als im Alltag, sofort ein neuer Versuch möglich. Solange das Geld reicht. Die Erwartungshaltung beim Spieler wird auf diese Weise dauerstimuliert.

Die Suche nach dem Glückskick erregt uns. Das Denken folgt dann erst an zweiter Stelle. Eine Abwandlung des klassischen Rattenversuchs von Olds und Milner (siehe S. 61) bewies das. Diesmal wurde den Ratten eine Elektrode in ihren Hypothalamus eingepflanzt und nicht ins Mittelhirn. Und außerdem bekamen sie keinen Knopf, mit dem sie sich selbst lustvoll kitzeln konnten, sondern stattdessen aktivierten die Wissenschaftler nach Belieben die künstlich herbeigeführte Dopaminausschüttung. Ohne dass die Tiere ahnten, warum, überfiel sie unvermittelt freudig erwartungsvolle Euphorie. Und was geschah dann?

Sie begannen hektisch irgendeine Handlung auszuführen, die sich als Ursache für das gefühlte lustvolle Begehren eignen konnte. Sei es, dass sie fraßen, tranken, sich putzten, schnüffelten, einander besprangen, Junge herumtrugen, Mäuse töteten oder was auch immer. Hauptsache, es konnte als Erklärungsursache für das Glücksgefühl herhalten.

Wir Menschen sind ähnlich. Wir suchen den Kick der Belohnung, ganz egal ob real oder künstlich. Doch offenbart dieser Rattenversuch noch eine andere Eigenschaft, die unser Gehirn charakterisiert: Wir wollen verstehen. Egal was, egal wie. Denn der erhellende Moment des Verstehens wird ebenfalls belohnt. Doch dazu später mehr.

4 Wenn ich weiß, was ich will

Achten Sie auf Ihre Psyche, dann leben Sie gesünder!

Vorausgesetzt, unsere körperliche Existenz ist gesichert, bestimmen zwei psychische Grundbedürfnisse unser Wohlbefinden und damit, ob wir zufrieden sind oder nicht. Wir haben gesehen – und damit wären wir beim ersten Grundbedürfnis – wie sehr wir von Beziehungen abhängig sind und durch sie geprägt werden. Als existenziell soziale Wesen brauchen wir sie wie die Luft zum Atmen. Dabei bestimmen vor allem unsere frühen Bindungen, wie wir unsere späteren Beziehungen leben, ob wir in ihnen zufrieden sind oder ob wir uns mit ihrer Hilfe das Leben zur Hölle machen (lassen).

Die zweite zentrale Kraft, die unsere Psyche beherrscht, leitet sich ab aus unserer angeborenen Neugier, die Umwelt zu erkunden. Sie besteht in dem Bedürfnis, möglichst eigenständig etwas zu bewirken, nach immer Höherem, Weiterem und Größerem zu streben.

Sämtliche Forschungen, die dem Geheimnis eines gelingenden Lebens auf die Spur kommen wollen, gelangen bei näherer Betrachtung zu demselben Schluss: Die beiden Grundvoraussetzungen dafür sind: Beziehung und Bewirken.

Wie im gesamten Nervensystem gilt auch für den Aufbau eines zufriedenen Lebens die Selbstverstärkungstendenz. Und genau diese Tatsache lässt sich bewusst nutzen. Die Belohnung fällt großzügig aus. Denn zufriedene Menschen leben nicht nur glücklicher, sondern zugleich deutlich länger. Bis zu zehn Jahre! Weil sie seltener und weniger schwer erkranken. Und wenn doch, dann werden sie schneller wieder gesund.

Was die Gefühle so alles machen

Wir sollten also achtsam umgehen mit unserem Gefühlshaushalt und unser limbisches System regelrecht trainieren, indem wir es mit Zufriedenheit verwöhnen. Und das ist grundsätzlich auf allen funktionalen Ebenen möglich. Denn unser emotionales Steuerungszentrum ist nicht nur dreistufig aufgebaut, sondern auch seine Funktionen lassen sich in drei Ebenen unterteilen: An erster Stelle seiner Aufgaben steht dabei die Sicherung der körperlichen Existenz. Hierzu müssen die Körpergleichgewichte durch Flüssigkeits- und Nahrungsaufnahme stabil gehalten, das Überleben bei Gefahr durch die Stressreaktion mit Kampf oder Flucht gesichert, Schmerz und andere unangenehme Körperempfindungen vermieden sowie Sexualität zur Sicherung der Art gelebt werden. Die beiden höheren Ebenen steuern vor allem psychische Bedürfnisse. Denn die

Psyche hat ja gerade bei uns Menschen ein Eigenleben entwickelt. Zuallererst geht es da um das Erreichen direkter Belohnung. Immer wieder aufs Neue. Besonders schön ist das bei Zweijährigen zu beobachten. Permanent geben sie zu verstehen: »Ich will!« Dass du mir Aufmerksamkeit schenkst, dass du mich hochhebst, dass du mir etwas zu essen gibst, den Schuh anziehst und so fort.

Erst auf der höchsten Ebene unserer emotionalen Steuerung kann abgewartet, kann das Erreichen von Zielen als längerfristige Planung angelegt werden. Dieses Aufschieben von Bedürfnissen über größere Zeiträume ist im frontalen Großhirn angesiedelt und wird in vollem Umfang erst im jungen Erwachsenenalter gelernt. Wenn überhaupt. Denn manch einem fehlt diese Fähigkeit, abhängig vom psychischen Entwicklungsstand seiner Persönlichkeit. Wieder hängt das von den Beziehungen ab, die über das Spiegelzellsystem auf das limbische System einwirken, je höher geordnet die Ebene, desto entscheidender. Auch Emotionen werden damit weniger durch die vererbte Biologie als durch Verhalten und damit durch Kultur im weitesten Sinn bestimmt.

Es geht nichts über die Qualität von Beziehungen

Das unweigerliche Gebundensein jedes Menschen beginnt bereits vor der Geburt. Schon im Mutterbauch steht die Psyche des Ungeborenen im Kontakt mit der Mutter. Daher erkennt ein Neugeborenes seine Mutter sofort nach der Geburt an Geschmack, Geruch und Stimme, weil es ja bereits im Uterus schmecken, riechen und hören konnte. Und schon in den ersten Lebenstagen nimmt es dann auch das Aussehen der Mutter auf.

Spätestens jetzt, wahrscheinlich aber schon beim Hören im Mutterbauch, sind die Spiegelzellen aktiv. Alle Verhaltensmuster zwischen dem Kind und den Menschen, mit denen es von nun an zu tun hat, werden in seinen Spiegelzellen gespeichert und so dauerhaft zu einem Teil seiner Hirnstruktur. Damit haben die frühen Bezugspersonen einen unmittelbaren Einfluss auf die heranreifende Struktur der kindlichen Psyche und auf deren emotionale Grundausstattung. Die Wurzeln für die spätere Zufriedenheit des jungen Menschen werden bereits jetzt gelegt und sind entscheidend geprägt von der Qualität seiner frühen Bindungen.

So lässt sich bereits am Bindungsverhalten einjähriger (!) Kinder verlässlich ablesen, wie ihr späteres Sozialverhalten, ihr Selbstbewusstsein und ihre emotionalen Reaktionen samt dazugehörigem Verhalten als Erwachsene sein werden. Eine einfache Versuchsanordnung bringt das an den Tag. Eine Mutter muss ihr spielendes Kind für einige Minuten in einem Raum allein lassen. Je nachdem, wie die Kinder darauf reagieren, unterscheidet man vier Bindungstypen:

Kinder mit einer sicheren Bindung reagieren auf das Verschwinden der Mutter anfänglich mit Stress und Ärger. Sie machen ihrer Wut Luft, sind bei der Rückkehr der Mutter aber schnell zu beruhigen. Bei unsicher gebundenen Kindern werden zwei alternative Verhaltensweisen

beobachtet. Die einen gebärden sich vermeidend, ignorieren das Weggehen der Mutter einfach. Die anderen zeigen heftige Wut und Verlassensangst. Ihre Gefühle sind
so massiv, dass sie sich, auch wenn die Mutter längst wieder da ist, kaum beruhigen lassen. Offenbar fehlt ihnen
das Vertrauen darin, dass die Mutter zurückkommen
wird. Das kurze Weggehen genügt, um bei ihnen eine tief
sitzende Grundangst zu aktivieren.

Noch dramatischer ist das Verhalten der als desorgani-
siert bezeichneten vierten Gruppe von Kindern. Ihnen
fehlt jede Handlungsstrategie zur Bewältigung der frustrierenden Situation. Sie sind augenscheinlich völlig über-
fordert und verfallen in bizarre Verhaltensweisen, er-
starren, schaukeln, drehen sich im Kreis oder machen
irgendeine andere stereotype Bewegung. Sie sind so von
ihren Gefühlen überwältigt, dass sie nach der Rückkehr
der Mutter für längere Zeit weder ihre Nähe zulassen
noch sich sonst einer Beschäftigung zuwenden können.

Im weiteren Lebensverlauf legen sicher gebundene
Kinder ein aufgeschlossenes und »passendes« Sozialverhalten an den Tag. Sie sind besser gelaunt, verfügen über
ein stabileres Selbstwertgefühl und besitzen eine höhere
Konzentrationsfähigkeit. Bei den drei anderen Gruppen
dagegen kommt es zu mehr oder weniger deutlichen De-
fiziten in der Sozialkompetenz. Das Spektrum reicht von
vermeidender Überangepasstheit auf der einen bis hin zu
massiv aggressivem Verhalten auf der anderen Seite. Vor
allem bei den Kindern der vierten Gruppe, der als desor-
ganisiert beschriebenen, finden sich im Erwachsenenalter
regelmäßig heftige Aggressionen.

Hintergrund dieser frühen Bindungsmuster, die ständig wirksam bleiben, sind tatsächlich vor allem die Beziehungserfahrungen im ersten Lebensjahr. Sie haben nachweislich ganz konkrete Auswirkungen auf den Aufbau der Hirnstruktur. Denn neurobiologischen Untersuchungen zufolge führen sichere Bindungen zu einer höheren Dichte an Oxytocin- und Vasopressinrezeptoren im Gehirn. Je zahlreicher diese Rezeptoren vorhanden sind, desto sensibler reagiert das Gehirn von da an auf diese Hormone. Ein Leben lang. Die Zauberformel lautet demnach: Frühe gute Bindungen! Sie verbessern die Leistungsfähigkeit des Gehirns, fördern sie doch über das Wachstum von Gliazellen die Nervenvernetzung; sie steigern Sozialkompetenz und Liebesfähigkeit und sie schützen vor Stress, ist Oxytocin doch der wesentliche Gegenspieler des Stresshormons Cortisol. Weil Liebe die wesentliche Quelle von Zufriedenheit ist und zudem Dauerstress unzufrieden macht, folgt daraus: Früh übt sich, wer zufrieden werden will. Es geht nichts über die Qualität der ganz frühen Bindungen.

Wenn Trennung zum Trauma wird

Der Erste, der die Bedeutung der frühen Bindungen für das psychische Wohlergehen systematisch untersuchte, war der englische Kinderarzt und Psychoanalytiker John Bowlby. Mag sein, dass er eine besondere Sensibilität für dieses Thema besaß, weil er selbst eine frühe Trennung erleben musste – das eigens für ihn zuständige Kindermädchen verließ die Familie, als der kleine John gerade drei Jahre alt war. Schon in den Vierzigerjahren begann Bowlby damit, den Beobachtungen, die er bei seiner Arbeit als Kinderarzt machte, auf den Grund zu gehen. Dabei konnte er belegen, dass frühe Trennungserfahrungen extreme Auswirkungen auf die seelische Entwicklung eines Kindes haben und dass sie eine wesentliche Ursache von späteren psychischen Erkrankungen sein können.

Nach dem Ende des Zweiten Weltkrieges gründete er dazu an der Tavistock-Klinik in London eine eigene Forschungsgruppe, die er viele Jahre lang leitete. Bis heute wird dort systematisch das Verhalten von Säuglingen in Trennungssituationen erforscht. Grundlegende Einsichten in die Bedeutung von Bindungen für das psychische Wohlergehen konnten so gewonnen werden.

Bowlbys Arbeiten wurden einer breiten Öffentlichkeit bekannt, als einer seiner Mitarbeiter, James Robertson, 1952 einen Film drehte: *A two year old goes to Hospital* (Eine Zweijährige geht ins Krankenhaus). Er zeigte ein trauriges, allein gelassenes und mitleiderregendes Mädchen auf der Kinderstation eines Krankenhauses. Damals war es üblich, dass selbst ganz junge Patienten dort isoliert von ihren Beziehungspersonen untergebracht wurden. Trotz der Aufmerksamkeit, die der Dokumentation schon damals zuteilwurde, dauerte es noch Jahrzehnte, bis die Erkenntnisse der Bindungsforschung Einzug in den praktischen Umgang mit Kindern im Krankenhausalltag fanden. Heutzutage ist das Rooming-in, also die Praxis, dass Eltern während eines Krankenhausaufenthalts bei ihren Kindern im selben Zimmer bleiben können, glücklicherweise Standard. Doch viele andere, oft einfach umzusetzende Empfehlungen der Bindungsforschung für den Umgang mit Kindern sind längst noch nicht in allen Bereichen der Erziehung angekommen. Da gibt es großen Nachholbedarf.

Wundermittel gegen Angst

Untermauert wurden und werden die Arbeiten der Bindungsforscher von zahlreichen Tierversuchen. Manchmal hilft dabei der Zufall. So entwickelte ein Pharmakonzern ein neues Mittel gegen Angstzustände. In einer Tierversuchsreihe sollte die Wirksamkeit des Medikaments bewiesen werden. Dazu sperrten die Forscher der Firma einen Affen in einen Käfig und ließen ihn von einem grimmigen Hund umkreisen. Verhalten und Stresshormonmessung bei dem kleinen Primaten lieferten einen eindeutigen Befund: Er zitterte vor Angst. Jetzt war es an der Zeit für den Auftritt des neuen Wundermittels. Ein zweiter, dem Affen vertrauter Kollege, bekam die Tropfen und wurde zu ihm in den Käfig gesetzt. Wieder zog der Hund bedrohlich knurrend seine Kreise. Das neue Medikament schien sich zu bewähren. Der zweite Affe zeigte keinerlei Anzeichen von Angst. Und doch war die ganze Versuchsreihe unbrauchbar. Zur Überraschung der Wissenschaftler war nämlich auf einmal auch der bis dahin schlotternde erste Affe angstfrei, ohne dass er etwas von dem Mittel abbekommen hatte.

Wie war das möglich?

Es war die Anwesenheit seines vertrauten Artgenossen, die hier Wunder wirkte, die sogar effektiver war als das neue Medikament. Eigentlich wenig überraschend, gilt doch bei unseren nächsten Verwandten dasselbe wie bei uns Menschen: Gerade in Gefahr suchen sie die Nähe eines anderen, weil das dadurch ausgeschüttete Oxytocin eben das beste Mittel gegen die Flut von Stresshormonen in der Angst ist. Übrigens fanden die Forscher einen Ausweg. Als sie anstatt zwei miteinander vertraute, zwei einander völlig fremde Affen in den Käfig setzten, überkam den Affen, der kein Medikament bekommen hatte, die Angst vor dem Hund. Der Test war gerettet.

Was für Affen und Menschen gilt, eint alle Säuger in jungen Jahren. Als Babys suchen sie bei Gefahr die Nähe zur Mutter, zu der sie ja schon vor der Geburt eine Bindung aufgebaut haben. Der angstlösende Effekt des Oxytocins unterstützt dieses Verhalten. Ja, er ist sogar so mächtig, dass er beim Säugling stärker ist als Hunger und Durst.

Der amerikanische Verhaltensforscher Harry Harlow bewies das in einem Versuch mit jungen Rhesusaffen. Die Kleinen wurden von ihren Muttertieren getrennt und konnten dann wählen zwischen Fellattrappen, die ihnen keine Nahrung gaben, und Drahtattrappen, die imstande waren, die kleinen Äffchen mit Milch zu füttern. Ohne Ausnahme zog es die Affenbabys zu den Fellpuppen. Die Sehnsucht nach Mutterliebe, das Gefühl von Sicherheit am weichen Fell, war stärker als der Drang, das körperliche Überleben zu sichern. Oxytocin schlug Blutzucker.

Doch auch Säugetiermütter unterliegen der Macht des Oxytocins. Setzte man jungfräulichen Ratten kleine Rattenbabys vor, so kümmerten sie sich so liebevoll um die Jungen, als wären es ihre eigenen, wenn den unfreiwilligen Pflegemüttern zuvor Oxytocin verabreicht worden war. Ohne die künstliche Liebesstimulanz fraßen sie die Jungen dagegen einfach auf.

Die Welt ist ungerecht – nutzen wir das!

Wie wir gesehen haben, gilt beim Aufbau von Nervensystemen die Selbstverstärkungstendenz. Denken und Verhalten, das sich einmal bewährt hat, werden wiederholt, da sie bereits in der Hirnstruktur vorhanden sind. Was bedeutet: Wer gute frühe Bindungen hat, dem geht es als Erwachsener besser, denn er wird automatisch dafür sorgen, auch später in liebevollen Beziehungen zu leben. Offenbar hält die Natur nichts von ausgleichender Gerechtigkeit. Sie belohnt eher diejenigen, die schon haben, was sie brauchen.

Diese prinzipielle Ungerechtigkeit unseres Erdendaseins ist, so unbefriedigend das auch sein mag, der allgegenwärtigen Macht des Zufalls geschuldet. Glück und Pech entscheiden wesentlich dabei mit, welche Ausgangsbasis wir in unserem Leben haben. Und damit gilt für das Thema Zufriedenheit, was ein Bekannter einmal ironisch formulierte: »Man kann in der Wahl seiner Eltern gar nicht vorsichtig genug sein.«

Gerade die früh gelernten Bindungsmuster werden in der Regel von uns ziemlich ungefiltert bei den eigenen Kindern wiederholt. Unbewusst geben wir weiter, was wir erlebt haben. Wer eine liebevolle Mutter hatte, wird zu seinen Kindern ebenfalls liebevoll sein. Und umgekehrt gilt das Gleiche. Bei uns Menschen ist diese unbewusste Verhaltensweitergabe inzwischen bis in die Enkelgeneration hinein belegt.

Doch das soll keineswegs ein Anlass zu Resignation sein, was etwa die Opfer von Kindheitstraumen angeht. Ganz im Gegenteil! Denn wir bleiben ein Leben lang lernfähig. Mehr noch, und das geht nur bei uns Menschen, wir können unseren Erziehungsstil bewusst ändern. Sofern wir erkennen, was für Auswirkungen frühere Erlebnisse auf uns haben. Gerade weil bei uns Menschen der Schwerpunkt der Evolution nicht mehr über die Gene, sondern über das Verhalten und über unser angesammeltes kulturelles Wissen erfolgt, und weil wir uns ebendieses Verhalten bewusst machen können, sind wir auch in der Lage, es aktiv zu beeinflussen. Gegebenenfalls können wir es also so anpassen, dass es uns und unseren Kindern möglichst gut geht. Nichts ist dabei so wichtig wie stabile gute Bindungen.

Was Beziehungen gesund macht – oder krank

Wir sind existenziell abhängig von Beziehungen. Wer allein bleibt, wird häufiger krank, das gilt besonders für psychische Erkrankungen, aber auch für körperliche. Eine groß angelegte und immer noch laufende Studie der University of Michigan hat als erstes Zwischenergebnis zutage gefördert, dass das Risiko für eine Depression ganz wesentlich von der Qualität der gelebten Beziehungen abhängt. Es ist in einer unglücklichen Partnerschaft doppelt so hoch wie in einer glücklichen.

Mittlerweile ist ebenfalls bewiesen, dass Einsamkeit deutlich die Gefahr erhöht, an Krebs oder an Arteriosklerose zu erkranken, den beiden häufigsten Todesursachen in der westlichen Welt. Zugleich belegen diverse sozialpsychologische Studien, dass die Beziehungsqualität das wichtigste Kriterium für ein zufriedenes Lebensgefühl ist, und das in sämtlichen Kulturen und Gesellschaftsformen. In welchem Land auch immer eine entsprechende Studie durchgeführt wurde, das Ergebnis war stets dasselbe: Die wichtigsten Faktoren für ein zufriedenes, gesundes und langes Leben sind die Qualität der Partnerschaft und die Häufigkeit von Sex. Wobei beides ja durchaus zusammenhängen kann.

Die einfache Regel lautet also: Besser eine gute Beziehung, als gar keine. Und besser allein unter Freunden als in einer schlechten Partnerschaft. Die Psychiaterin Janice Kiecolt-Glaser von der Ohio State University und ihr Mann Ronald Glaser sammelten Belege dafür, wie chronischer Beziehungsstress krank macht. Wie sie herausfanden, beschleunigen andauernde Partnerschaftskonflikte nicht nur den Alterungsprozess, sondern zugleich erhöhen sie das Risiko für typische Alterskrankheiten, verschiedene Krebsarten, Arteriosklerose, Typ-2-Diabetes, Osteoporose oder Arthritis.

In einem Experiment provozierten die beiden Forscher im Labor eine Auseinandersetzung zwischen Eheleuten. Nur wenige Stunden später war bei den Streithähnen das

Immunsystem deutlich geschwächt, waren Antikörper und Abwehrzellen vermindert. Entsprechend erkrankten Studenten, die sich im Wohnheim ihr Zimmer mit einem anderen teilen mussten, umso häufiger an Virusinfekten, je weniger sie ihren Mitbewohner mochten.

Dreh- und Angelpunkt dieser Auswirkungen von Beziehungen auf die Gesundheit ist die Stressverarbeitung. Sie erinnern sich: Oxytocin ist der Gegenspieler von Cortisol. Vor allem direkter Körperkontakt wie liebevolles Streicheln führt zur Freisetzung von körpereigenem Oxytocin. Genauso Sex. Dazu mischen in der Erotik am Anfang Dopamin und am Höhepunkt Morphium mit. Die Hormone des Belohnungssystems sind damit nicht nur für die Belohnung von Verhalten zuständig, sondern sie sind zugleich wirksames »Schmiermittel« für unser Zusammenleben.

Zu guter Letzt wird durch intensive körperliche Nähe Serotonin freigesetzt, der chemische Botenstoff im Gehirn, der uns noch im Zusammenhang mit der Entstehung von Depressionen interessieren wird. Auch Serotonin senkt die Cortisolempfindlichkeit von Nervenzellen, wirkt damit ebenfalls stressmindernd. Alles in allem spricht die Wissenschaft eine eindeutige Sprache: Liebevolle körperliche Nähe setzt einen Wohlfühl-Hormoncocktail frei. Und genau deshalb ist sie so gesund.

Stress im Busch

Doch Beziehung findet ja nicht nur paarweise statt. Sind die Beziehungsgeflechte komplexer, entstehen unweiger-

lich soziale Hierarchien. Um die chemischen Zusammenhänge von sozialer Vernetzung und Stress zu studieren,
verließ der Neuroendokrinologe und Primatenforscher
Robert Sapolsky seine Heimat Brooklyn, New York, und
zog in den afrikanischen Busch. Über 30 Jahre lang beob-
achtete er dort unsere nächsten Verwandten: Paviane und
Schimpansen.

Tagein, tagaus zog er den wilden Tieren hinterher und
betäubte sie mit Wurfpfeilen, um ihnen Blut abnehmen
und die Höhe ihres Blutcortisolspiegels messen zu können. Und siehe da: Je stärker ein Affe in sein soziales Umfeld eingebunden war, desto geringer waren seine Stress-
hormonpegel und desto gesünder war er. Aber welchen
von ihnen ging es auf Dauer am besten? Waren es wirklich die Alphatiere, wie die landläufige Meinung nahele-
gen würde?

»Ja, aber« lautet die Antwort. Denn die Selbstverstärkungstendenz kann auch zum Fluch werden, und das
eben nicht nur bei der Sucht. Es stellte sich nämlich heraus, dass Alphatiere oft einen hohen Preis für ihre sozial
bevorzugte Stellung zahlen müssen. Immer wenn es irgendeine Unruhe, eine Rangelei in der Horde gibt, stehen
gerade sie unter Stress. Schließlich wird ihre Rolle dadurch potenziell infrage gestellt und sie müssen bereit
sein, ihren Status zu verteidigen. Gelingt das, lockt zwar
wieder der Belohnungscocktail im Gehirn, doch auf Dauer kann das ganz schön anstrengend sein.

Es war ein Schüler Sapolskys, dem auffiel, dass die Vor-
gehensweise seines Lehrers einen entscheidenden Nachteil
hatte. Die Wurfpfeile bedeuteten Stress für die Affen, und

das verfälschte die Ergebnisse. Robert Seyfarth begann daraufhin, die Exkremente unserer nächsten Verwandten einzusammeln und aus ihnen die Hormonwerte zu gewinnen, unverfälscht und ganz Natur. Seine Ergebnisse lassen aufhorchen. Denn die auf längere Sicht stressärmsten Affen sind offenbar diejenigen, die aus der zweiten Reihe heraus am Geschehen teilnehmen, die sogenannten Betatiere. Sie stehen nicht andauernd unter dem Druck, ihre Stellung verteidigen und sich um die Horde kümmern zu müssen. Und trotzdem dürfen auch sie, in unbeaufsichtigten Momenten, ihre Gene weitergeben und damit das Feuerwerk ihres hormonellen Belohnungssystems entzünden. Insgesamt scheint es, als hätten sich die Betatiere ganz gut damit arrangiert. Wieder einmal zeigt sich, dass in der Evolution eben nicht nur die Besten überleben, sondern so ziemlich alle, solange sie nur gut genug sind. Und nicht zufällig außergewöhnlich viel Pech haben.

Damit gilt wieder einmal für Affen dasselbe wie für uns Menschen: Wesentlicher Faktor für ein langes, gesundes und zufriedenes Leben ist die Reduktion von übermäßigem Stress. Denn der macht krank. Dauerbelastungen durch ungelöste Konflikte, durch Beziehungsprobleme, durch unerfüllte Wünsche, durch das Fehlen von Erholungspausen, durch Druck am Arbeitsplatz oder durch Arbeitslosigkeit schädigen die Gesundheit.

Mehr Bindung ist mehr

Und das wichtigste Mittel gegen Stress sind gute Beziehungen. Von Beginn an. Schon bald nach der Geburt kommen zur Mutter andere Menschen hinzu, jeder von ihnen wirkt auf uns ein. Erst durch all die anderen entfaltet sich unsere Persönlichkeit, werden wir über unser Spiegelzellsystem zu demjenigen, der wir sind. Ohne ein soziales Umfeld können wir auf Dauer nicht existieren.

Auch das konnte der Verhaltensforscher Harry Harlow in seinen Studien mit Rhesusaffen belegen. So ließ er Jungtiere in drei getrennten Gruppen voneinander aufwachsen: einmal ganz allein, dann als Einzelkinder bei ihren Müttern und zuletzt bei ihren Müttern zusammen mit Gleichaltrigen. Dabei zeigte sich, dass soziale Kompetenz gelernt werden muss. Die Äffchen, die in dem turbulenten Umfeld mit Müttern und Gleichaltrigen aufwuchsen, entwickelten sich am besten. Sie waren deutlich weniger ängstlich und kamen im späteren Leben problemloser zurecht als der Nachwuchs aus den anderen beiden Gruppen. Am schlechtesten erging es den isoliert gehaltenen Rhesusaffen. Sie waren so verhaltensgestört, dass sie später oft gar nicht in der Lage waren, eigene Nachkommen aufzuziehen. Was sie nicht gelernt, also selbst erlebt hatten, beherrschten sie einfach nicht. Eindeutig bestimmen also nicht die Gene, sondern die eigene Erfahrung das Verhalten bei der Aufzucht von Jungtieren.

Selbst wenn man Rhesusaffen nicht so ohne Weiteres mit uns Menschen vergleichen kann, sind diese Beobachtungen auch für uns von Bedeutung. Sind wir doch, mehr noch als diese Primaten, geprägt von unseren Erfahrungen. Damit stellt sich durchaus die Frage, ob Klein- und Kleinstfamilien, wie wir sie heutzutage in der westlichen Welt bevorzugen, wirklich ideal für unsere Kinder sind. Oder ob nicht das Aufwachsen in einem größeren Beziehungsverband unseren psychischen Bedürfnissen als Mensch angemessener gerecht wird. Mit sicheren Bindungen ganz am Anfang und mit einer Vielzahl an Beziehungsalternativen später lernen wir nämlich am besten, wie wir das Leben bewältigen. Wir tragen dann eine stabile Grundsicherheit in uns und wir kennen uns aus in allen möglichen Lebenslagen, weil wir über einen bunten Erfahrungsschatz verfügen.

Vor Bindungsbetrügern wird gewarnt!

Gerade unsere frühen Bindungen prägen uns. Unbewusst neigen wir dazu, sie im späteren Leben zu wiederholen, und gestalten unsere Partnerschaften so, wie es uns unsere Eltern vorgelebt haben. Es sei denn, wir machen es bewusst anders. Zugleich sind wir weiterhin durch die in uns gespeicherten Kindheitserfahrungen latent anfällig dafür, uns von anderen, die sich eine Autoritätsrolle anmaßen, wieder in eine kindliche Rolle hineindrängen zu lassen und uns ihren Wünschen, Forderungen und Befehlen zu unterwerfen.

Auch das geschieht meist, ohne dass wir es bewusst merken, und wird bei allen möglichen Gelegenheiten ausgenutzt. Etwa von dem Verkäufer, der sich als ausgewiesener Fachmann präsentiert und uns dadurch in die Rolle des Unwissenden verweist, der seinem Rat zu folgen hat. Dadurch macht er sein Geschäft. Selbst für »Vater Staat« und »seine« Repräsentanten sind wir brave Vasallen. Ja, im blinden Gehorsam gegenüber überväterlichen Führern lassen wir uns sogar in den Opfertod treiben. Warum, das habe ich am Beispiel Hitlers in dem Buch *Versuchung des Bösen* herausgearbeitet. Doch selbst in der jüngeren Vergangenheit gibt es Beispiele dafür:

Jonestown, British Guyana, 18. November 1978. In der nach ihm benannten Siedlung im südamerikanischen Dschungel inszenierte der Sektenführer James oder »Jim« Jones mit über 900 Anhängern seines People's Temple einen Massenselbstmord. Livemitschnitte davon sind auf Tonband erhalten. Sie geben Zeugnis von dem stundenlangen Gottesdienst, in dem sich die meisten Sektenmitglieder der Reihe nach mit einem in Saft aufgelösten Gemisch aus Valium und Zyankali vor den Augen der anderen das Leben nahmen. Zuerst vergifteten sie die eigenen Kinder, dann sich selbst. Der Führer hatte es befohlen: »Aus Protest gegen die unmenschlichen Bedingungen in dieser Welt begehen wir revolutionären Selbstmord.«

Er selbst wurde später ebenfalls tot aufgefunden, Todesursache: Kopfschuss. Ob er durch eigene Hand oder durch den Schuss aus der Waffe einer seiner Wachen ums Leben kam, wurde nie geklärt. Er selbst hatte die Wachen beauftragt, die Zweifler unter seinen Anhängern ins gelobte Jenseits zu befördern. Doch wie konnte es Jones gelingen, mündige Erwachsene so sehr in seinen Bann zu ziehen, dass sie bereit waren, auf seinen Befehl hin zu sterben, ja selbst die eigenen Kinder mit in den Tod zu reißen?

Ausschlaggebend dafür war die Rolle, die sich der Sektenführer selbst auf den Leib geschrieben hatte als messianischer Übervater, der Autorität, Ehrlichkeit und Sympathie vermeintlich in den Dienst der Menschheit stellte und dadurch glaubwürdig erschien. Obwohl er in Wirklichkeit nur sein eigenes Ego bediente, unbewusst den Ausgleich für Defizite in seiner Kindheit suchte. Jones ist ein Paradebeispiel dafür, wie das frühe Umfeld die Persönlichkeit prägt. Er stammte aus einer tristen amerikanischen Kleinstadt. Sein Vater war meist abwesend, seine Mutter Lynetta verdingte sich als Fabrik- und Gelegenheitsarbeiterin. Dabei schmückte sie ihren trostlosen Alltag aus mit prophetischen Fantasien über ihren Sohn. Sie war überzeugt davon, dass er als neuer Messias das Unrecht aus der Welt schaffen werde. Angeblich hatte ihr das ihre eigene verstorbene Mutter in einem Traum zugeflüstert. Und so gab der kleine Jim sich Mühe, seine Mama nicht zu enttäuschen.

Zeitlebens strebte er nach Geltung und Macht als Ausgleich für seine karge Kindheit – und eben um die ausgefallenen Wünsche seiner Mutter zu bedienen. Dazu war ihm beinahe jedes Mittel recht, griff er zu Betrug und Manipulation. So durchstöberte er die Abfalleimer von Besuchern seiner Gottesdienste, um auf diese Weise ihre Vorlieben, Medikamente oder Reisepläne kennenzulernen und sie dann mit seinen hellseherisch anmutenden Einblicken verblüffen zu können. Indem er sich als gerechter, sorgender und liebevoller Vater inszenierte, drängte er seine »Schäflein« Schritt für Schritt in die Kinderrolle.

Selbst Psychoterror half ihm dabei. Wie bei Deborah. Sie wurde eine ganze Nacht lang von anderen Sektenmitgliedern angeschrien, angespuckt und gedemütigt. Als sie nervlich am Ende war, besuchte Jones sie in ihrem Zimmer und entschuldigte sich für die abscheuliche Behandlung. »Ich wäre ja eingeschritten, Liebling«, sagte er, »aber dann hätte es ja so ausgesehen, als würde ich dich bevorzugen. Du weißt, wie viel mir an dir liegt. Du bist eine meiner treuesten Anhängerinnen, aber das wird gut sein für deine innere Stärke.« Deborah reagierte genau so, wie Jones es vorausgesehen hatte. »Danke, Vater!«, flüsterte sie, überglücklich, dass er sich die Zeit genommen hatte, mit ihr zu sprechen. Zumindest konnte sie sich daran festhalten, dass »Vater« sie noch liebte und verstand.

Durch den andauernden psychischen Druck wurde bei den Sektenmitgliedern der Drang, in Gefahr anderen zu vertrauen, permanent wachgehalten. Aber noch eine andere zutiefst menschliche Eigenschaft verstärkte den Sog zu immer weiterer Unterwerfung: Nur ungern gestehen wir uns selbst Fehler ein. Lieber reden wir uns die Realität schön. Vor allem dann, wenn wir Zeit haben, uns an eine Situation zu gewöhnen. Auch da ging Jones geschickt vor, indem er die Selbstaufgabe im Sektenalltag scheibchenweise inszenierte. Zugleich tat er so, als könne jedes Mitglied jederzeit frei entscheiden, ob es bleiben oder gehen wolle. Nur, einmal in der Kinderrolle gefangen, war das kaum möglich. Welches Kind spaziert schon hinaus aus seinem Elternhaus und macht sich auf und davon? Schritt für Schritt wurde Jones in seiner Vaterrolle so übermächtig, dass im »Temple«, in der Nacht des Massenselbstmords, eine Mutter am Mikrofon stand und inmitten der Sterbenden die folgenden Worte fand: »Ich möchte Papa dafür danken, dass er uns das Leben und auch den Tod gegeben hat. Und ich weiß es zu schätzen, dass unsere Kinder auf diese Weise gehen, denn Papa hat uns ja gesagt, wenn sie kommen, werden sie unsere Kinder massakrieren, und die, die sie gefangen nehmen, werden sie zu Dummköpfen erziehen, wie sie es wollen, und nicht zu Amtsträgern wie der unvergleichliche Jim Jones. Danke, Papa.« Sprach es und trank selbst das Gift.

Gerade weil wir existenziell abhängig sind von Beziehungen, sollten wir nicht jedem blind vertrauen, der uns über den Weg läuft. Das Gespür dafür, wo Vertrauen angebracht ist und wo nicht, müssen wir allerdings erst lernen und greifen dann unwillkürlich auf unseren Erfahrungsschatz zurück. Einen neuen Bekannten vergleichen wir erst einmal automatisch mit Menschen, die wir schon kennen, und schreiben ihm dabei unbewusst die schon vertrauten Eigenheiten des anderen zu, finden den Neuling aus diesem Grund ebenfalls sympathisch oder nicht. Eine besondere Schwäche haben wir dabei für Fremde, wenn sie uns selbst ähneln. So haben amerikanische Sozialpsychologen herausgefunden, dass wir gern die Bitte eines Unbekannten erfüllen, wenn er denselben Vornamen hat wie wir oder denselben Geburtstag. Gewitzte Verkäufer wie routinierte Charmeure setzen das bewusst ein.

Genauso kann es sein, dass wir schon früh gelernt haben zu misstrauen. Natürlich bleiben wir dabei, neigen dann dazu, niemandem zu vertrauen. Und wir bestätigen uns, dass wir damit recht haben. Sei es, dass wir uns einen Partner aussuchen, der das Misstrauen verdient oder sei es, dass wir unseren Partner mit andauernder Kontrolle, mit ungerechtfertigten Vorwürfen oder mit Fallen, die wir ihm stellen, irgendwann dazu bringen, dass er nicht mehr will. Er verhält sich schließlich so, wie wir es erwartet haben, und dadurch hat er uns – wie hätte es auch anders sein sollen – enttäuscht. Oder wir selbst zerstören die Beziehung, indem wir den Partner betrügen. Denn wer chronisch misstrauisch ist, hat oft Grund dazu, liegt doch die Wurzel für Misstrauen meist im eigenen Charakter, dessen Abgründe dem anderen zugeschoben werden: »Weil mir nicht zu trauen ist, kann ich dir nicht trauen.«

Die Welt gehört mir – die zweite Säule von Zufriedenheit

Selbst wenn wir gute und stabile Bindungen verinnerlicht haben und dadurch selbstbewusst und offen durchs Leben gehen, brauchen wir für eine zufriedene Lebensgestaltung mehr als nur Beziehungsglück. Denn spätestens dann, wenn wir mit der Geburt die bedürfnislose Geborgenheit unserer ersten Umwelt im Mutterbauch verlassen, werden wir neugierig. Unser Belohnungssystem drängt uns dazu, die Welt zu erkunden und zu erobern. Immer lockt dabei die Ausschüttung von Dopamin, verführt uns dieser Stoff zum permanenten Erweitern unserer Grenzen. Das gilt für jeden Einzelnen von uns und für die Menschheit insgesamt.

Wieder unterliegen wir dabei der Selbstverstärkungstendenz. Schließlich werden wir bei Erfolg belohnt. Auf welcher Spielwiese wir unser Wachstumsstreben ausleben, können wir selbst entscheiden. Jeder von uns schafft sich seine eigenen Nischen. Sogar als Gesellschaft insgesamt können wir das frei bestimmen. Das kann, muss aber nicht wirtschaftliches Wachstum sein.

Diese zweite Kraft, die neben unseren Beziehungen unser Dasein bestimmt, hat auch einen Namen: Wirkmächtigkeit. Der Begriff stammt von einem weiteren weltbekannten englischen Kinderarzt und Psychoanalytiker: Donald Winnicott. Er erkannte, wie gut es seinen jungen Patienten tat, wenn es ihnen gelang, selbstständig etwas zu bewirken.

Vielfach wurden seine Erkenntnisse seither in Experimenten belegt. So lässt sich bereits bei zwei Monate alten Säuglingen der Wunsch nachweisen, eigenmächtig etwas zu erreichen. Ein geschickter Versuchsaufbau des New Yorker Kinderpsychologen Michael Lewis brachte das ans Licht. Die Kleinen bekamen Schnüre um eines ihrer Handgelenke gebunden, und wenn sie daran zogen, konnten sie sich in den Genuss einer Melodie aus der *Sesamstraße* bringen. Schnell verstanden sie den Zusammenhang und genossen die unterhaltsame Musik. Doch dann griffen die Forscher ein und beendeten die vergnügliche Zerstreuung – trotz Schnurziehen geschah nichts mehr, kein Ton erklang. Es dauerte nicht lange, und die jungen Probanden zogen energischer, wurden schließlich sogar

richtig ärgerlich. Die vorfreudige Erwartung wurde enttäuscht, der Dopaminkick mündete nicht in Erfolg, sondern in Stress.

Aber war es vor allem die fehlende Musik, der ausblei-
bende Konsum, der die Kleinen frustrierte? Keineswegs.
Das eigentlich spannende Ergebnis fand man nämlich
erst durch eine Variation der Versuchsanordnung heraus.
Bekamen die Knirpse nämlich die Musik nur vorgespielt,
also ohne dass sie selbst einen Einfluss auf deren Erklin-
gen hatten, dann war ihnen das plötzliche Ausbleiben der
Melodie schlicht und einfach egal. Erst ab einem Alter
von vier Monaten führte das Fehlen der nur passiv darge-
brachten Freude zu Missmut. Damit erwies sich bei den
ganz Kleinen das eigenständige Bewirkenkönnen als Motor für das Motivations-Belohnungs-System, nicht das
Musikhören an sich. Der Drang zu Wirkmächtigkeit, das
zeigte diese Versuchsvariante, existiert in der Psyche früher als der Wunsch nach Konsum.

Und so nutzen wir die Gelegenheit, uns zu entfalten,
laufen los, klettern, arbeiten, rätseln oder was auch immer
uns erfüllt. Und jedes Mal laufen wir möglichst noch ein
Stück weiter und schneller als beim letzten Mal. Was wir
uns als Betätigungsfeld aussuchen, entscheiden Anlagen,
Gelerntes und Zufall. Das können Hochhausbau oder
Geldvermehrung sein, Wissensgewinn oder Höchstleistungen im Sport. Doch genauso Liebesabenteuer oder, am
dunklen Ende des Spektrums, Mord und andere Verbre-
chen.

Die Wirkmächtigkeit ist der Grund dafür, dass Herr-
scher ihre Reiche ausweiten wollen, dass der Drang zum

Anhäufen von Reichtum unersättlich sein kann, zu der zehnten noch die elfte Milliarde hinzukommen muss. Die Liste ist so endlos wie das kreative Potenzial menschlichen Denkens. Was sich uns auch als Möglichkeit anbietet, wir probieren es aus, erobern das Weltall, zünden die Atombombe. Uns ist lieber, wir scheitern an einer Aufgabe, als es nicht versucht zu haben.

Und wer weiß – vielleicht gelingt es uns ja doch eines Tages, unser Ziel zu erreichen. Schließlich stirbt die Hoffnung zuletzt. Manchmal zu Recht, wie 2013 die amerikanische Marathonschwimmerin Diana Nyad bewies. Sie erfüllte sich ihren Lebenstraum, als erster Mensch die 110 Meilen von Kuba bis Florida ohne Pause und ohne Haischutzkäfig zu schwimmen – nach mehreren gescheiterten Versuchen schaffte sie es endlich, immerhin im stolzen Alter von 64 Jahren.

Aber was ist das Besondere daran, die Belohnungskaskade im Gehirn selbst zünden zu können, sind doch die chemischen Bausteine des Motivations-Belohnungs-Systems im Grunde immer dieselben? Wieso stellt das eigenständige Bewirken von sich aus eine Motivation dar und nicht nur das Ergebnis, der lustvolle Konsum?

Offenbar muss das eigenmächtige Bewirken eine zusätzliche Belohnungsebene bereithalten. Und das tut sie. Denn nicht nur habe ich den erhofften Erfolg, sondern zugleich habe ich das befreiende Gefühl, dass ich dafür nicht auf einen anderen angewiesen bin. Am Beginn unseres Lebens sind wir total abhängig. Oft ist das eine Quelle von Angst und Frustration. Wenn die Mutter nicht da ist, wenn der aufkeimende Hunger nicht gleich von der Mutterbrust gestillt wird, wenn die Windel voll ist und dergleichen mehr. Endlich unabhängig zu werden, sich bei Hunger sein eigenes Brot holen zu können, ist da eine unglaubliche Erleichterung. Wer je miterlebt hat, wie ein Kleinkind das erste Mal allein laufen kann und nicht mehr auf die helfende Hand eines Erwachsenen angewiesen ist, der wird den strahlend triumphierenden Gesichtsausdruck niemals vergessen: Ich kann es! Die Welt gehört mir!

Ganz allein oder lieber doch zu zweit?

Doch selbst im Triumph der eigenen Wirkmächtigkeit gilt, dass geteilte Freude doppelte Freude ist. Wenn wir den Emotionsrausch, unseren Erfolg, mit jemandem teilen können, wird er verstärkt. Denn dann wird unsere Begeisterung von unseren Spiegelzellen zu denen des anderen gesendet und umgehend von dort zurückgespiegelt. Wenn der andere darauf einsteigt.

Eckart von Hirschhausen schreibt dazu: »Auch wenn der per Selbstbefriedigung ausgelöste Orgasmus sich besonders intensiv anfühlt, macht er nicht glücklicher. Höhepunkte mit Partner erschüttern zwar weniger stark auf der sexuellen Richterskala, aber das machen sie durch einen höheren ›Befriedigungswert‹ wieder wett. Glück kommt selten allein …« Für mich wirft das freimütige Bekenntnis seiner Selbsterfahrung allerdings eine Frage auf, ob er da nicht etwas falsch macht, wenn er zu zweit ist? Oder ob ich da etwas falsch mache, wenn ich allein bin?

Rosineneuphorie – besser als erwartet

Unsere Motivation zu Wirkmächtigkeit wird vom mesolimbischen System gesteuert, die Nervenzellen dort feuern am stärksten, wenn uns etwas überraschend Positives gelingt: durch Zufall ein Lottogewinn oder – besser noch – durch unser eigenes Zutun eine neue Bestzeit, ein gelöstes kniffliges Rätsel, eine zündende Erkenntnis. Auch dieser prickelnde Effekt durch eine positive Überraschung wurde in Affenversuchen wissenschaftlich nachgewiesen. Für ein Experiment zapfte der inzwischen in Cambridge tätige deutsche Hirnforscher Wolfram Schultz gezielt einzelne dopaminreiche Nervenzellen seiner Versuchsaffen an. Er wollte die elektrische Aktivität dieser Zellen messen, um so ihre Beteiligung an der Auslösung von Körperbewegungen im Zusammenhang mit der Parkinsonkrankheit besser zu verstehen. Doch anstatt den Bewegungsapparat in Gang zu setzen, schwiegen sie. Das war rätselhaft.

Da half der Zufall mit. Schultz meinte es gut mit seinen Tieren und belohnte sie regelmäßig für ihre Mühen. So erhielten sie nach der Untersuchung immer ein wenig süßen Fruchtsaft. Affen lieben bekanntlich Zucker. Und plötzlich feuerten die davor so stillen Nervenzellen, was das Zeug hielt. Die Elektroden waren ins Striatum eingebracht worden, von wo aus die für die Bewegungsauslösung zuständige, bei der Parkinsonkrankheit verkümmerte Substantia nigra versorgt wird. Aber eben nicht nur die, sondern auch der für die Belohnung von Motivation zuständige Nucleus accumbens des Mittelhirns (siehe S. 60). Und genau die für diese Belohnung zuständigen Zellen hatte Schultz erwischt. In ihnen hatten die Affen gelernt, dass auf den Versuch die Belohnung folgen würde. Schultz war so überrascht, dass er den Versuch einige Hundert Mal wiederholte. Erst dann war er sich sicher, dass er da auf etwas Bedeutsames gestoßen war.

Von da ab wurde gezielt beforscht, was erst der Zufall ans Tageslicht befördert hatte. Die Ergebnisse ließen nicht auf sich warten. So zeigte sich, dass neuronales Lernen konditioniert werden konnte, dass sich gezielte Reize mit bestimmten Reaktionen verknüpfen ließen. Wurde der saftigen Belohnung ein Tonsignal vorausgeschickt, so feuerten die Nervenzellen der Affen bald schon allein auf die akustische Ankündigung hin. Der Sitz des Pawlowschen Reflexes war gefunden worden, benannt nach dem russischen Nobelpreisträger Iwan Petrowitsch Pawlow, der 1905 erkannt hatte, dass seinen Hunden bereits das Wasser in der Schnauze zusammenlief, wenn sie nur den Glockenton hörten, der regelmäßig ihre Fütterung ankündigte (siehe S. 189f.).

Als Nächstes setzte Schultz Apfelstückchen als Lockmittel für seine Affen ein. Ihre Zellen feuerten Sturm vor Begeisterung. Doch nach einiger Zeit gewöhnten sich die Tiere an das regelmäßig verabreichte Obst, und die vorausschauende Zellaktivität ebbte ab. Gab es aber unverhofft statt der Äpfel Rosinen, so fiel die Begeisterung umso heftiger aus. Schließlich waren die Rosinen eine Überraschung, und dazu noch eine gute. Sind sie doch süßer als Äpfel. Aber auch die Rosineneuphorie erlahmte, als die Gabe der getrockneten Weinbeeren zur Routine wurde. Und als es dann nach einer Zeit des Darbens schließlich wieder Äpfel gab, da waren die wieder fein genug, um das Belohnungssystem zu beflügeln.

Schließlich gab es eine weitere Überraschung. Das Leuchten eines Lämpchens wurde für die Affen zum Vorboten der süßen Nahrung, und wie erwartet wurde das Licht zur Quelle der Zellerregung. Aber was war das? Beim Obst selbst herrschte auf einmal Funkstille. Es war also nicht die Belohnung selbst, sondern die Erwartung darauf, die die Zellen zum Dopaminausstoß anregte. Hier, mitten in den Windungen der Affenhirne, wurde sichtbar, dass der wesentliche Stimulus für unser Denken nicht der glücksbeseelte Augenblick selbst ist, sondern die hoffnungsvolle Erwartung darauf in der nahen Zukunft.

Evolutionär betrachtet macht das durchaus Sinn. Fürs Überleben ist nicht so sehr das real Gegebene von Bedeutung, das ist abgehakt und braucht keine weitere Aufmerksamkeit. Anders sieht es mit der Aussicht auf die Zukunft aus. Wenn wir uns auf sie vorbereiten können, sind wir gewappnet – und dabei ist eine positive Erwartung *der* Anreiz für unser Motivationszentrum. So erklärt sich das bekannte Phänomen, das ich schon erwähnte: Die Hoffnung stirbt zuletzt.

Unser Gehirn kann ja nur ein Abbild von der äußeren Realität konstruieren, ein Modell. Ob dieses sich auf die Gegenwart oder auf die Zukunft bezieht, macht letztlich aus der Sicht des Gehirns keinen großen Unterschied. Und doch ist der Blick in die Zukunft ein Überlebensvorteil der Sonderklasse. Wir machen uns jetzt schon ein Bild von dem, was uns erwartet, und handeln entsprechend, wir bauen vor. Wir säen, um später ernten zu können, legen Vorräte an, um den Winter zu überstehen. Weit mehr noch. Erweist sich die vom Dopamin gesteuerte Zukunftsplanung als erster Schritt auf dem Weg zu abstraktem Denken im engeren Sinne, ist das Bild von der Zukunft doch erst einmal Fiktion.

Leben ohne Sinn

Unsere psychischen Bedürfnisse sind also im Spannungsfeld zwischen Beziehung und Bewirken angesiedelt. Wir streben nach Geborgenheit, aber zugleich nach der Eroberung der Welt. Beides kann natürlich zusammentreffen. Und mit vereinten Kräften sind wir stärker, in der Gemeinschaft wachsen wir über uns selbst hinaus. Den Spiegelzellen sei Dank.

Wenn es allerdings in einem der beiden Bereiche nicht so gut läuft, strebt unsere Psyche danach, das auszugleichen. So kann Beziehungsarmut durch Arbeitseifer kompensiert werden oder eine Großfamilie hilft dabei, die Enttäuschung bei einem beruflichen Misserfolg zu lindern. Nicht selten findet sich daher ein verbissener Ehrgeiz gerade bei Menschen, die versuchen, den Dämonen schlechter Beziehungserfahrungen, etwa einer traumatisierenden Kindheit, zu entkommen. Der Erfolg soll dann das früh erfahrene Unheil ausgleichen. Doch kann der Drang nach Wirkmächtigkeit auch in Beziehungen selbst hineingetragen werden. Dann bestimmt nicht Liebe, sondern Machtstreben das Miteinander.

Dort aber, wo die beiden Grundbedürfnisse unserer Psyche ausreichend befriedigt werden, werden wir mit Zufriedenheit belohnt. Dann ist unser Leben erfüllt. Die Suche nach einem höheren Sinn als vermeintliche Voraussetzung für ein gelingendes Leben erübrigt sich. Schließlich erweist sich die viel gepriesene Sinnsuche bei näherer Betrachtung meist als Ersatzstrategie für das Zurechtkommen in einer unabwendbar frustrierenden Realität. Das kann in Ausnahmesituationen berechtigt sein, im Allgemeinen ist es das nicht, lenkt es doch allzu sehr davon ab, das Leben wirklich zu leben und dort, wo möglich, die Dinge zu ändern. Andernfalls kommt es zu Frust. So wie es der Schweizer Schriftsteller Alex Capus einmal ausdrückte: »Nicht Erfolg verdirbt den Charakter, sondern Misserfolg.«

Und dennoch sucht alle Welt nach Sinn. Hintergrund ist die Frage nach dem Warum, sie beherrscht unser Denken. Die Suche nach einer Erklärung aktiviert unser Motivationszentrum, und finden wir sie – »Heureka!« –, dann werden wir belohnt. Wir wollen uns auskennen, wollen Zusammenhänge verstehen. Unser Belohnungssystem ist darauf ausgerichtet, zum Überleben war das hilfreich. Überall sehen wir kausale Verknüpfungen. Manche bewähren sich, andere halten sich, selbst wenn sie komplett unsinnig sind, solange sie das Überleben nicht ernsthaft gefährden. Ich höre ein Schnaufen hinter dem Busch, weil dort ein gefährliches Tier lauert. Ich investiere, weil ich damit meine Rente sichern kann. Ich habe Glück, weil die Sterne eine bestimmte Position zueinander haben. Weil mein Leben diesseits miserabel ist, wird mich das Jenseits belohnen. Immer wenn es in der Wirklichkeit mies läuft, kann der wahre oder vermeintliche Sinn darüber hinweghelfen. Da verwundert es nicht mehr, wenn die Sinntherapie, die Logotherapie und Existenzanalyse des Wiener Nervenarztes Viktor Frankl an einem Ort entwickelt wurde, an dem Überleben unmöglich schien: im Horror der Konzentrationslager des Naziterrors.

5 Was wir brauchen: Lust und Genuss, Glück, Liebe und Gerechtigkeit

Was wir lieben

Wenn unser Motivationssystem so richtig in Gang kommt und uns durch einen massiven Dopaminschub in Aktion versetzt, verspüren wir Lust. Sie treibt uns an bis zum lustvollen Höhepunkt, an dem wir von körpereigenem Morphium und seinen Wirkungsverwandten belohnt werden.

Für Sigmund Freud war die Quelle all unserer Motivationen Sex. Das hat ihn ziemlich in Verruf gebracht. Und doch hatte er neurobiochemisch betrachtet gar nicht so unrecht. Denn im Gehirn läuft ja jeder Motivations-Belohnungs-Kreislauf ganz unabhängig von seinem Ursprung auf dieselbe Weise ab. So auch beim Sex.

Immer beginnt Lust mit Vorfreude durch einen Dopaminschub und folgt am Höhepunkt das Glück im Morphiumrausch. Zwar sind der Ausschmückung von Lustgewinnung durch vielfältige Assoziationen im Großhirn keine Grenzen gesetzt, aber die Basis von Lust im Gehirn bleibt immer ein und dieselbe. Welchen Kick wir uns je nach individueller Eigenart suchen, wird dabei von unterschiedlichsten Einflüssen bestimmt. Vor allem neigen wir dazu, frühere lustvolle Erfahrungen zu wiederholen. Stichwort: Selbstverstärkungstendenz. Und dieser Neigung sind wir in der Regel treu, bis ein gleichwertiger oder vielleicht besserer Ersatz gefunden wird.

Vor allem wenn wir schmerzliche Verluste erlitten haben und wissen, wie sich das anfühlt, halten wir an dem fest, was wir besitzen. Ist unser lustvoller Kitzel selbst schon eine Ersatzhandlung für eine verlorene Quelle von Lust, dann lassen wir ihn deshalb erst recht nicht mehr los. Nehmen Sie das Daumenlutschen. Es findet sich vor allem bei Säuglingen, die früher als ihrer biologischen Entwicklung entsprechend abgestillt werden. Sie simulieren die fehlende Entspannung an der Mutterbrust durch das Daumenlutschen. Einmal angewöhnt, kann es sich bis ins Erwachsenenalter hinüberretten. Laut Studien tun es bis zu einem Zehntel aller Erwachsenen. Nur wenige bekennen sich dazu, eine davon ist die Popsängerin Rihanna.

Aber genauso können kulinarische Gelüste, Sport, das Sammeln, Videospiele, Shopping und vieles mehr zur Quelle von Lust werden. Ergänzend oder auch in Konkurrenz zur eigentlichen Sexualität, abhängig von erlernter Gewohnheit und von der Verfügbarkeit. Und natürlich lässt sich die sexuelle Lust selbst in allen erdenklichen Spielarten ausleben. Denn gerade dort, wo sie sich an Beziehung koppelt, ist der Lustgewinn besonders intensiv. Nicht nur verstärkt Oxytocin die Belohnung durch die Dopamin-Morphium-Achse, sondern zugleich erlaubt das Spiegelzellsystem ein wechselseitiges Hochschaukeln. Tief im Unbewussten sind dabei beide, das Oxytocin und das Spiegeln, eine Erinnerung an die lustvolle Geborgenheit an der mütterlichen Brust. Mir scheint: besser noch als Daumenlutschen. Kommt doch hier zur eigentlichen Lust noch die Beziehung hinzu. Und sind zudem die Spielarten unendlich vielfältiger.

Wen wir lieben

Bei der Frage nach dem Wer-mit-Wem ist die Entstehung der Geschlechterpräferenz interessant. Längst gibt es ernst zu nehmende Hinweise darauf, dass auch sie bereits durch vorgeburtliche Einflüsse mitgeprägt sein könnte. So soll Stress bei Schwangeren zu einer Zunahme von Homosexualität bei männlichen Nachkommen führen. Nachgewiesen werden konnte das bei Kindern aus Kriegszeiten. Und es gibt eine plausible Erklärung dafür. Das im Stress vermehrt in den Blutkreislauf der Schwangeren ausgeschüttete Cortisol gelangt über die Plazenta direkt ins Gehirn des Fötus. Nicht nur führt das zu einer erhöhten Stressanfälligkeit im späteren Leben, sondern offenbar wirkt sich dieser Einfluss auch auf die spätere sexuelle Präferenz aus, da Cortisol ein Gegenspieler des auf das junge Gehirn einwirkenden männlichen Geschlechtshormons Testosteron ist. Mittlerweile konnte dieser Erklärungsansatz in Tierversuchen bestätigt werden. Allerdings gibt es auch gegenteilige Befunde, und so bleiben Zweifel an dieser These bestehen.

Vielleicht bestätigt sich aber eines nicht zu fernen Tages eine weitere Beobachtung Sigmund Freuds. Nicht nur war er der Meinung, dass unser Handeln im Grunde sexuell motiviert ist, er vertrat zudem die These, dass wir im Ausleben unserer lustvollen Triebe durchaus flexibel sind. Blicken wir auf unsere nächsten Verwandten, die Zwergschimpansen oder Bonobos, dann haben wir es da vielleicht mit einer Büchse der Pandora zu tun. Die toben sich nämlich im Dschungel des Kongo aus, was das Zeug hält. Bei ihnen dient Sex nicht nur zur Vermehrung, sondern zugleich zur Konfliktlösung. Und da jeder mit jedem hin und wieder im Clinch liegt, treibt es auch jeder mit jedem, ganz nach Bedarf. Im Vergleich zu ihnen waren die Achtundsechziger biedere Spießer. Vielleicht sollten wir Menschen uns da ein Beispiel nehmen angesichts unserer bislang durchaus verbesserungswürdigen Konfliktlösungsstrategien?

Mehr oder weniger insgeheim tun viele von uns das ja, wird doch sexuell weitaus mehr ausgelebt, als es die bei den meisten Kulturen propagierte Monogamie vorgibt. Ein Blick ins Internet genügt, um das zu bestätigen. Offenbar hängt, wie wir das Feuerwerk unseres Belohnungssystems entzünden, wesentlich von der gegebenen Situation ab: Gelegenheit macht Liebe. Und dann spielen natürlich unsere Erfahrungen, die Vorbilder und Zufall angeregt haben, in unser Liebesleben mit hinein. Schon kommt wieder die Macht der Beziehung ins Spiel. Je nachdem, was unser Umfeld uns vorlebt, neigen wir dazu, dieses Verhalten unbewusst zu übernehmen. Zumindest bis zur Zeit der pubertären Auflehnung. Da die jedoch vorübergehender Natur ist, kehren wir meist zum Beziehungsmodell unserer Vorbilder zurück. Vorausgesetzt, es scheint sich insgesamt zu bewähren. In der Regel sind wir ganz zufrieden damit. Natürlich kann es auch sein, dass wir das Zusammenleben unserer Eltern als abschreckendes Beispiel erleben. Dann machen wir es anders. Meist.

Aber nicht nur, was unsere Eltern uns vorleben, beeinflusst unsere Lebensplanung. Genauso wirken sie auf uns mit den Rollen ein, die sie uns absichtlich oder unabsichtlich zuschreiben. Sollen wir wie der kleine Jim Jones den unerfüllten Lebenstraum der Mutter erfüllen? Oder ausgleichen, was der Mutter widerfuhr? Sollen wir die gleichen Schwierigkeiten durchleben, die den Vater hart und stark gemacht haben? Oder ihn anhimmeln in treuer Ergebenheit? Wieder sind die kreativen Varianten so vielfältig wie das menschliche Beziehungspotpourri insgesamt. Mit der Neigung, einmal Gelerntes zu wiederholen.

Eine besondere Form dieser oft unbewussten Verhaltensweitergabe sind psychische Traumen. So widersprüchlich das auf den ersten Blick erscheinen mag, werden gerade Opfer schwerer Traumatisierungen später selbst zu Tätern, wodurch Traumen über Generationen hinweg am Leben gehalten werden. Wir werden noch sehen, warum.

Doch nicht nur die Weitergabe des Traumas ist dann von Bedeutung. Vor allem, wenn eine nahe Bezugsperson zum Täter wurde, sind Traumen gleichzeitig Quelle von dauerhaft ungelösten emotionalen Konflikten. Schließlich bleiben die Liebe zu der vertrauten Person und der Hass auf sie als Täter nebeneinander bestehen. Gerade solche unbewussten Dauerkonflikte wirken sich auf die spätere Beziehungsgestaltung aus. Oft werden dann in raschem Wechsel die beiden Gefühlsextreme dem Partner an den Kopf geworfen, und der weiß gar nicht, wie ihm geschieht.

Damit beeinflussen auch Traumen, wo und wie die Liebe hinfällt und was uns Lust bereitet. Vor allem kommt es durch sie in einer unbewussten Wiederholung der Beziehung zum früheren Täter zu einer Vermischung von Liebe und Aggression. Machtspiele bis hin zum Sadomasochismus haben oft hier ihren Ursprung. In einer Neuauflage der im Trauma erlebten Macht und Ohnmacht. Der Sog dahin zurück ist gewaltig. Da der Körper bei unerträglichem Schmerz Morphium freisetzt, kann der Schmerz aus einem Trauma regelrecht süchtig machen. Genau deshalb kann er zu einem Teil der Lust werden. Sowohl das Zufügen von Schmerz, um Macht zu erleben, als auch das Erleiden von Schmerz, um den Morphiumkick zu spüren, können dann Lust bereiten (siehe S. 211ff.).

Wie wir sehen, sind die Einflüsse unserer frühen Bindungen auf unsere lustvollen Vorlieben vielseitig – und doch sind sie nur der Ausgangspunkt. Unsere selbst erlebte Lust tut dann ihr Übriges, frei nach dem Motto »Versuch macht klug«.

Je nachdem, wo unser Experimentieren mit berauschendem Erfolg belohnt wird, versuchen wir es dort wieder und wieder und werden so zu Spezialisten für unsere eigene Lust. Gerade wegen der ausgeprägten Umweltabhängigkeit unserer Psyche sind wir dabei im Prinzip sehr frei. Trotz Genen und angeborenen Trieben können wir aktiv an der Gestaltung unserer Lustquellen mitwirken auf der Suche nach dem intensiven Belohnungsrausch. Und haben wir einen Weg für unsere Lust gefunden, wird er selten verlassen. Es ist dann wie bei einer Sucht: Man verfällt ihr leichter, als dass man sie wieder loswird, wenn überhaupt.

Und das ist so von der Natur auch ganz gut eingefädelt worden. Hat es doch zur Folge, dass wir unseren Partnern stabil verbunden bleiben. Sofern uns die Lust aneinanderkettet. Zum Wohle unserer Nachkommen, die ja außergewöhnlich lange auf unsere Unterstützung angewiesen sind. Ein erfülltes Liebesleben der Eltern kommt den Kindern zugute.

Ödipus einmal anders

Dass wir lieben können, ist uns von der Natur in die Wiege gelegt. Aber wen und wie wir lieben, ist wohl, anders als bei den meisten Tierarten, vor allem Folge unserer realen frühen Bindungen. Allerdings gibt es auch schon bei verschiedenen Säugetierarten eindeutige Hinweise darauf, wie sehr die allerfrühste Liebe die Wahl der späteren Liebespartner prägt. Ausgangspunkt war eine ungewöhnliche Versuchsanordnung.

1998 wandte der britische Psychologe und Biologe Keith Kendrick einen Trick an, um die Babys von Schafen und Ziegen zu vertauschen. Er stimulierte bei den Muttertieren der jeweils anderen Art den Muttermund und löste damit eine Oxytocinausschüttung bei ihnen aus. Dadurch entflammte die Mutterliebe, und die Weibchen nahmen sich – ohne zu zögern – der fremden Jungtiere an, als wären sie die eigenen. Wieder galt: Oxytocin macht

Liebe. Doch was später aus den Kleinen wurde, barg die eigentliche Überraschung. Als sie nämlich geschlechtsreif waren, zog es die Schafböcke entgegen ihrer Natur zu weiblichen Ziegen und die Ziegenböcke zu Schafweibchen hin. Ganz wie im Mythos des Ödipus beschrieben, bestimmte die Mutterbeziehung die spätere Partnerwahl.

Für uns Menschen gibt es mittlerweile ebenfalls wissenschaftlich belegte Hinweise auf die Bedeutung der frühen Bindungen für unsere spätere Partnerwahl. Und die bestätigen durchaus die mythologischen Überlieferungen. So bevorzugen wir Partner, die in Haar- und Augenfarbe dem Elternteil entsprechen, zu dessen Geschlecht wir uns hingezogen fühlen, vor allem, wenn die Beziehung gut war. Das gilt selbst im Fall einer Adoption, wo das Aussehen der Stiefeltern entscheidend ist, nicht das der leiblichen Eltern. Wie bei Schafen und Ziegen entscheidet demnach unsere frühe Erfahrung, wen wir lieben werden.

Die erste Liebe bildet die Basis für alle späteren. Damit ist Liebe gleich Liebe. Auch das ist längst bestätigt worden. Im Hirnscanner sind bei Müttern, die ihre Babys lieben, dieselben Hirnregionen im limbischen System aktiv wie bei frisch verliebten Erwachsenen. Unterschiede zwischen Frauen und Männern gibt es dabei kaum. Bindung ist gleich Bindung. Und früh Gelerntes wiederholen wir ein Leben lang. Einzig die hinzukommenden Feinheiten, vor allem die Spielarten der Sexualität, verleihen dem Beziehungsleben später im Hirnstrombild ergänzende Facetten.

Wie steht es um die Macht der Gene?

Sicher spielen bei Ausprägung und Intensität unseres Liebeslebens unsere Gene eine Rolle. Allerdings eine viel zu geringe, als dass ihre Variabilität die vielfältigen individuellen Unterschiede von uns Milliarden Menschen erklären könnte. Schließlich sind 99,9 Prozent der etwa 20 000 Gene aller Menschen identisch. Weniger ihr Vorhandensein als ihre von der Umwelt gesteuerte Aktivierung, die schon im Mutterbauch beginnt, macht uns zu dem, wer wir sind.

Einzelne Gene mit einem besonderen Einfluss auf die Lust sind uns inzwischen bekannt. Vor allem ein spezifisches Gen auf dem elften Chromosom – den Zellstrukturen, die die Gene und damit die Erbinformationen enthalten – drängt seinen Besitzer offenbar zur Suche nach dem lustvollen Kitzel. Wer das D4DR-Gen in ungewöhnlicher Häufung besitzt, ist von Neugier geradezu besessen. Er ist dann dazu verdammt oder damit beglückt, immer nach neuen Ufern Ausschau zu halten und sich von einem ins nächste Abenteuer zu stürzen. So lange, bis ihm wohlige Schauer über den Rücken laufen, selbst wenn er dabei sein Leben riskiert. Natürlich gilt das genauso für Frauen. Weltoffener für neue Erfahrungen sind diese Menschen und zugleich abhängig vom Kick und damit anfällig für Sucht. Das Dopaminsystem in ihrem Mittelhirn benimmt sich wie ausgehungert, lechzt andauernd nach Aktivierung. Der Grund dafür: Es reagiert weniger sensibel auf Dopamin. Aus diesem Grund muss der Reiz stärker sein, um die ersehnte Belohnung zu signalisieren.

Wer so gebaut ist, ist impulsiv und neigt zu Beziehungs-problemen.

Wenngleich es oft so dargestellt wird, ist allerdings nicht das Vorhandensein dieses Gens die Ursache für den recht flotten Lebenswandel, sondern seine Häufung. Und genau die entsteht als Folge von Umwelteinflüssen. Die wahrscheinlichste Ursache dürfte ein früher Mangel an sicherer Bindung sein, vor allem an körperlicher Nähe im Säuglingsalter. Denn gerade Bindung und Körpernähe fördern Vertrauen, Stresstoleranz und Treue.

Ist wirklich Bier im Kühlschrank?

Entdeckt wurde die Macht des D4DR-Gens von dem Humangenetiker Richard Ebstein in Jerusalem, bestätigt und in seiner Bedeutung überzeichnet wurde sie von sei-nem amerikanischen Kollegen Dean Hamer. Letzterer ist bekannt für seinen Hang zu kontrovers diskutierten The-men. Herausfordernd erklärt er einzelne kleine Gene zur Ursache für große Wirkungen. So verkündete er 2004 die Existenz eines Gottes-Gens, nachdem er davor das Gen fürs Schwulsein gefunden zu haben glaubte.

Süffisant sarkastisch kommentierte dazu die *Zeit* 1998: »Wissenschaftler sind auch nur Menschen: Sie wollen be-rühmt werden. Und wenn schon nicht berühmt, dann soll die Sache wenigstens Spaß bringen. Mit dem Spaß aller-dings ist das schwierig – er kann einem in der Wissen-schaft schnell abhandenkommen. Es war um 1992, als Dean Hamer in die Krise geriet. Seine schönsten Jahre hatte er damit zugebracht herauszufinden, wie die Bäckerhefe Saccharomyces cerevisiae ein bestimmtes Gen zur Metallbindung an- und wieder abschaltet. Nicht, dass das eine Frage ohne Relevanz gewesen wäre – nur interessierte sie außerhalb des Labors niemanden. Dean Hamer konnte das verstehen. Wenn er zu Tagungen fuhr, wo eine Handvoll Experten über ihre neuesten Fortschritte auf dem Gebiet der Regulation des Metallothionein-Gens der Bäckerhefe berichteten, musste er aufpassen, nicht einzuschlafen. Er war 40 Jahre alt, Abteilungsleiter eines angesehenen Forschungsinstituts und langweilte sich zu Tode ... Wenn einer von Beruf Genetiker ist, außerdem bekennend schwul (wie Hamer selbst), liegt die Vermutung nicht fern, dass diese Vorliebe irgendetwas mit den Genen zu tun haben könnte. Hamer machte sich also an den Beweis, sammelte Blutproben, studierte Familienstammbäume und hatte endlich wieder ein Erfolgserlebnis. ›Es klingt vielleicht billig‹, gesteht er, ›aber als ich das Ergebnis sah, rief ich: Heureka!‹ Bei 33 von 40 homosexuellen Brüderpaaren hatte er eine Mutation auf dem X-Chromosom gefunden. Die Zeitungen, selbstverständlich, machten daraus ›das Schwulen-Gen‹. Weil X-Chromosomen mütterlicherseits vererbt werden, hatten sie auch die passende Überschrift parat: ›Thanks, Mom!‹ ... Die Forschung, muss man leider sagen, ist seitdem nicht groß vorangekommen ...«

Es ist nicht weiter erstaunlich, dass die Wunderkraft des einzelnen Gens nicht hielt, was sie versprach. Wurde doch damals noch die Macht der Gene maßlos überschätzt. Gene sind nicht alles. Heute wissen wir, dass der Einfluss der Umwelt auf die Gene weitaus wesentlicher ist, Stich-wort: Epigenetik. Aber das Beispiel von Hamer hat schön wie im Bilderbuch gezeigt: Auch Wissenschaft ist nur von Menschen gemacht. Damit wird sie tendenziell von ihren Überzeugungen, Vorlieben und Traditionen beein-flusst. Unweigerlich sehe ich die Welt mit meinen Augen. Wie lange saßen wir Menschen doch als Abbilder Gottes auf einer Scheibe im Zentrum des Weltalls. Wissenschaft kann nur versuchen, den Einfluss des Individuums zu be-grenzen, indem sie sich an die strenge Regel der Wieder-holbarkeit hält. Nur wenn unter denselben Bedingungen verlässlich dasselbe Ergebnis herauskommt, können wir davon ausgehen, ein brauchbares Abbild von der Welt da draußen gewonnen zu haben. Vereinfacht lässt sich das in den Worten des Kabarettisten Vince Ebert wie folgt be-schreiben: »Wenn ich … vermute, dass im Kühlschrank noch Bier sein könnte, und auch nachschaue, ob dies denn stimmt, betreibe ich im Prinzip schon eine Vorform von Wissenschaft. Das ist im Übrigen der große Unterschied zur Theologie. In der Theologie werden Vermutungen in der Regel nicht überprüft. Wenn ich also nur behaupte, dass im Kühlschrank Bier ist, bin ich Theologe. Wenn ich nachsehe, bin ich Wissenschaftler. Wenn ich nachsehe und nichts finde, aber trotzdem behaupte, dass Bier drin ist, dann bin ich Esoteriker.«

Von der Lust im Fluss

Doch zurück zur eigentlichen Lust. Zwar ist sie vergänglich, aber seit einiger Zeit ist ein Phänomen bekannt, das
in Ausnahmesituationen zumindest zeitweiliges Dauer-
glück verspricht; in sogenannten Flow-Erlebnissen kann
sich Lust offenbar lustvoll verselbstständigen. Den Flow
zwar nicht erfunden, aber ihn populär gemacht hat Mihály Csíkszentmihályi, heute emeritierter Psychologieprofessor an der Universität Chicago. Csíkszentmihályi wurde 1934 als Sohn des ungarischen Konsuls in Rijeka
geboren, das damals noch Fiume hieß und zu Italien ge-
hörte. Er entstammt einer alten ungarischen Adelsfamilie,
die mit dem Zerfall der K.-u.-k.-Monarchie ihre Lände-
reien mit Schlössern und anderen Annehmlichkeiten aufgeben musste. Denn der Ort Csíkszentmihályi liegt in
Transsilvanien, und das fiel mit dem Vertrag von Trianon
1920 an Rumänien. Viele von Csíkszentmihályis Verwandten verließen Ungarn und gaben sich – fatalistisch
resigniert – dem Trübsinn hin, vor allem, als dann noch
die Tragödie des Zweiten Weltkriegs über sie hereinbrach.
Ihm, Mihály, sollte es anders ergehen, befand er, und
machte sich auf die Suche nach einer Lösung für die Frage »Gibt es Zufriedenheit auch ohne Dienstboten, Jagd-
gesellschaften und rauschende Ballnächte?«.

Und er wurde fündig. Nicht in Philosophie, Kunst oder
Religion fand er die Lösung. Vielmehr brachte ihn ein
Vortrag über »Fliegende Untertassen« des Psychoanalytikers Carl Gustav Jung in einem Schweizer Skiresort, in
dem Csíkszentmihályi mittellos gestrandet war, auf die

Idee von den Grundlagen des Glücks. Jung erklärte in dem Referat sein Modell von der Psyche, und da hatte Csíkszentmihályi ein Aha-Erlebnis. Er erkannte, wie sich die Ekstase bei einer Tätigkeit verselbstständigen kann und wie genau dadurch ein stabiles Wohlbefinden über einen längeren Zeitraum entsteht. Bei künstlerischer Kreativität, beim Sport, bei der Arbeit, beim Zusammensein mit Freunden. Immer dann, wenn die Tätigkeit wie von selbst läuft, vergeht die Zeit wie im Fluge. Es herrscht völlige Konzentration. Alle sonstigen Gedanken bleiben draußen. Damit das allerdings gelingen kann, müssen zwei Bedingungen erfüllt sein: Die Aufmerksamkeit muss genügend gefordert und die Aufgabe muss zu bewältigen sein. Es darf weder zu Unter- noch zu Überforderung kommen.

Neurobiologisch betrachtet gehen bei einem solchen Tätigkeitsfluss die Motivation mit der Dopaminausschüttung und die Belohnung über das Morphium direkt ineinander über. Schon während der beglückenden Erfolgsmeldung stellt sich von Neuem die positive Erwartungshaltung ein und befeuert erst recht zum Weitermachen.

Da sich dieser Zustand nicht durch Nichtstun erreichen lässt, wird verständlich, warum, Umfragen zufolge, für die meisten Menschen die Arbeitszeit zufriedenstellender ist als die Freizeit. Entgegen anderslautender Gerüchte. So bekannten Arbeiter, dass sie sich an Arbeitstagen doppelt so oft wohlfühlen wie an freien Tagen, Angestellte und Manager sogar noch häufiger. Auch ohne Suchtneigung zum Workaholic ist Arbeit damit lustvoll. Vorausgesetzt, man hat die richtige Berufswahl getroffen und die Tätigkeit bietet ein angemessenes Anforderungsprofil, ist eben weder über- noch unterfordernd.

Gerade im Flow neigen wir unweigerlich zum »Weiter so!«. Jedes Mal wird das Erlebnis in der Hirnstruktur gespeichert, und dadurch wird regelmäßig das Hirnwachstum angeregt. Damit wird gerade im Flow erkennbar, wie sehr das Motivations-Belohnungs-System für das beschleunigte Tempo unserer evolutionären Weiterentwicklung verantwortlich sein dürfte. Allerdings erst an zweiter Stelle. Die wesentlichere erste Säule verdanken wir nämlich unseren Spiegelzellen unter dem Einfluss von Oxytocin. Mit ihrer Hilfe führte mehr Bindung zu mehr Hirnsubstanz, wurden wir ja durch die anderen zu denjenigen, die wir sind.

Beziehung und Bewirken sind damit nicht nur die Grundlage für eine zufriedene Lebensgestaltung, sondern zugleich erweisen sie sich als Triebfedern unserer menschlichen Gehirnevolution. Fördern doch die Hormone beider Systeme ganz direkt das Wachstum und die Vernetzung von Nervenzellen.

Das kleine Glück

»Das Glück ist ein Vogerl«, sagt man in Wien, und trifft damit den Kern. Denn Glücksgefühle sind vergänglich. Sie wissen es inzwischen längst: Aus der Sicht des Gehirns ist das Glück ein Motivations- und ein Belohnungszustand, der in zwei Stufen abläuft. An erster Stelle steht die motivierende und stimulierende Erwartungshaltung, ausgelöst durch Dopamin. Sämtliche Glücksspiele nutzen sie, die lustvolle Hoffnung auf den großen Gewinn. Und so schätzen wir auch die Wahrscheinlichkeit, beim Lotto sechs Richtige zu tippen, irrational höher ein als die Wahrscheinlichkeit, durch Rauchen an Krebs zu sterben.

In zweiter Instanz, bei Erfolg, beschenken uns das Morphium und seine Wirkungsverwandten mit einem biochemischen Glückscocktail, ganz besonders als Reaktion auf eine positive Überraschung. Dadurch wird gelernt, bis es zur Routine wird. Immer gezielter spezialisiert sich so das Gehirn auf das Überleben in der Umwelt.

Wesentlich ist dabei die Tatsache, dass unser hirneigenes Belohnungssystem weitgehend unabhängig von der Quelle des Glückserlebnisses grundsätzlich gleich reagiert. Ein Gewinn, ein Erfolg bei der Arbeit oder im Sport, gutes Essen oder Sex – all diese Erfahrungen wirken in denselben Regionen des mesolimbischen Systems unseres Gehirns. Alle wirken über die Aktivierung von Dopamin und Morphium.

Da Glücksereignisse, so banal sie auch sein mögen, unsere Stimmung beflügeln, verändern sie unsere Sicht auf die Welt insgesamt. Alles sieht auf einmal rosiger aus, ganz von selbst und meist ohne dass wir das merken. In einem psychologischen Versuch bekamen Krankenhausärzte von der 2012 verstorbenen amerikanischen Psychologin Alice Isen vor einem Test ein paar Bonbons zugesteckt. Wenngleich eigentlich kaum der Rede wert, spornte die kleine Aufmerksamkeit die Ärzte zu Höchstleistungen an. Durch das unerwartete Geschenk und die damit verbundene Wertschätzung waren sie von plötzlichem Glück befallen. Nicht nur stieg bei ihnen der Dopaminspiegel, sondern zugleich nahm die Qualität ihrer Arbeit deutlich zu. Gelang es ihnen doch zum Beispiel, nach der Belohnung doppelt so schnell eine von Schauspielern vorgespielte Krankheit richtig zu diagnostizieren. Was heißt das für Sie als Patient?

An diesem simplen Leistungsansporn lässt sich bereits erkennen, wie hilfreich regelmäßig erlebtes Glück für das Entstehen dauerhafter Zufriedenheit sein dürfte, und sei es auch noch so klein. Sofern sich die Gewissheit verfestigt, dass das kleine Glück verfügbar bleibt. Und natürlich ist dabei, so weit kennen wir uns nun schon aus im Gehirn, Abwechslung gefragt. Nimmt doch bei Gewöhnung die Begeisterung ab.

Aufgrund der engen Verbindung zwischen Glück und Zufriedenheit werden beide oft in einem Atemzug genannt oder auch verwechselt. Das Problem dabei ist, dass, wer andauernd glücklich sein will, wohl nie zufrieden wird. Denn er hetzt von einem Kick zum nächsten. Oft erkennen wir nicht, was uns eigentlich glücklich macht, geschweige denn was uns dazu bringt, dauerhaft zufrieden zu werden, weil uns häufig die wirklichen Ursachen unserer emotionalen Zustände verborgen bleiben. Erst im Nachhinein basteln wir uns die Gründe hinzu. Als der Neurologe Itzhak Fried von der UCLA Medical School in Los Angeles bei einer seiner Patientinnen eine Region der prämotorischen Hirnrinde elektrisch stimulierte, lachte sie regelmäßig herzhaft auf. Danach befragt, was denn so lustig sei, erfand sie jedes Mal eine andere

Erklärung. Durchaus vergleichbar ignorieren auch wir oft die eigentlichen Hintergründe für unsere emotionalen Befindlichkeiten und erfinden dann etwas hinzu, anstatt bewusst und aktiv dafür zu sorgen, dass es uns und unseren Mitmenschen so gut geht, wie es nur eben geht.

Liebe tut gut

Wie beschrieben liegen Glück und Liebe im Gehirn eng beieinander – die Rezeptoren für das motivierende Dopamin und für die Liebeshormone Oxytocin und Vasopressin befinden sich ja in derselben Region des Mittelhirns. Beide Zustände können damit vergleichbare Wirkungen hervorrufen. Was jeder aus eigener Erfahrung bestätigen wird: Alles, was der Liebe dienlich ist, belohnt uns im gleichen Moment mit Glücksgefühlen. Kaum überraschend, dass die Liebe im Hirnstrombild dieselben Erregungsmuster zeigt wie eine Sucht, der Blick eines Verliebten auf seine Geliebte auch dort nicht zu unterscheiden ist vom Blick eines Heroinsüchtigen auf sein Spritzbesteck.

Je früher und je häufiger unser Gehirn den Bindungshormonen Oxytocin und Vasopressin ausgesetzt wird, desto mehr Rezeptoren für diese Hormone werden ausgebildet und desto liebesfähiger werden wir. Schon einfache Zuneigung in allerjüngsten Jahren wirkt da Wunder, vor allem der direkte Körperkontakt durch Streicheln und Massieren. Ja, selbst die bloße Simulation von Körperkontakt durch Wärme oder Vibration ruft diesen Effekt hervor. Und frühe körperliche Nähe steigert nicht nur die Liebesfähigkeit, sondern zugleich die Stresstoleranz und die Fähigkeit, sich selbst und anderen zu vertrauen. Oder besser umgekehrt, denn das Vertrauen in andere entsteht ja zuerst.

Liebe, Stresstoleranz und die Fähigkeit zu vertrauen – alle drei erleichtern das Leben ungemein. Und sie machen zufriedener. Bei mehr Liebe wird häufiger das Belohnungssystem aktiviert. Stresstoleranz schützt vor Gereiztheit und Aggression, hält jung und gesund. Und Vertrauen und Selbstvertrauen stärken Beziehungsfähigkeit und Erfolg. Bleibt noch der Hinweis darauf, dass die früh empfangene Liebe und die Lebensvorteile, die sie mit sich bringt, in der Regel ganz unwillkürlich an die eigenen Kinder weitergegeben werden.

»Danke, Mama« – oder wie Treue entsteht

Doch das ist noch nicht alles. Denn in einem weiteren Aspekt spielt die Ausstattung mit Oxytocin- und Vasopressinrezeptoren im mesolimbischen System eine entscheidende Rolle. Erinnern Sie sich noch an den Versuch mit den Männern unter dem Einfluss von Oxytocin-Nasenspray? Sie waren treu. Und zwar umso mehr, je dichter bei ihnen die Rezeptoren für das Liebeshormon angelegt waren. Gegenspieler von Treue, auch das wissen wir inzwischen, ist eine Häufung des D4DR-Gens, das durch eine erhöhte Dichte an Dopaminrezeptoren den Drang zu Neuem, zum permanenten Abenteuer fördert.

Und warum hat der eine mehr Oxytocin- und der andere mehr Dopaminrezeptoren? Bestimmen das die Gene oder der Zufall? Nein, Sie wissen es jetzt längst: Beides hängt ab von unseren allerfrühsten Bindungen! Sie bestimmen, wie wir unsere partnerschaftlichen Neigungen leben. Je geborgener und sicherer wir aufwachsen, desto eher suchen wir im erwachsenen Leben nach Stabilität in der Partnerschaft. Das unser Gehirn in frühen Tagen flutende Oxytocin aktiviert dabei in unseren Zellen die Gene, die zur verstärkten Bildung von Oxytocinrezeptoren führen, so wie sich das Gehirn umgekehrt beim Fehlen von früher Geborgenheit auf Action im Leben einstellt. Wahrscheinlich ist es sogar auch bei uns Menschen nur ein einzelnes Gen, das die Oxytocinrezeptoren bildet. So wie bei amerikanischen Wühlmäusen.

Während Präriewühlmäuse (Microtus ochrogaster) dieses Gen reichlich besitzen und daher ein Leben lang treu sind, fehlt es bei ihren Vettern, den Bergwühlmäusen (Microtus montanus) und den Wiesenwühlmäusen (Microtus pennsylvanicus), weitgehend. Diese beiden Mäusearten sind treulose Gesellen. Sie machen sich nichts aus dauerhaften Bindungen. Gelegentlich laufen sie einander über den Weg, genießen eine kurze innige Zweisamkeit, und sind schon wieder auf und davon. Intensiv erforscht hat die kleinen Nager der aktuelle Direktor des *National Institute of Mental Health (NIMH)* in den USA, des größten Forschungszentrums für psychische Gesundheit weltweit, der Psychiater Thomas Insel.

Trifft in den Weiten der nordamerikanischen Prärie ein einsames junges Präriewühlmausweibchen auf ein lediges

Männchen, so wird sie umgehend, innerhalb nur eines
einzigen Tages, geschlechtsreif und läufig. Ihre Eierstöcke
geraten nämlich durch den Anblick des Zukünftigen so
richtig in Wallung und beginnen, in hohen Dosen weibliche Geschlechtshormone, vor allem Östrogen, auszu-
schütten. Genauer gesagt ist es der Duft einer Substanz
im Urin des Männchens, der im Gehirn des Weibchens
ein für die Östrogenausschüttung zuständiges Hormon
freisetzt. Ist es dann bereit, wird das neue Glück ekstatisch
ausgelebt. Die beiden paaren sich in kürzester Zeit bis zu
zwei Dutzend Mal. So etwas gibt es im Leben nur einmal.
Die heftig ausgelebte Liebe auf den ersten Blick führt bei
den beiden Liebestollen zu einer massiven Ausschüttung
von Oxytocin und Vasopressin, und zwar in solchen Rie-
senmengen, dass sie von nun an ein Paar bleiben, bis dass
der Tod sie scheidet.

Bei beiden wird die Zementierung dieser einmaligen
Liebe unterstützt von Dopamin, das angesichts der regen
sexuellen Aktivität in rauen Mengen den Nucleus accumbens ihrer Mittelhirne flutet und das Lernen fördert. Bei
den Weibchen kommt außerdem noch das reichlich vor-
handene Östrogen hinzu. Denn auch dieses Hormon fördert das Zellwachstum im Gehirn und steigert so die
Lernfähigkeit. Die einmalige Erfahrung bleibt dann un-
vergessen.

Wie sehr die Liebe jedoch vor allem am Oxytocin
hängt, konnte Thomas Insel durch einen einfachen Trick
nachweisen. Er injizierte das Liebeshormon direkt in das
Gehirn einer weiblichen Präriewühlmaus, ohne dass sie
Sex hatte, und präsentierte ihr anschließend ein Männ-

chen. Umgehend war es um das Weibchen geschehen, für den Rest ihres Lebens. Umgekehrt führte eine Blockade weiblicher Oxytocinrezeptoren dazu, dass selbst die wildeste Liebesnacht für ihren Gefühlshaushalt folgenlos blieb. Bei Männchen funktionierte das mit Vasopressin genauso.

Mittlerweile haben Forscher das Gen, das das Treueverhalten der Präriewühlmäuse steuert, bereits Wiesenwühlmäusen und ganz gewöhnlichen Hausmäusen eingepflanzt. Und siehe da, beide Arten wurden umgehend monogam.

Und dennoch ist nicht das Vorhandensein des Gens an sich die entscheidende Stellgröße. Denn auch bei den genetisch treuen Mäuschen wurzeln die eklatanten Verhaltensunterschiede nicht in einer rein vererbten Ursache, im Vorhandensein oder im Fehlen des Treue-Gens. Vielmehr entscheidet die Häufigkeit eines Steuerungsabschnitts in der Nachbarschaft des Gens, wie oft das Gen aktiviert wird und damit, wie viele Oxytocinrezeptoren im Mittelhirn des jeweiligen Tieres aufgebaut werden. In der Länge dieser Steuerungssequenzen unterscheiden sich Präriewühlmäuse von ihren promiskuösen Vettern. Es ist also die Genausprägung, die die Intensität der gelebten Bindung an den Partner bestimmt, und ebendiese Steuerungsabschnitte hat man den anderen Arten mit eingepflanzt, als man ihr Liebesleben so drastisch auf den Kopf stellte.

Und genau damit kommt wieder die Umwelt ins Spiel. Denn ihr Einfluss ist es, der die Genaktivität über die Steuerungsabschnitte reguliert. Entgegen der bislang herrschenden Expertenmeinung ist es damit durchaus denkbar, dass die eigentliche Ursache der ausgeprägten Liebesfähigkeit von Präriewühlmäusen gar nicht in einer zufälligen genetischen Eigenart liegt, sondern vielmehr Folge eines von einer Generation zur nächsten weitergegebenen Verhaltens sein dürfte: Die Mäuse, die schon an der Mutterbrust einen liebevollen Umgang erleben, erhalten auf diese Weise gleich nach der Geburt mehr Oxytocin. Hierdurch werden die Steuerungsabschnitte neben ihren Genen so aktiviert, dass mehr Oxytocinrezeptoren in ihrem Mittelhirn wachsen. Als Folge davon werden die Tiere später selbst liebevoller und treuer im Umgang miteinander.

Aber stimmt diese These? Ein entscheidender Hinweis darauf wäre, wenn die Mäuseweibchen mit den langen Kontrollsequenzen ihre Jungen intensiver bemuttern würden als ihre Verwandten mit der geringen Genaktivierung. Und genau das ist der Fall.

Wie bunt ist die Liebe?

Das Paarungsverhalten amerikanischer Wühlmäuse hat gezeigt: Nicht das Vorhandensein oder Fehlen von Liebes-Genen, sondern deren umweltabhängige Aktivierung entscheidet über das Liebesglück. Genauso ist es bei uns Menschen. Und weil dafür das früh erlernte Verhalten entscheidend ist, hat sich je nach Kultur und Tradition ein buntes Spektrum an Liebesmöglichkeiten entwickelt. Auch bei unseren nächsten Verwandten, den Menschen-

affen, folgt die Lust je nach Art ganz unterschiedlichen
Mustern. Wären spezifische Gene dafür verantwortlich,
hätte die Evolution einen enormen Aufwand betreiben
und zufällige Mutationen bereitstellen müssen. So genügte es hingegen, einfach das gelernte Verhalten weiterzu-
geben.

Orang-Utans treiben es recht zwanglos. Gorillas leben
in Harems. Schimpansen auch, jedoch erlauben sie ihren
Artgenossen den einen oder anderen Seitensprung. Unsere genetisch allernächsten Verwandten, die Bonobos, sind
hemmungsloser als jede andere Art. Und wir Menschen?
Wie halten wir es mit der Liebe? Zumindest in der Variabilität der Spielarten stehen wir den Bonobos in nichts
nach. Ja, wir überbieten sie trotz aller selbst auferlegter
Verbote. Je nach Kultur und Subkultur, also je nach Art
des weitergegebenen Verhaltens, existiert da alles, in allen
nur erdenklichen Posen und Kombinationen. Eben weil
das, was gelernt wird, auch gelebt wird. Und weil das, was
einmal Spaß macht, weiterentwickelt wird.

Sollte das anders scheinen, dann aufgrund der Tatsache,
dass wir uns je nach Kultur etwas vorgaukeln, oft so tun
als ob. Nur leben wir eben keineswegs nur aus, was wir
bewusst lernen, von den Eltern, an Schulen und Universi-
täten, in Kirchen und Moscheen. Gerade dort, wo die Gefühle herrschen, und das ist in der Liebe ja der Fall, lernen
wir größtenteils ganz einfach am konkreten Erleben.

Wenn der Hahn mit der Henne ...

Zwar ist am schönsten, wenn sich in der Liebe Oxytocin und Dopamin gemeinsam in satten Strömen in unser Mittelhirn ergießen, doch kann ein Mangel des einen, ich deutete es schon an, durch einen Überschuss des anderen – zumindest teilweise – ausgeglichen werden. Beide, die liebevolle Nähe wie das wohlige Gefühl des Erfolgs, führen zu einem angenehm zufriedenen Zustand. Wer früh nahe und stabile Bindungen erlebt hat, wird als Folge seines dichten Oxytocinrezeptorennetzes unbewusst und unwillkürlich später nach einer ebenfalls stabilen Partnerschaft suchen. Und er wird treu sein, außer die bestehende Partnerschaft frustriert zu sehr das Bedürfnis nach liebevoll geteiltem Oxytocingenuss. Umgekehrt wird beim Fehlen von früher Geborgenheit die Neugier zur bestimmenden Kraft im Leben werden. Es sei denn, sie wird massiv an ihrer Entfaltung gehindert.

Genau in diesem Spannungsfeld zwischen Bindung und Neugier hat sich die folgende immer wieder gern zitierte Anekdote aus den Zwanzigerjahren zugetragen. Der amerikanische Präsident Calvin Coolidge, ein Republikaner, besuchte zusammen mit seiner Frau eine Hühnerfarm. Just in dem Moment, als die First Lady den Hühnerstall betrat, besprang ein Hahn heißblütig eine Henne. Daraufhin erkundigte sich die Ehefrau des Präsidenten, wie oft der Hahn denn dieser Tätigkeit nachkomme. »Dutzende Male an einem Tag«, war die Antwort des Farmers. Daraufhin meinte Mrs Coolidge: »Bitte sagen Sie das dem Präsidenten.« Als dieser später mit der Bemerkung seiner Frau konfrontiert wurde, konterte er seinerseits mit einer Frage: »Jedes Mal mit derselben Henne?« Die Frage wurde verneint. Coolidge kommentierte knapp: »Sagen Sie das Mrs Coolidge.« Wie sich dieser Dialog wohl bei den Clintons zugetragen hätte?

Wie Mann zum Mann wird

In der Sexualität sind die Gefühle intensiv. Kein Wunder, sind doch sämtliche Motivationssysteme daran beteiligt. Und selbst die Sexualhormone, Östrogen, Testosteron und ihre Verwandten, beeinflussen unser emotionales Erleben. Das ist nicht weiter erstaunlich, sind sie doch ebenso direkt im Gehirn wirksam wie das Cortisol, weil auch sie zur Gruppe der Steroidhormone gehören, die, wie geschildert, ungehindert Zellwände passieren können.

Wie außerordentlich der Einfluss der Sexualhormone sein kann, wurde am Verhalten von Ratten deutlich. Bei ihnen führt die Testosteronausschüttung aus den Hoden – das passiert um die Geburt herum – dazu, dass ein Männchen überhaupt erst von seinem Verhalten her zum Männchen wird. Kastriert man neugeborene männliche Ratten, so gebärden sie sich automatisch später wie Weibchen und bieten sich anderen Männchen zur Paarung an. Und dabei bleibt es, selbst wenn man beim erwachsenen Tier das fehlende Testosteron ausgleicht. Entsprechend werden Weibchen, denen man gleich nach der Geburt Testosteron injiziert, ganz Mann. Sie bespringen später, was ihnen über den Weg läuft. Offenbar hängen die Nager wie Marionetten an den Fäden ihrer hormonellen Steuerung.

Bei uns Menschen lässt sich eine so drastische Verhaltensbeeinflussung durch Geschlechtshormone nicht belegen. Und das ist auch weder zu erwarten noch ist es für den Erhalt unserer Art erforderlich. Ratten werden bereits mit fünf Wochen geschlechtsreif. Das heißt, sie müssen schnellstens ihre männliche oder weibliche Rolle einnehmen, sonst läuft ihnen die Zeit davon. Da ist die Sofortwirkung des Testosterons von Vorteil. Wir Menschen lassen uns mit der Geschlechtsreife deutlich mehr Zeit. Selbst wenn das Alter im Verlauf des letzten Jahrhunderts kontinuierlich, um zuletzt etwa drei Jahre, gesunken ist, auf zwölf bis vierzehn Jahre bei den Mädchen und auf 13 bis 15 Jahre bei den Jungen.

Für unsere menschliche Paarungsfähigkeit wäre es problemlos ausreichend, würden wir erst in der Pubertät zu unserer sexuellen Identität finden. Doch selbst bei uns beginnt diese Entwicklung deutlich früher. Bereits lange vor der Geburt, etwa in der sechsten Schwangerschaftswoche, nimmt das SRY-Gen auf dem Y-Chromosom seine Arbeit auf und führt zur Bildung von TDF, dem Hodendeterminierenden Faktor. Er ist für den Aufbau der Hoden beim männlichen Embryo verantwortlich. Und schon bald beginnen die mit der Produktion von Testosteron. Unter dem Einfluss dieses Hormons werden die primären Geschlechtsmerkmale ausgebildet, allen voran die männlichen Geschlechtsorgane. Wie weit Testosteron allerdings auf das heranreifende Gehirn des Embryos einwirkt, ist nach aktuellem Wissensstand Spekulation.

Simon Baron-Cohen ist Psychologe in Cambridge. Anders als sein humorvoller Cousin, der Komiker Sacha Baron Cohen, der die Rollenverteilung der Geschlechter in allen Facetten und vor allem voller Selbstironie alias Borat oder Brüno auf die Spitze treibt, beforscht Simon deren ernste Seiten. Dazu sucht er in den Gehirnen von Männern und Frauen nach den kleinen Unterschieden, die das Leben so lebenswert oder auch so chaotisch turbulent und konfliktreich machen.

Er begann seine Arbeit an den Gehirnen von Toten. Dort fand er die anatomischen Unterschiede bestätigt, die bereits Allgemeinwissen und gern Anlass zu spöttischen Seitenhieben sind. Sind doch männliche Gehirne im Durchschnitt größer und reicher an Volumen als die von Frauen. Zusätzlich fand Baron-Cohen Abweichungen in einzelnen Hirnregionen zwischen den beiden Geschlechtern. Nur wen wundert das? Wie wir gesehen haben, wird Hirnsubstanz vor allem, wenn nicht gar nur, dort aufgebaut, wo sie mit äußeren Reizen versorgt wird. Damit bedeuten Unterschiede in der Hirnstruktur keineswegs, dass deren Ursache genetisch ist. Vielmehr können sie sich im und durch den Lebensverlauf so aufgebaut haben. Denn jedes Erleben – und damit eben auch das gesellschaftliche Umfeld mit seinen Rollenzuteilungen – schlägt sich in der Struktur des Gehirns nieder. Sonst wäre es gleich wieder vergessen. Das größere Gehirn von Männern wirft damit Fragen auf: Denken Männer mehr, sodass ihr Gehirn deshalb stärker wächst? Oder aber brauchen sie mehr Gehirn, um damit überhaupt ausreichend denken zu können?

Doch Baron-Cohen fand nicht nur anatomische, sondern auch Verhaltensunterschiede zwischen Männern und Frauen, die er auf den Einfluss von Testosteron zurückführte. Dazu erforschte er nicht länger die Gehirne von Toten, sondern maß mithilfe von Fruchtwasseruntersuchungen den Testosterongehalt von Föten im vierten und fünften Schwangerschaftsmonat. Als er diese Werte Jahre später mit dem Verhalten der Kinder verglich, kam er zu dem Schluss, dass mit steigender vorgeburtlicher Testosteronkonzentration einjährige Jungen zu einer verminderten Augenkontaktaufnahme neigten, zweijährige einen reduzierten Wortschatz aufwiesen und vierjährige weniger Empathie für andere zeigten, dafür aber mehr Interesse an technischem Spielzeug hatten. Ob es sich dabei tatsächlich um ursächliche Zusammenhänge handelt, ist bislang nicht bewiesen.

Machen Geschlechtshormone uns zum Tier?

Wenngleich über die langfristigen Auswirkungen der Geschlechtshormone auf unser Gehirn noch wenig bekannt ist, steht ihr Einfluss auf unser aktuelles Wohlbefinden außer Frage. Auch bei ihnen gilt, dass hormonelle Ungleichgewichte dem Gehirn gemeldet werden, was wir als unangenehme Mangelerscheinung erleben, die nach Ausgleich verlangt. Lässt sich der Mangel beheben, dann sind wir recht leicht wieder ins Lot zu bringen.

So schlagen sich zyklusabhängige Schwankungen im aktuellen Wohlbefinden nieder, weil sie die Bedürfnislage beeinflussen. Wissenschaftler an der Universität von Texas haben herausgefunden, dass Frauen um den Eisprung herum aufgrund ihrer dann erhöhten Östradiolwerte eher zu einem Flirt bereit sind und dem auch Taten folgen lassen, wenn sich die Gelegenheit dazu bietet.

Dauerhafte Zufriedenheit hat jedoch komplexere Wurzeln als das Gelingen eines erfolgreichen Hormonausgleichs. So sind selbst Menschen, die unfreiwillig als Zwitter heranwachsen – anders, als es ihre prekäre Lage annehmen lassen würde –, meist zufrieden mit der Geschlechterrolle, die die Umwelt ihnen zuteilt. Denn sie sind eingebettet in ihre Bindungen, und erst aus ihnen entsteht Identität.

Warum Sex Wunder wirkt

Sex ist eben nicht nur Hormonausgleich, sondern unser Sexualleben erfüllt zugleich eine wesentliche Aufgabe für unser soziales Miteinander und damit für unsere Zufriedenheit. Eben deshalb sind wir, anderes als die meisten Tiere, nicht nur in fruchtbaren Zeiten für Sex zu begeistern. Doch es kommt noch besser: Sex macht nicht nur zufriedener, sondern Sex verlängert allem Anschein nach das Leben. In diversen wissenschaftlichen Studien wurde mittlerweile nachgewiesen, dass Sex das Risiko für Herzinfarkte und für Krebs verringert. Zudem mildert er nachweislich das Schmerzempfinden, ist also gut gegen Migräne! Und schließlich verjüngt er das Antlitz, weil er die Kollagenbildung ankurbelt. Sämtliche dieser wunderbaren Wirkungen sind dosisabhängig. Das Motto muss demnach lauten: »Je öfter, desto besser.« Vorausgesetzt, es macht weiter Spaß. Denn sonst wäre es Stress.

Die Gründe für die Lebensverlängerung durch Sex dürften vielfältig sein. Allein schon die Stabilisierung von Bindungen durch die beim Sex großzügig ausgeschütteten Liebeshormone und die dadurch gesteigerte Zufriedenheit führen offenbar zu einer höheren Lebenserwartung. So ist wissenschaftlich belegt – ich erwähnte es schon –, dass Menschen in langjährigen Partnerschaften etwa zehn Jahre älter werden als chronische Einzelgänger. Aber das ist beileibe nicht alles: Denn gemeinsamer Sex ist zudem ein wunderbares Feld, um das eigene Bewirken am anderen im wechselseitigen Miteinander auszukosten. Der zweite psychische Grundpfeiler von Zufriedenheit ist also ebenfalls daran beteiligt. Der lebendige Austausch über die Spiegelzellen beider Partner, der beim Hochschaukeln von Konflikten so verlässlich funktioniert, befeuert auch den Sex zu ungeahnten Höhen. Erst im gegenseitigen Spiegeln kommen wir so richtig in Fahrt. Zu erleben, wie ich Lust bereite, ist immer noch der beste Kick.

Zudem stärkt die körperliche Ertüchtigung das Immunsystem und senkt den Blutdruck. Und als krönender Abschluss bietet Sex am Höhepunkt selbst und vor allem danach tiefe Entspannung, was ebenfalls gut für die Gesundheit ist. Die Ablenkung von den spröden Gedanken des Alltags ist dabei im Orgasmus so umfassend, dass weite Teile des Großhirns wie ausgeschaltet sind. Nachgewiesen hat man das bei Paaren, die sich freiwillig unter dem Hirnscanner einander hingaben. Hier wurde neuro-

biologisch bewiesen, was psychologisch naheliegt: Im Orgasmus tauchen wir in vollkommener Ekstase und im
Verschmelzen mit dem anderen ein in die vorgeburtliche
paradiesische Erinnerung. In das Einssein mit dem Universum.

Sinn und Unsinn von Gerechtigkeit

Doch guter Sex allein garantiert noch keine dauerhafte
Zufriedenheit. Denn wir leben in einem komplexen Ge-
sellschaftsgefüge, in das unser ganzes Spektrum an Bedürfnissen einfließt. Dafür haben sich im Laufe unserer
kulturellen Evolution Regeln herausgebildet, die unser
menschliches Miteinander regulieren helfen. Eine wesentliche dieser Regeln ist unser ausgeprägter Sinn für
Gerechtigkeit.

Wird der verletzt, so kann er Menschen sogar in die
Selbstopferung treiben. Öffentliche Selbstverbrennungen
als Anklage oder auch die Selbstmordattentäter im Nahen
Osten belegen das. Zwar sind stets mehrere Gründe an
solchen Handlungen beteiligt, doch verletzter Stolz aufgrund fehlender Gerechtigkeit gehört bei solchen Ext-
remtaten fast immer dazu.

Latenter Gegenspieler des Gerechtigkeitssinns in unserer Psyche ist das Streben unseres Belohnungssystems
nach positiver Überraschung. Ein klein bisschen mehr zu
haben als der andere, wird da zum besonderen Kick. Dafür werden unter Umständen sogar eigene Nachteile in
Kauf genommen. Bei einem Arbeitskampf in England

etwa waren Arbeiter bereit, auf einen Teil ihres Lohns zu verzichten, vorausgesetzt, eine rivalisierende Gruppe bekam noch weniger als sie. Der Neid war hier stärker als der Wunsch nach dem eigenen objektiven Vorteil.

Warum wir teilen

Motor für das Gerechtigkeitsempfinden in unserem Gehirn dürfte wieder einmal unser Spiegelzellsystem sein. Nach dem Motto »Was du nicht willst, dass man dir tu, das füge keinem anderen zu« erlaubt uns das Hineinversetzen in den anderen eine Vorstellung davon, was der als gerecht ansehen dürfte und was nicht. In der Regel handeln wir dann möglichst so, dass wir das Gerechtigkeitsempfinden, das wir ihm auf der Basis unserer eigenen Vorstellungen zuschreiben, nicht verletzen. Wir wollen ihm das Leid ersparen – und uns das Mitleid, und schützen uns zugleich vor einer möglichen aggressiven Gegenreaktion des anderen. Wieder schreiben wir dabei unbewusst unsere eigene Art zu denken – hier unser Aggressionspotenzial – dem anderen zu. In der Regel funktioniert die automatische Annahme, dass der andere ähnlich tickt wie wir selbst, ganz gut. Vor allem, wenn mein Gegenüber und ich vergleichbare Wertvorstellungen haben, weil wir aus demselben kulturellen Hintergrund stammen.

Beobachten lässt sich dieses gegenseitige Miteinander, dieses Hineinversetzen, bei dem sogenannten Ultimatumspiel, das der Wirtschaftswissenschaftler Werner Gürth vom Max-Planck-Institut für Ökonomik in Jena

1982 entwickelt hat. Bei diesem Spiel erhält einer von zwei Mitspielern 10 Euro in Aussicht gestellt, die er zwischen sich und dem zweiten nach Belieben aufteilen soll. Allerdings darf er sein Geld nur behalten, wenn auch sein Mitspieler der Aufteilung zustimmt. Dann bekommen beide den entsprechenden Betrag. Lehnt der andere dagegen das Angebot ab, gehen beide leer aus.

Am häufigsten werden 4 oder 5 Euro angeboten, die in der Regel vom zweiten Akteur angenommen werden. Beide halten nämlich auf diese Weise einen akzeptablen Gewinn in Händen. Offeriert der erste Mitspieler hingegen nur 1 oder 2 Euro, lehnt der zweite meist ab, obwohl er sich dadurch selbst einen realen Nachteil einhandelt. Selbst bei größeren Geldbeträgen verhalten sich die Spieler kaum anders.

Sogar wenn das Spiel zum »Diktatorspiel« abgewandelt wird, bei dem der erste Mitspieler ohne jede Konsequenz einfach frei entscheiden kann, ob er dem zweiten Akteur überhaupt etwas abgibt oder nicht, geht der zweite selten leer aus, erhält er meist zwischen einem Fünftel und der Hälfte.

Diese Verhaltensregeln, die über Egoismus und Altruismus entscheiden, gelten nachprüfbar in den unterschiedlichsten Kulturen. Gerechtigkeit ist damit nicht nur ein kulturell erlerntes Gut, sondern Teil unseres angeborenen Verhaltensrepertoires. Sie ist Folge unseres Einfühlens in den anderen durch unser Spiegelzellsystem. Nur bei Spiegelzelldefekten, sei es durch unzureichendes Training oder aufgrund von autistischen Störungen, fehlt dieses Hineinversetzen in den anderen.

Allerdings: Flexibel, wie unser Gehirn nun einmal ist, lässt sich kooperatives Verhalten auch abtrainieren. Ungerechtigkeit kann mit genügend Übung gelernt werden, wenn das Umfeld entsprechendes Verhalten belohnt. Fünfjährige Kinder jedenfalls gaben im Diktatorspiel meist die Hälfte dessen ab, was ihnen gegeben wurde, also deutlich mehr als später die Erwachsenen.

Menschen teilen von Natur aus, selbst mit Unbekannten und selbst wenn diese nicht Mensch, sondern Tier sind. Wie das Kleinkind, das ohne zu zögern seinen Keks einem bettelnden Hund entgegenstreckt. Seine Logik lautet: »Ich mag diesen Keks und gehe daher davon aus, dass du ihn auch mögen wirst. Also gebe ich dir etwas ab, um dann deine Begeisterung mithilfe meiner Spiegelzellen mit dir zu teilen.«

Von Natur aus neigen wir zu der Annahme, davon auszugehen, dass Gleiches mit Gleichem vergolten wird. Und das stimmt meist. Gerd Gigerenzer, Professor am Max-Planck-Institut für Bildungsforschung in Berlin, hat diese Strategie »tit for tat« genannt, zu Deutsch: »Wie du mir, so ich dir«. Sie ist eine von vielen Faustregeln, mit deren Hilfe wir uns in der Welt zurechtfinden, ohne groß darüber nachzudenken. Anhand des Ehepaars Eintracht beschreibt Gigerenzer in seinem Buch *Bauchentscheidungen*, wie diese Strategie funktioniert: »Nehmen wir an, Frau Eintracht, die diese Faustregel unbewusst anwendet, löst zum allerersten Mal eine Aufgabe mit ihrem Mann ... Herr und Frau Eintracht sind bei dieser ersten Gelegenheit freundlich zueinander. Beim nächsten Mal ahmt sie sein kooperatives Verhalten nach, er ahmt das ihre nach und so fort. Das Ergebnis kann eine lange harmonische Beziehung sein.« Hier zeigt sich, wie effizient das Spiegelzellsystem funktioniert. Indem es kopiert, was es wahrnimmt, vereinfacht es unser Zurechtkommen in unserem Beziehungsumfeld auf ein absolutes Minimum, nämlich auf ein simples Nachahmen.

Gigerenzer setzt sich aber nicht nur theoretisch mit der Arbeitsweise unseres Gehirns auseinander, sondern er wendet seine Erkenntnisse auch praktisch an. In seinem Team sorgt er für möglichst gleiche Chancen für alle. Zudem fördert er den sozialen Austausch zwischen den Mitarbeitern untereinander. Alle arbeiten in nur einem Stockwerk, und die Türen ihrer Büros stehen offen. Täglich gibt es am Nachmittag eine ungezwungene Kaffeerunde. Und wer einen Preis verliehen bekommt oder einen Artikel veröffentlicht, muss den Erfolg mit den anderen teilen, indem er für die Nachmittagsrunde den Kuchen mitbringt. All das sind symbolische Gesten, die auf den ersten Blick kaum der Rede wert scheinen. Doch sie verfehlen ihre Wirkung nicht. Sie steigern das Gerechtigkeitsgefühl und fördern den Teamgeist. So erhöhen sie die Zufriedenheit bei der Arbeit, sind Ansporn, der geteilter Begeisterung entspringt.

Die Segnungen der Strafe

Aus derselben Motivation heraus sind wir bereit, eigene Nachteile in Kauf zu nehmen, damit ungerechtes Verhalten anderer bestraft wird. Man spricht dabei von »altruistischer Bestrafung«.

In einem ausgeklügelten Spielversuch mit insgesamt 240 Studenten untersuchten die beiden aus Vorarlberg stammenden Wirtschaftswissenschaftler Ernst Fehr und Simon Gächter an der Universität Zürich, ob ihre Studenten bereit sein würden, Ungerechtigkeiten zu bestrafen, und wie sich in einem solchen Fall die Strafe auf das Miteinander der Gruppe auswirken würde. Gespielt wurde anonym am Computer in Vierergruppen, deren Zusammensetzung sich bei jedem neuen Spiel änderte, damit sich keiner einen direkten Vor- oder Nachteil für die nächste Spielrunde erwarten konnte.

Jeder Teilnehmer erhielt 20 Euro, die er investieren konnte. Für einen eingesetzten Euro bekamen sämtliche Mitspieler der Runde eine Gewinnausschüttung von je 40 Cent. Wenn also alle ihr ganzes Geld einsetzten, kamen am Ende 32 Euro für den Einzelnen heraus (4 x 20 x 0,4). Kooperation wurde belohnt. Allerdings durfte nicht investiertes Geld behalten werden. Wenn also drei Spieler alles einsetzen, einer aber nichts, so reduzierte sich der Gewinn für die drei auf 24 Euro. Der eine aber, der einfach seine 20 Euro behalten hatte, kam dadurch auf 44 Euro.

Nach jeder Runde gab es die Möglichkeit, einen Mitspieler seiner Wahl zu bestrafen. Zwar kostete das eigenes Geld, das hierfür eingezahlt werden musste, doch wurde dem Bestraften dafür das Dreifache abgezogen. Und siehe da: 84,3 Prozent aller Mitspieler nutzten das Strafen, obwohl sie selbst dafür zahlen mussten und ihnen kein direkter Vorteil dadurch entstehen konnte, da der Bestrafte ja aufgrund der Rotation nie wieder mit ihnen zusammen in einem Spiel sein würde.

Die spannende Folge davon? Selbst wenn er im Moment einen Teil seines Gewinns dafür abgeben musste, profitierte auch der Bestrafende. Denn die Angst vor Strafe erhöhte auf Dauer die Kooperationsbereitschaft aller. Statt sonst 5, waren sie jetzt bereit, durchschnittlich 15 Euro zu investieren. So stieg der Durchschnittsgewinn für jeden von 23 auf 29 Euro pro Spiel (wer es nachrechnen will: $4 \times 15 \times 0,4 + 5$).

Offenkundig kann Neid damit in einer Gruppe, die auf gegenseitige Kooperation angewiesen ist, durchaus von Nutzen sein, wenn er hilft, Ungerechtigkeiten zu beseitigen. Neid ist dann ein Gewinn für die Gesamtgemeinschaft, wenn er die Gerechtigkeit fördert. Anders ist es natürlich, wenn Neid aus individuellen Frustrationen heraus zu egoistischer Gier und zu dem Wunsch, anderen zu schaden, führt.

Gerechtigkeit jedenfalls steigert das Wohlbefinden in einer Gesellschaft. Sie darf nicht verwechselt werden mit einer völligen Gleichbehandlung aller, denn die würde zu einer Benachteiligung der Leistungswilligen gegenüber den weniger Fleißigen führen und als ungerecht wahrgenommen werden. Entsprechend wird unzufrieden, wer sich unterbezahlt fühlt oder dabei zuschauen muss, wie die Entlohnung anderer jeden Rahmen des Fairen sprengt. Die als gerecht empfundene Grundformel lautet: Wer kann, der muss leisten dürfen und dafür angemessen honoriert werden.

Wo es sich zufrieden lebt

Systematische Befragungen kommen regelmäßig zu dem Ergebnis, dass es sich in der Schweiz und in den skandinavischen Ländern besonders zufrieden leben lässt, etwa der seit 2006 von der britischen Denkfabrik New Economics Foundation veröffentlichte Happy Planet Index (HPI). Zwar finden sich auf den Spitzenplätzen des Index regelmäßig Costa Rica und andere Karibikstaaten, doch liegt das daran, dass der Index das Lebensglück in Abhängigkeit von den verbrauchten Ressourcen misst. Erst dieser ökologische Fußabdruck schiebt die Karibikstaaten nach vorn. Aufgrund des begrenzten Wohlstands stehen dort deutlich weniger Rohstoffe pro Kopf zur Verfügung, ist also die gefühlte Zufriedenheit für weniger Geld zu haben als bei unseren wohlhabenden Nachbarn in Nord und Süd.

Geld allein macht zwar nicht glücklich, aber fehlt eine ausreichende Absicherung der Existenz, dann ist die Zufriedenheit empfindlich gestört. Das gilt allerdings nur bis zu einer Grenze von etwa 75 000 US-Dollar Jahreseinkommen pro Kopf. Danach ist der Zuwachs an Wohlbefinden durch mehr Geld kaum noch der Rede wert. Das ergab eine Befragung von immerhin 450 000 Teilnehmern. Oberhalb dieses Einkommens ist weniger die Menge als die Frage danach, wie das Geld für die eigene Lebensgestaltung eingesetzt werden kann, von Bedeutung. Dazu noch eine Anekdote. Hermann Joseph Abs, einst Vorstandssprecher der Deutschen Bank, soll auf die Frage, was er denn machen würde, wenn er eine Million

Mark hätte, geantwortet haben: »Da müsste ich mich sehr einschränken.« Für seinen späteren Nachfolger, Hilmar Kopper, waren selbst 50 Millionen Mark nur noch »Peanuts«. Die Selbstverstärkungstendenz des Denkens gilt eben auch in Gelddingen.

6 Früh übt sich, wer zufrieden werden will

Am Anfang waren wir geborgen

Zusammenfassend beginnt der Aufbau der Psyche und als Teil davon das langsame, schrittweise Entfalten ihrer Bedürfnisgrundstruktur lange vor der Geburt in konstanter Wechselwirkung mit der Umwelt. Bereits ab der zehnten Schwangerschaftswoche ist das für unser emotionales Erleben verantwortliche limbische System des Embryos aktiv und beginnt mit der Selbstregulation von Körperfunktionen. Das heißt: Schon in diesem frühen Alter, noch während der vollkommenen Abhängigkeit und zugleich totalen Geborgenheit im Mutterbauch, beginnt die Psyche, eigenständig mit der Umwelt in Kontakt zu treten. Spätestens ab jetzt wird jeder neu hinzukommende Umweltreiz durch die bereits aufgebaute Hirnstruktur vorgefiltert, bestimmt die frühere Erfahrung das Erleben des Neuen.

Die erste psychische Aktivität beginnt also bereits bevor die Anatomie des menschlichen Körpers überhaupt fertig ausgebildet ist. Ausgehend von innerkörperlich ausgelösten Nervenzellaktivierungen dient sie der Selbstregulation körperlicher Prozesse. Das erste Erleben ist demnach unmittelbar körperlich. Auf dieser Basis baut sich schrittweise die psychische Struktur auf und entwickelt schon im Mutterbauch ein Eigenleben. Neben dem indirekten Austausch mit der Umwelt über die mütterlichen Hormone und der direkten Wechselwirkung mit ihr spätestens ab dem sechsten Schwangerschaftsmonat über das Gehör wirken dabei zunehmend auch Reize, die von der bereits bestehenden Struktur selbst ausgehen, auf die immer komplexere Hirnvernetzung ein.

Bereits in dieser vorgeburtlichen Entwicklungsphase des Gehirns entsteht die Grundlage für das spätere Erleben von Zufriedenheit. Insbesondere die Stressempfindlichkeit und damit die psychische Belastbarkeit werden in Teilen schon im Mutterbauch bestimmt. Weil das Stresshormon Cortisol eben unmittelbar vom Blutkreislauf der Mutter in das Gehirn ihres ungeborenen Kindes gelangt, entfaltet mütterlicher Stress auch dort seine Wirkung, aktiviert das mütterliche Cortisol direkt in den Zellkernen der embryonalen Nervenzellen Gene, die ein verstärktes Wachstum von Cortisolrezeptoren anstoßen. Dadurch wird die Empfindlichkeit für Cortisol und damit die Stressempfindlichkeit des heranreifenden Gehirns für das restliche Leben verstärkt.

Die Folgen sind sogar noch dramatischer. Jüngste Studien haben nämlich ergeben, dass mütterlicher Stress vor der Geburt nachweislich das Risiko bei dem noch Ungeborenen dafür erhöht, viel später in seinem Leben, im Alter, an Arteriosklerose, Diabetes, Demenz und Schlaganfällen zu erkranken. Systematisch werden diese Zusammenhänge jetzt mit finanzieller Unterstützung der Europäischen Union am Fritz-Lipmann-Institut in Jena erforscht. Die vorliegenden Studienergebnisse legen nahe, dass das gehäufte Auftreten von Alterskrankheiten durch vorgeburtlichen Stress einen direkten Einfluss auf entsprechende Krankheitsgene ausüben könnte. Ich halte es jedoch für wahrscheinlicher, dass die Alterskrankheiten eine indirekte Folge der durch den frühen Stress erhöhten lebenslangen Cortisolempfindlichkeit sind. Das ganze Leben lang bleibt dadurch das erlebte Stressniveau deutlich gesteigert. Und übermäßiger Stress macht erwiesenermaßen krank.

Du bist in mir

Mit der Geburt beschleunigt sich die Vernetzungsarbeit in der Hirnstruktur, da die Zahl an Außeneinflüssen drastisch steigt. Erste Handlungsmuster werden mithilfe der Spiegelzellen als jeweils ganze Einheiten gespeichert, etwa das wechselseitige Lächeln mit der Mutter. Schrittweise wird so über kontinuierliches Nachahmen ein ganzes Spektrum an vorgelebten Verhaltensmustern gelernt. Erst durch die uns umgebenden Menschen werden wir zu denjenigen, die wir sind.

In dieser frühen psychischen Entwicklungsphase besteht noch kein episodisches Gedächtnis, eines, das wie bei uns Erwachsenen Ereignisse als konkrete Bilder oder szenische Sequenzen erinnert. Deshalb bleiben von den Erlebnissen aus dieser Zeit in der Regel nur die gefühlten Körperzustände in Erinnerung. Die Folge davon ist das weitverbreitete Missverständnis, diese frühen Erlebnisse würden sich gar nicht in der Psyche niederschlagen. Genau das Gegenteil ist der Fall, sind sie doch gerade weil sie so früh entstehen und damit alles später Hinzukommende emotional färben besonders wesentlich am Aufbau der psychischen Struktur und damit am Potenzial für das spätere Wohlbefinden beteiligt. Zugleich wird durch die Strukturzunahme das Potenzial an hirneigenen Reizauslösern vervielfacht, was die Aufbaudynamik zusätzlich anheizt.

Bald verstärkt dann die Sprache diese neue Ebene des abstrakten Denkens. Auch in der Sprache erleben wir Beziehung und haben wir die Möglichkeit, etwas zu bewirken. Sprache wirkt direkt auf unsere psychische Struktur ein. Wie das gesamte Erleben ist auch der Einsatz von Sprache anfangs körperbezogen, werden die ersten sprachlichen Begriffe unmittelbar dem Körpererleben zugeordnet. Das Wort »Mama«, nicht umsonst als »Mamma« das lateinische Wort für »Brust«, beinhaltet zu Beginn die körperliche Erfahrung, dass die Bedürfnisse nach Wärme, Nahrung und Sicherheit gestillt werden. Als Folge dieses körperbezogenen Ursprungs von Sprache ist gerade das motorische Sprachzentrum besonders reich mit Spiegelzellen versehen. Hier wurden sie auch als Erstes beim Menschen entdeckt.

Die Aktivierung einer bestimmten Spiegelzelle löst nicht nur die in ihr gespeicherte Handlung aus, sondern beinhaltet zugleich deren Verstehen. Wenn ich sehe, wie zwei sich küssen, weiß ich, wie sich das anfühlt – sofern ich es selbst erlebt habe. Dieser Verstehensprozess erfolgt automatisch über das unbewusste Nachahmen der konkreten Handlung in Kopie, ohne sie selbst wirklich ausführen zu müssen. Schon die stumme Lippenbewegung für das Wort »küssen« löst im Gehirn das Verständnis und die Vorstellung von der konkreten Handlung des Küssens aus, da auch die sprachliche Bedeutung von Verhalten in nur einer Spiegelzelle gespeichert wird. Handeln und Verstehen der Handlung sind in den Spiegelzellen ein und dasselbe. So konnte in Untersuchungen am Gehirn gezeigt werden, dass bereits das lautlose Vorlesen von Sätzen, in denen die Bewegung von bestimmten Körperteilen beschrieben wurde, die genau für diese Bewegung zuständigen Bereiche in der motorischen Hirnrinde aktivierte.

Damit wurde neurobiologisch der Beweis erbracht, dass sprachliches Erleben echtes Erleben ist. Weil ein einziger Aspekt genügt, um das Verständnis einer ganzen Handlung durch die Aktivierung der entsprechenden Spiegelzelle auszulösen, ist es unerheblich, woher der Auslösereiz stammt, ob aus der Umwelt oder aus dem innerpsychischen Denken. Mögliche Unterschiede entstehen sekundär aus begleitenden Gefühlen und Assoziationen. Wenn im weiteren Verlauf der psychischen Entwicklung dann noch die Idee von der Absicht des Handelnden zu dem gespeicherten Handlungsmuster hinzukommt, entsteht schließlich das, was die Hirnforscher »Theory of Mind« nennen.

Die Praxis von der Theorie des Geistes

Was genau hat es mit dieser »Theorie des Geistes« auf sich? Beschrieben wird dadurch eine Entwicklungsstufe in der zunehmenden Abstraktionsfähigkeit der Psyche, bei der die Fähigkeit erworben wird, sich eine Vorstellung vom Denken des anderen zu machen, sich eine Idee von den mit seiner Handlung verknüpften Absichten zusammenzureimen. Wenn ich sehe, wie zwei sich küssen, habe ich nicht nur eine Vorstellung davon, wie sich das anfühlt, sondern eben auch davon, was die beiden einander damit zum Ausdruck bringen wollen, was sie damit beabsichtigen. Und gegebenenfalls davon, was als Nächstes kommen könnte. Der englische Psychoanalytiker Peter Fonagy erklärt das folgendermaßen: Theory of Mind ist die »Fähigkeit, das eigene Verhalten oder das Verhalten anderer Menschen durch Zuschreibung mentaler Zustände zu interpretieren«.

Der schrittweise Entwicklungsprozess zu dieser Fähigkeit beginnt damit, dass Kinder im Alter von etwa zwei Jahren den Blicken anderer folgen, um so deren Handlungsabsichten zu deuten. Genau in diesem Moment verstehen sie erstmals, dass der andere eine eigenständige Person ist. Genau hier entsteht die innerpsychische Trennung von Selbst und Objekt.

Und das ist ein ziemlicher Brocken. Denn wenn der andere von mir getrennt existiert, ist er gar nicht, wie bis dahin selbstverständlich angenommen, ein Teil der von mir mit meinem eigenen Handeln beherrschbaren Welt. Meine kindliche Allmacht löst sich in Luft auf, und als

Folge davon entsteht Frustration. Der andere macht, was er will (und nicht, was ich will). Diese unfreiwillige Erkenntnis führt zu erster massiver Wut. Im Alter von ungefähr zwei Jahren geraten Kleinkinder daher in die Trotzphase oder »Terrible Twos«.

Bereits im dritten Lebensjahr wird durch die fortschreitende Erweiterung der Abstraktionsebenen die Unterscheidung von Realität und Symbol gelernt. Der gemalte Hund lässt sich – anders als der reale – nicht streicheln. Bis zu diesem intellektuellen Erkenntnisschritt können uns unsere nächsten Verwandten, die Menschenaffen, durchaus noch folgen. Ab dann kommt, was nur wir Menschen können: Etwa ab dem vierten Lebensjahr entstehen die Fähigkeit, konkrete szenische Ereignisse zu erinnern, und die eigentliche Theory of Mind. Jetzt kann ein Kind die Absichten eines anderen deuten, begreift es, dass und wie der andere eigenständig denkt.

Den klassischen Beweis dafür lieferte das Experiment mit der Keksdose. Kinder wurden gefragt, was sie wohl in der vor ihnen auf dem Tisch stehenden Keksdose vorfinden würden. »Kekse«, lautete die naheliegende Antwort. Beim Öffnen der Dose wurde ihre Erwartung jedoch enttäuscht. Statt des süßen Gebäcks waren Buntstifte darin. Als die Kinder anschließend angeben sollten, was ein anderer in der Dose vermuten würde, so antworteten die Kinder, die noch keine Theory of Mind hatten: »Buntstifte.« Sie gingen davon aus, dass jeder andere unweigerlich genauso denkt wie sie, also über das gleiche Wissen verfügt. Die Kinder, die schon weiter in ihrer psychischen Entwicklung waren, begriffen dagegen, dass ein anderer noch nicht über dasselbe Wissen verfügt wie sie und daher dem gleichen Irrtum aufsitzen würde. Sie antworteten folgerichtig: »Kekse.«

Interessant dabei ist die Tatsache, dass die Geschwindigkeit der psychischen Entwicklung offenbar nicht in allen Kulturen gleich verläuft. Paralleluntersuchungen in den USA, in Kanada, China, Peru, Indien, Thailand und Samoa haben gezeigt, dass die Fähigkeit zur Theory of Mind sich bei Kindern in der Regel in einer Altersspanne von vier bis neun Jahren herausbildet, am frühesten in den hoch entwickelten Industrieländern. Der Unterschied ist groß und beleuchtet, wie sehr das Tempo der psychischen Entwicklung vom gesellschaftlichen Umfeld abhängt, ein weiterer Hinweis darauf, dass die Basis für unsere Gehirnevolution die Intensität an Umwelteinflüssen (vor allem aus unseren erlebten Beziehungen) sein dürfte. Je komplexer Gesellschaftssysteme entwickelt sind, desto rasanter schreitet die psychische Entwicklung voran. Hier wird erkennbar, welchen massiven Anteil die Spiegelzellen an der Zunahme unseres Großhirns und damit an unserer Evolution haben, schlägt sich in ihnen doch die ganze Vielfalt unseres bunten Beziehungserlebens nieder.

Die wahre Macht der Spiegelzellen

Es wird also dort mehr Hirnstruktur aus Spiegelzellen aufgebaut, wo mehr Verhaltensmuster in Beziehungen erlebt werden. Doch die Bedeutung dieser so hoch spezialisierten Zellen geht noch einen wesentlichen Schritt weiter. Inzwischen hat man nämlich entdeckt, dass sie auch an der Selbstwahrnehmung, am Durchführen, Erkennen und Bewerten eigener Handlungen beteiligt sind. So ist belegt, dass etwa bei Übungen zur Selbstbeobachtung dieselben Spiegelzellen aktiv sind wie bei der Beobachtung anderer. Bei der direkten Wahrnehmung von Handlungen und damit beim Verstehen von Verhalten unterscheidet unser Gehirn also erst einmal nicht, wer eine Handlung ausführt.

Die Folgen dieser noch jungen wissenschaftlichen Erkenntnis sind bahnbrechend. Verbunden mit der Tatsache, dass inzwischen in beinahe sämtlichen Regionen der Großhirnrinde Spiegelzellen gefunden wurden, liegt es nahe, davon auszugehen, dass unser gesamtes Verhaltensrepertoire in Spiegelzellen gespeichert sein dürfte. Ich denke, dass die Hirnforschung diese Annahme in absehbarer Zeit bestätigen wird.

Mit der Spiegelzelle als Grundbaustein unserer Verhaltensspeicherung wäre eine einfache und plausible neurobiologische Erklärung für diverse Verhaltensphänomene gefunden, die bislang nur theoretisch beschrieben werden konnten, wie ich im Folgenden zeigen werde. Und zudem entspräche sie der Neigung unseres Gehirns, sich möglichst mithilfe einfachster Mittel sein Abbild von der Umwelt zu konstruieren.

Gerade das wird oft verkannt. Nochmals Gerd Gigerenzer, der dazu ein schönes Beispiel liefert. Er zitiert den für seine provokant vorgetragenen Ansichten bekannten britischen Biologen Richard Dawkins, der in seinem Buch *Das egoistische Gen* schreibt: »Wenn ein Mensch einen

Ball hoch in die Luft wirft und wieder auffängt, verhält er sich so, als hätte er eine Reihe von Differenzialgleichungen gelöst, um die Flugbahn der Bälle vorauszusagen. Er mag gar nicht wissen oder sich dafür interessieren, was eine Differenzialgleichung ist, aber das beeinträchtigt seine Geschicklichkeit beim Ballspiel nicht im Geringsten. Auf einer unbewussten Ebene geschieht etwas, das funktionell mathematischen Berechnungen entspricht.«

Gigerenzer erläutert ergänzend dazu: »Es ist gar nicht so einfach, die Flugbahn eines Balls zu berechnen. Theoretisch haben Bälle parabolische Flugbahnen. Um die richtige Parabel auszuwählen, müsste das Gehirn des Spielers die ursprüngliche Entfernung, die Geschwindigkeit und den Winkel der Flugbahn des Balls schätzen. Doch in der realen Welt fliegen Bälle infolge von Luftwiderstand, Wind und Drall nicht in Parabeln. Das Gehirn müsste also darüber hinaus fortwährend die Geschwindigkeit und Richtung des Winds berücksichtigen, um die resultierende Flugbahn und den voraussichtlichen Landepunkt zu berechnen.«

Ist unser Unbewusstes wirklich so genial, dass es in Blitzgeschwindigkeit komplizierte Gleichungen löst, damit wir einen Ball fangen können? Auch wenn das fraglos eindrucksvoll und für unser Ego schmeichelhaft wäre, unser Gehirn kann das nicht. Denn es handelt sich gar nicht um komplexe Mathematik, die notwendig ist, um den Ball zu fangen, sondern nur um das Befolgen einer einzigen und dazu noch ganz simplen Regel: »Laufe so, dass du den Blickwinkel zum Ball immer konstant hältst, dann fällt er dir in die Hände.« Die Spekulation über die Grandiosität unserer menschlichen Hirnleistung hat also zumindest in diesem Fall nichts mit der Realität zu tun und beruht auf einem falschen Denkansatz.

Doch zurück zu den Spiegelzellen. Sie als Basis für die Speicherung unseres gesamten Verhaltensrepertoires zu sehen, führt dazu, dass die Handlung selbst – und nicht die Handelnden – zu der in der Hirnstruktur verankerten Grundinformation wird. Jede Spiegelzelle speichert ein konkretes Handlungsmuster, ein simpler, aber effektiver Schachzug der Evolution. Erst wenn abstrakte Gesamtkonzepte von Personen entstehen, kommt es zu einer Trennung von Selbst und Objekt. Erst dann werde ich zu der Person, die ich bin, und ebenfalls erst dann wird der andere zu einer eigenständigen Person, die von mir getrennt ist und, ab dem Erreichen der Theory of Mind, eigenständig denkt und handelt.

Die Grundeinheit der psychischen Struktur bleibt jedoch immer das unmittelbare Verhalten, gespeichert in einzelnen Spiegelzellen. Jede von ihnen enthält eine sogenannte Subjekt-Objekt-Dyade, ein Handlungsmuster zwischen einem Subjekt und einem Objekt, verbunden mit dem Gefühl, das der ursprünglichen Handlung zugeordnet wurde.

Allererstes Spiegeln

Jedes Handlungsmuster wird bereits vom Embryo in Spiegelzellen gespeichert, egal ob an diesen ersten Handlungen die Umwelt beteiligt ist, da innen und außen für ihn noch nicht als getrennt erlebt werden. Damit gibt es für ihn keinen Unterschied zwischen erstem Bewirken und erstem Umweltkontakt, also der Urform von Beziehung. Am Anfang werden Bewirken und Beziehung identisch als Handlungsmuster in Spiegelzellen gespeichert. Ohne Unterscheidung. Jede frühe Erfahrung ist anfangs gleichwertig. Geräusche aus der unmittelbaren Umgebung – der Herzschlag, das Atmen oder die Darmgeräusche der Mutter – ebenso wie von außerhalb der Bauchhöhle werden wahrgenommen. Genauso die ertastete Umgebung von Nabelschnur und Gebärmutterinnenwand. Später folgen optische Eindrücke, Licht, das von außen hereinfällt. All das ergibt ein Spektrum an frühen Erfahrungen. Dort, wo erste Handlungen in der Umwelt geschehen, werden auch erste Verhaltensmuster in Spiegelzellen codiert. Sämtliche dieser ersten Erfahrungen erhalten, sobald das limbische System zu arbeiten beginnt, eine emotionale Bewertung. Dadurch entsteht die Möglichkeit zur Differenzierung. Was anfänglich nur ein unspezifischer Gesamteindruck ist, angenehm oder unangenehm, entwickelt sich im Verlauf der weiteren psychischen Entwicklung nach der Geburt zu zunehmend feiner abgestuften Gefühlsfacetten.

Wie sehr die ersten Umwelterfahrungen im Unbewussten verankert werden und bleiben, zeigen Zwillingsschwangerschaften. Zwillinge behalten das vorgeburtliche Verhalten im Umgang miteinander nach der Geburt bei, bis hinein in die Kleinkindzeit. Dies konnte die auf die vorgeburtliche psychische Entwicklung spezialisierte Mailänder Psychoanalytikern Alessandra Piontelli anhand von Ultraschalluntersuchungen belegen. Oft war einer der Zwillinge schon vor der Geburt dominanter und blieb es dann auch eindeutig als Kind. Offensichtlich begannen die Spiegelzellen schon im Mutterbauch mit ihrer Arbeit.

Ein bislang wenig beachtetes Phänomen gewinnt in diesem Zusammenhang an Aufmerksamkeit, das sogenannte Vanishing Twin Syndrom. Hierbei handelt es sich um Zwillingsschwangerschaften, bei denen einer der beiden Zwillinge vor der Geburt stirbt. Meist bleibt das unerkannt, obwohl es gar nicht so selten vorkommen soll. Schätzungen zufolge bei etwa 30 bis 80 Prozent aller Schwangerschaften. Abhängig vom Zeitpunkt, an dem der tote Zwilling verschwindet, halten sich beim Überlebenden unbewusste Erinnerungen, die sich später in Fantasien, Träumen oder Symptomen zeigen können. Der jüngst verstorbene italienische Psychoanalytiker Gaetano Benedetti berichtete von den Träumen einer Patientin, in denen es immer wieder um die Liebe zwischen einem lebenden und einem toten Tier ging, ohne dass die Frau dafür eine Erklärung finden konnte. Bis sie erfuhr, dass sie mit einem bereits verstorbenen Zwilling auf die Welt gekommen war.

Wie Streicheln Traumen lindern hilft

Selbst im ganz frühen Lebensverlauf können schon psychische Traumen entstehen. Besonders häufig sind dabei Beeinträchtigungen während und gleich nach der Geburt, heutzutage vor allem aufgrund von medizinischen Sondersituationen etwa bei Frühgeburten. Wir haben gesehen, wie wichtig gerade die ganz frühe Bindung ist. Deswegen sollte gerade in den ersten Lebenstagen und -wochen jede Trennung von Mutter und Kind vermieden werden. Lässt sich das dennoch nicht verhindern, ist es umso wichtiger, im Nachhinein für einen stabilen Ausgleich zu sorgen. Außerdem ist im weiteren Leben die Bedeutung einer potenziellen frühen Traumatisierung angemessen zu berücksichtigen, vor allem als mögliche Ursache und bei der Behandlung von späteren psychischen Symptomen.

Denn auch bei Erwachsenen sind Erfahrungen aus der ersten Lebenszeit noch verborgen im Unbewussten lebendig und können so zu Ängsten oder anderen psychischen Beschwerden führen. Gerade das früheste Gedächtnis wird ja in gefühlten Körperzuständen gespeichert und nicht in bildhaften Szenen, sodass es nur vermeintlich gar nicht existiert. Durch unbewusst mit diesen Erinnerungen verknüpfte Trigger (Schlüsselreize) können sie jederzeit reaktiviert werden, ohne dass dem Betroffenen dann klar ist, warum er aufgrund von scheinbar unbedeutenden Auslösern in extreme Gefühlszustände gerät, meist in unerklärliche massive Angstzustände. Die so entstandenen Ängste bleiben unverstanden, wenn ihre frühe Entstehungsursache nicht erkannt wird.

Zur Vorbeugung vor den negativen Folgen von schwierigen Situationen helfen oft schon einfachste Schritte. Tiffany Field, Direktorin des Touch Research Institute, das zur Kinderabteilung der University of Miami gehört, erforschte dazu die positiven Auswirkungen von zärtlichem Streicheln auf Frühgeborene. Auf die Idee kam sie durch eigene Erfahrungen mit ihrer Tochter, die eine Frühgeburt war. Mit regelmäßigen sanften Massagen war es Field damals gelungen, ihr Frühchen zu beruhigen. Wie die Ergebnisse ihrer wissenschaftlichen Arbeit belegen, fördert bereits eine so einfach umzusetzende Maßnahme wie das regelmäßige Streicheln das Wachstum von Frühgeborenen. Gleichzeitig senkt es deutlich ihr Krankheitsrisiko. Angesichts der Stressreduktion durch das bei direktem Körperkontakt ausgeschüttete Oxytocin überrascht das nicht. Mehr noch. Da hierdurch vermehrt Oxytocinrezeptoren aufgebaut werden, bleibt dieser Effekt ein Leben lang wirksam. Schon hier bewährt sich die Kraft, die aus Beziehung geschöpft werden kann.

Der Roseto-Effekt – gesund durch Gemeinschaft

Ein kurioses Beispiel aus der Sozialforschung bestätigt ebenfalls die enorme Macht der Bindung. Man spricht vom Roseto-Effekt. Benannt wurde er nach einer verschlafenen Kleinstadt in Pennsylvania, etwa 200 Kilometer von New York City entfernt. Das Städtchen Roseto war 1912 von Italienern gegründet worden, die dort inmitten des sonst von Amerikanern englischer und walisischer Herkunft bewohnten Bundesstaats eine Insel mediterranen Lebens schufen. Klassische Familienwerte und italienische Tradition wurden hier hochgehalten, unbemerkt vom Rest der Welt. Dann, in den Sechzigerjahren, rückte die kleine Gemeinde auf einmal ins Blickfeld der medizinischen Forschung. Zur Überraschung von Ärzten lag nämlich die Häufigkeit von Herz-Kreislauf-Erkrankungen bei der italienischen Bevölkerung drastisch unter dem Landesdurchschnitt der USA, und zwar so drastisch, dass Herzinfarkte bei Männern zwischen 55 und 64 Jahren gänzlich unbekannt waren.

Und das, obwohl in Roseto getrunken und geraucht wurde wie im vormals heimischen Italien. Auch das Essen kam keineswegs aus der Gesundheitsküche: »Montags«, erinnerte sich die 66 Jahre alte Angie Martocci, »aß fast jeder im Ort Spezzati (eine Suppe aus Spinat und Ei). Dienstags gab es Spaghetti mit Tomatensoße, mittwochs geröstetes Huhn mit Kartoffeln. Donnerstags dann wieder Spaghetti. Am Freitag Fisch, natürlich. Kalb mit Paprika am Samstag und Vorspeisen, Fleischbällchen und Spaghetti am Sonntag.«

An einer besonders gesunden Ernährung lag das Fehlen von Herz-Kreislauf-Erkrankungen also nicht. Ebenso wenig an einer speziellen genetischen Disposition oder an außergewöhnlichen körperlichen Betätigungen, denn auch da waren keine Unterschiede zu Durchschnittsamerikanern feststellbar. Nur zwei Besonderheiten stachen ins Auge: Weder gab es in Roseto Sozialhilfeempfänger noch Kriminalität. Wie das? Man nahm die Lebensweise der Einwohner genauer unter die Lupe, und dabei zeigte sich das folgende Bild: Die Familien wohnten in Häusern, in denen Platz für das Miteinander von drei Generationen war. Mahlzeiten wurden gemeinsam zelebriert, und man feierte gern. Zugleich war das gesellschaftliche Miteinander von Verlässlichkeit und Fairness geprägt. Man half einander, jeder hatte seine feste Rolle, und es gab kaum soziale Unterschiede. Es war verpönt, seinen – wenn doch vorhandenen – Reichtum zu zeigen. Arbeit und Einsatz hingegen wurden mit Anerkennung bedacht.

Bei näherer Betrachtung erwies sich der Grund, warum die Einwohner von Roseto gesünder waren als ihre Nachbarn, als erfrischend simpel: Es existierte kaum sozialer Stress, und damit fehlten die dadurch hervorgerufenen Folgeerkrankungen. Für Neid und Konkurrenz, Missgunst und Zwietracht gab es keinen Raum, stattdessen wurde gemeinschaftlich gelebt, wurden Bindungen zwischen allen Bewohnern der Stadt gefördert. Neurobiochemisch gesehen vermieden sie Spitzenwerte von Cortisol und schützten zugleich prophylaktisch ihr Gehirn vor Stress durch großzügige Mengen an Oxytocin und Vasopressin.

Bedauerlicherweise hat die Lebensweise des 21. Jahrhunderts inzwischen Roseto eingeholt und – wie nicht anders zu erwarten – sind damit die üblichen Zivilisationskrankheiten eingezogen. Doch der Mythos ist geblieben und hat zahlreiche Forschungsprojekte angestoßen. So belegt eine im *British Medical Journal* 1999 veröffentlichte Studie, dass die Lebenserwartung von Männern über 65 um durchschnittlich zweieinhalb Jahre steigt, wenn sie regelmäßig sozialen Aktivitäten nachgehen. Einsamkeit dagegen macht krankheitsanfällig. Die Quintessenz lautet: Am gesündesten ist es, in harmonischer Gesellschaft zu leben und eine Aufgabe zu haben, der man sich intensiv widmet.

Wieder erweisen sich Beziehung und Bewirken als Basis für ein gesundes Leben. Offenkundig spiegelt die körperliche Gesundheit den Zustand der Psyche wider. Damit ist, was das psychische Wohlbefinden fördert, zugleich lebensverlängernd. Für die alten Römer wohnte ein gesunder Geist in einem gesunden Körper, weswegen sie fleißig trainierten, um sich wohlzufühlen. Wichtiger ist aber mithin der umgekehrte Zusammenhang: Ein gesunder Geist fördert die Gesundheit des Körpers.

Fit fürs Leben

Wie wichtig sichere Bindungen für ein zufriedenes Lebensgefühl sind, zeigen eindrucksvoll Studien zur Resilienz, zur Widerstandsfähigkeit der Psyche gegenüber traumatischen Erlebnissen. So wie nicht alle Menschen, die als Kinder unter sozialer Tristesse und schwierigen Verhältnissen zu leiden haben, kriminell werden, »zerbrechen« nicht alle Menschen an schweren Traumen.

Diese Beobachtung hat zu der falschen und gern missbrauchten These geführt: »Was dich nicht umbringt, macht dich härter.« Sie hält sich hartnäckig, wie die folgende Sequenz aus Eckart von Hirschhausens Buch *Glück kommt selten allein ...* belegt: »Niemand weiß, was er zu ertragen in der Lage ist, bis die Situation es erfordert. ›Was dich nicht tötet, härtet dich ab.‹ Wie habe ich diesen Satz meines Sportlehrers gehasst! Aber tatsächlich habe ich mich sehr gewundert, wie viel länger ich beim Waldlauf aufgrund seiner Quälerei durchhalten konnte – länger, als ich mir jemals zugetraut hätte. Dieses banale Beispiel gilt im übertragenen Sinne auch für Traumata und Belastungen. Sie härten uns nicht nur ab, sie machen uns stärker und trainieren uns regelrecht. Wer einmal eine Katastrophe durchgestanden hat, ist bei der nächsten gelassener ...« Hier werden Äpfel mit Birnen verglichen – und daraus wird dann eine unsinnige Schlussfolgerung gezogen. Weder ist das Triezen beim Waldlauf mit Traumen vergleichbar noch gibt es einen Beleg dafür, dass Traumen die Psyche trainieren.

Ganz im Gegenteil. Inzwischen ist sogar neurobiologisch bewiesen, dass nicht Traumen, sondern konsequente Förderung und Liebe das Hirn trainieren. Nicht ein Trauma selbst, sondern seine erfolgreiche Überwindung mithilfe einer verlässlichen Beziehung macht uns stärker. Die Bindung ist dabei das Entscheidende, nicht das Trauma! Und das hat wichtige praktische Konsequenzen. Empfehlungen wie die, ein Neugeborenes dadurch zu erziehen, dass man es regelmäßig allein liegen und schreien lässt, haben eben keine gesunde Psyche zur Folge. Vielmehr benötigt es liebevolle, verlässliche und sichere Bindungen und zugleich vielfältige Außenreize, um so seine angeborene Neugier zu wecken. Die neurobiologischen Zusammenhänge sprechen eine eindeutige Sprache: Liebe macht fit fürs Leben, Traumen können das nicht.

Wie der Schutz vor Traumen funktioniert

Die Längsschnittstudie über die Kinder von Kauai, einer der Hawaii-Inseln, hat ans Tageslicht gebracht, was vor Traumen schützt. Die Studie wurde von der amerikanischen Entwicklungspsychologin Emmy Werner geleitet und ist eine der am längsten je durchgeführten Untersuchungen. 698 Kinder des Geburtsjahrgangs 1955 nahmen daran teil. Über 40 Jahre wurde ihr biografischer Werdegang verfolgt. Alle Jungen und Mädchen stammten aus desolaten Familien, und man wollte herausfinden, was im Laufe ihres Lebens aus ihnen werden würde. Während etwa zwei Drittel der Studienteilnehmer in die Fußstapfen ihrer Eltern traten und kriminell, gewalttätig, alkohol- und/oder drogenabhängig wurden, blieb ein Drittel weitgehend unberührt von dem tristen Umfeld. Diese Kinder wurden weder straffällig noch sonst irgendwie verhaltensauffällig. Worin unterschieden sie sich von den anderen?

An messbaren Charaktereigenschaften fanden sich bei ihnen eine höhere Intelligenz, eine größere Sozialkompetenz und das Vorhandensein eines erfüllenden Betätigungsfelds. Entscheidende Basis dafür war, wieder einmal, die Qualität ihrer frühen Bindungen. Unabhängig von der Art des traumatischen Umfelds genügte in der Regel eine stabile, gute, frühe emotionale Beziehung, um den Lebensweg in eine konstruktive Richtung zu lenken und damit zugleich die Basis für ein optimistisches Grundgefühl im Leben zu schaffen.

Neurobiochemisch bedeutet das: Offenbar federt das Bindungshormon Oxytocin selbst exzessive Cortisolausschüttungen durch frühe Traumen wirksam ab. Der verstärkte Aufbau von Bindungshormonrezeptoren gleicht einen Überschuss an Cortisolrezeptoren im Mittelhirn aus. Einer lebenslangen Stressüberempfindlichkeit wird so vorgebeugt. Und Stresstoleranz ist die Basis von Resilienz.

Ohne den Schutz vor übermäßigem Stress, wie ihn eben eine sichere frühe Bindung bietet, führen massive äußere Belastungen dagegen zu einer dauerhaft erhöhten Stressempfindlichkeit. Selbst diese Anpassungsleistung ist aus evolutionärer Sicht durchaus sinnvoll, hilft doch eine konstante Alarmbereitschaft beim Überleben in einer permanent gefährlichen Umwelt.

Weil aber unser Gehirn immer auf der Basis seiner gespeicherten Erfahrungen auf die aktuelle Situation schließt, ist das Ganze problematisch. Denn bei deutlich verringerter Stresstoleranz entsteht so die Neigung, jede Umweltsituation als bedrohlich zu interpretieren. Laufend sich selbst bestätigende Teufelskreise sind dann die Folge. Da ich nahezu jedes Verhalten meines Gegenübers als aggressiv deute, verhalte ich mich als Reaktion darauf entsprechend aggressiv ihm gegenüber. Die Antwort des anderen wird nicht lange auf sich warten lassen, insbesondere dann, wenn er sich zu Unrecht angegriffen fühlt, weil seine erste Absicht frei von Aggression war.

Für eine dauerhaft erhöhte Stressempfindlichkeit muss zudem ein hoher Preis gezahlt werden. Nicht nur hemmt Cortisol die Aktivität von Killerzellen im Immunsystem, wodurch die Anfälligkeit für Krankheiten zunimmt. Dauerstress aktiviert zudem auch direkt in den Zellkernen

Gene für Entzündungsmediatoren. Das sind körpereigene Stoffe, die Entzündungen auslösen. Im Übermaß führen sie zu einer latenten Dauerentzündung im Körper. Vor allem das Gefäßsystem leidet darunter, sind doch solche chronischen Entzündungen wesentlich an der Entstehung von Arteriosklerose beteiligt. Dem Cortisol entgegen wirkt vor allem Stickstoffmonoxid, das gerade auf Zellebene stark entzündungshemmend wirkt. Und das wird, wie wir schon sahen, vor allem auf zwei Wegen freigesetzt: durch Morphium als Teil der endogenen Belohnungsreaktion und durch Oxytocin. Jetzt verstehen Sie, warum es in Roseto kaum Arteriosklerose gab.

Beziehung und Belohnung durch Erfolg sind damit förderlich für die Gesundheit, sie schützen vor Herz-Kreislauf-Erkrankungen. Umgekehrt verkürzt Dauerstress die Lebenserwartung. Und da die Stressreaktion grundsätzlich immer gleich abläuft, ist eine Unterscheidung zwischen positivem und negativem Stress nur bedingt sinnvoll. Auf Dauer ist auch zu viel des Guten zu viel, dann, wenn es Stress bereitet, anstatt ihn abzumildern. Jede Nacht Party ist zwar toll, aber nicht gesund, weil stressig.

Happy people – die vom Glück Verwöhnten

Übermäßiger Stress wird meist als unangenehm empfunden. Zufriedenheit im Alltag basiert damit nicht nur auf liebevollen Beziehungen und aktivem Bewirken, sondern auch auf einem vernünftigen Umgang mit Stress. Neben dem Erkennen des eigenen Stresslevels und der eigenen

Stresstoleranz helfen da gezielte Strategien: eine klare Trennung von Arbeit und Freizeit mit genügend Zeit für regelmäßige Entspannung, körperliche Bewegung und soziale Kontakte, aber genauso Trainings zum Stressabbau und zur Stressprophylaxe, Achtsamkeitsübungen oder eine Psychotherapie, um unbewusste Ursachen von Dauerstress aufzuarbeiten, insbesondere ungelöste Konflikte.

Andenfalls macht Stress krank und droht zudem das Abrutschen in eine Sucht. Denn Sucht entsteht nicht nur, wenn das vorwiegend vom Dopamin gesteuerte Erwartungs- und Belohnungssystem beliebig und damit leichter als von Natur aus durch Alkohol, Nikotin oder Kokain in Gang gebracht wird (siehe S. 84). Sondern genauso kann der Versuch, künstlich und schnell, sozusagen auf Abruf, Stress abzubauen, in die Sucht führen. Da ist an den Drink zum Herunterkommen nach der Arbeit zu denken, an die Zigarette zwischendurch als kurze Entspannungspause. Das funktioniert zwar im Moment, doch ist der Preis dafür hoch.

Beziehung, Bewirken und Stressbegrenzung als Basis für eine zufriedene Lebensführung stellen vor diesem Hintergrund auch die drei Säulen der Positiven Psychologie dar, die von dem amerikanischen Psychologen Martin Seligman begründet wurde. Die »happy people«, die sie propagiert, also die vom Glück Verwöhnten, setzen sich nach der Vorstellung der Positiven Psychologie Ziele, die sie erreichen können, gestalten demzufolge aktiv und gewollt ihr Leben. Sie haben gelernt, ihre Lage angemessen einzuschätzen, und sie haben ein Grundvertrauen darin, Anforderungen bewältigen zu können. Dadurch vermeiden sie übermäßigen Stress und wissen mit den überschaubaren Belastungen ihres Lebens umzugehen. Zu guter Letzt haben sie ein erfülltes Beziehungsleben, können insbesondere in ihren Beziehungen vertrauensvoll Nähe zulassen. Alles in allem regieren Zuversicht und Optimismus ihre Sicht auf die Welt, besitzen sie »happy brains« – »glückliche Gehirne«.

Zwar formuliert die Positive Psychologie ihre Ziele recht platt und spart die Hintergründe, die zu ihrem Erreichen führen, weitgehend aus, doch sind die Grundpfeiler für eine zufriedene Lebensgestaltung darin durchaus treffend erkennbar.

Auch Gefühle wollen gelernt sein

Zur Stressbeherrschung gehört jedoch mehr als das Beachten von praktischen Tipps zum Aufbau von »happy brains«. Ausgehend von den Erfahrungen mit dem eigenen Körper, mit anderen Menschen und mit der weiteren Umwelt baut sich im heranreifenden Gehirn das limbische System als emotionales Zentrum auf. Dieses umweltabhängige Lernen von Gefühlen beginnt vor der Geburt und bleibt uns ein Leben lang erhalten. Gefühle im engeren Sinne kristallisieren sich dabei in den ersten Lebensjahren heraus und sind gerade am Anfang überwältigend intensiv. Hier gibt es Triumphe wie die Eroberung der Welt durch das Laufen. Und dann im nächsten Augenblick Frustrationen mit heftigen Wutanfällen über die Grenzen des eigenen Handelns spätestens dort, wo es auf den gegenteiligen Willen eines anderen trifft. Anfänglich sind diese Gefühle übermächtig, lassen sich die Neurotransmitterfluten aus dem limbischen System nicht durch das Frontalhirn steuern, da ihm die hierfür erforderliche Erfahrung noch fehlt. Und genau da ist wieder Beziehung gefragt.

Denn wenn es Mutter oder Vater gelingt, die Gefühlswallungen ihres Sprösslings verständnisvoll aufzufangen, bringen sie dem Kind damit bei, seine Gefühlsstürme regelrecht zu verdauen. Es versteht dann, dass seine heftigen Zustände nicht von Dauer sind und dass davon die Welt nicht untergeht, selbst wenn es sich im Moment so anfühlt. Gerade bei der Wut gehört dazu neben der Zeitperspektive auch die Erfahrung, dass die auf einmal gehasste Mutter, weil sie verboten hat, die wunderbar roten Spaghetti über den weißen Teppich zu verteilen, trotz der überwältigend erlebten Intensität des Hasses dennoch nicht »zerstört« wird.

Im Laufe der Zeit lernt das Kind dadurch, dass seine Wut nicht unkontrollierbar zerstörerisch, sondern beherrschbar ist. Die Liebe zu Mutter und Vater wird durch sie nicht gefährdet, sofern sie es ist, die die Bindung zu ihnen dominiert. Zu guter Letzt findet das Kind dann eigene Strategien für den Umgang mit seiner Wut. Es erkennt, dass es sie bei Bedarf gezielt einsetzen kann. Oder, falls die Situation das nicht erlaubt, es findet Wege, sie anderweitig abzureagieren. Meine ältere Tochter setzte sich zum Beispiel ans Klavier, wenn sie wütend war.

Schrittweise relativiert sich so durch stetiges Erleben die Heftigkeit der Wut. Das ermöglicht einen wichtigen psychischen Lernprozess. Im Gefühlssturm wird die böse Mutter getrennt gehalten von dem Bild der ansonsten heiß geliebten Mutter, da die ja von der Wut nicht zerstört werden soll. Durch das Verdauen der Wut werden die beiden Bilder zusammengeführt. Die Mutter bleibt ein und dieselbe Person, ob ich sie nun gerade abgöttisch liebe oder furchtbar hasse. Auch und gerade wenn sie konsequent an den von ihr gesetzten Grenzen festhält. Ich weiß dann, woran ich bin, kenne mich aus.

Auf diese Weise gelingt der Aufbau integrierter psychischer Gesamtbilder von anderen und von sich selbst, der im Frontalhirn angesiedelt ist. Zugleich ist das der Ort, an dem durch konstante und verlässliche Wiederholung die Kontrolle über die eigenen Gefühle gelernt wird – mithilfe der Bezugspersonen. Vor allem die Fähigkeit, Handlungsimpulse hemmen zu können, unterscheidet den Erwachsenen vom Kind, den Vollmündigen vom Unzurechnungsfähigen. Hier im Frontalhirn erfolgt die letzte Stufe der emotionalen Entwicklung.

Was wir von unseren Vätern erben – und nicht nur von ihnen

Die Heftigkeit unserer Gefühle vor allem als Reaktion auf Stress und die Fähigkeit, mit ihnen umzugehen, sind die beiden wesentlichen Stellschrauben für unseren Gefühlshaushalt und damit von zentraler Bedeutung für unsere Zufriedenheit. Beide sind vor allem Folge von Umwelteinflüssen, beide werden bestimmt vom Ausmaß an Stress, ebenso wie vom vorgelebten Verhalten im Umgang mit Gefühlen.

Diese Form der Verhaltensweitergabe ist also keineswegs genetisch vorprogrammiert, sondern sie entsteht aus dem meist unbewussten Nachahmen des selbst in der eigenen Kindheit erlebten Umfelds. Damit ist sie sehr anpassungsfähig, zugleich aber auch enorm anfällig für Fehlerquellen. Abhängig von den in der eigenen Kindheit gemachten Erfahrungen werden unhinterfragt nämlich auch Verhaltensmuster wie Gewalt oder Kriminalität weitergegeben. Außer die Kinder bekommen eine Chance auf andere Erfahrungen durch gute Beziehungen. Die Kauai-Studie hat das eindrucksvoll belegt.

Neben den vorwiegend über das Spiegelzellsystem unbewusst erlernten Verhaltensmustern gibt es auch Mythen, die mehr oder weniger bewusst tradiert werden, obwohl sie sich aus wissenschaftlicher Sicht längst als eindeutig falsch erwiesen haben. Ein bekanntes Beispiel dafür ist die Empfehlung, dass Aggression abreagiert werden müsse, am besten regelmäßig. Dabei ergaben schon vor über 40 Jahren erste systematische psychologische Studien, dass das Austoben von Wutanfällen die Wut eher noch steigert, als sie zu mäßigen. Diese Erkenntnis ist keineswegs überraschend. Neigt doch unser Gehirn dazu, einmal beschrittene Wege, also einmal eingeübtes Verhalten, wieder zu verwenden und mit jeder neuen Anwendung stärker in seiner Struktur zu verankern. Es sei denn, es erweist sich als hinderlich. Nur dann kommt es zu einer Strukturauflösung. Praktisch bedeutet das, dass gewaltgeladene Filme und mehr noch Videospiele gewalttätiges Verhalten regelrecht einüben und nicht dem Aggressionsabbau dienen, wie immer wieder behauptet wird. Nicht nur werden so aggressive Gefühle angeheizt, sondern außerdem senkt wiederholter Gewaltkonsum die Hemmschwelle für Gewalt. Ein Gewöhnungseffekt setzt ein.

Also: Nicht das Austoben, sondern das Abbauen von Wut innerhalb einer verständnisvollen Beziehung ist der Weg heraus aus dem Gefühlssturm. Bis man das eines Tages selbst kann. Als Kind oder, falls man es da nicht gelernt hat, später als Erwachsener.

Einfach – kompliziert

Gefühle halten sich hartnäckig, wenn wir sie nicht überwinden und sie nicht gerade massiv das Überleben beeinträchtigen. Gleiches gilt für unsere Versuche, die Welt zu verstehen. Aus diesem Grund existieren so viele unterschiedliche und einander widersprechende Philosophien, Religionen oder sonstige Welterklärungsansätze. In der Regel glauben wir das, was uns vorgelebt oder beigebracht wird. Da kann die Welt von einem oder von vielen Göttern erschaffen und beherrscht sein, die Gleichheit aller gefordert oder das Geld in den Mittelpunkt des Wertesystems gestellt werden. Da es viel zu aufwendig wäre, das Rad immer wieder neu zu erfinden, laufen wir mit in dem System, in das wir hineingeboren werden, übernehmen wir in weiten Teilen das Weltbild aus der Kultur, in der wir aufwachsen. Bestärkt wird diese Tendenz noch durch unser tief verwurzeltes Bedürfnis dazuzugehören, nicht aus der Gemeinschaft ausgestoßen zu werden.

Automatisch verlassen wir uns auf die Verstehensmodelle, die andere uns anbieten, machen es uns damit einfach. Meist ohne, dass uns das bewusst ist. Das gilt auch im Alltag. So haben Psychologen herausgefunden, weshalb ein Mann für Frauen attraktiv ist. Selbst wenn die meisten das sicher abstreiten werden, ist die am stärksten herausragende Eigenschaft ganz simpel: wenn andere Frauen ihn attraktiv finden.

Es wird vereinfacht, denn das spart Ressourcen. Und meist bewährt sich das Vertrauen in andere ganz gut zum Überleben. Alles selbst begreifen zu wollen, wäre illusorisch. Die Stärke unserer Überlebensstrategie, der entscheidende evolutionäre Vorteil, den wir Menschen uns verschafft haben, beruht ja vor allem auf unserem Beziehungsleben. Die anderen helfen uns bei dem Versuch, die Welt zu erfassen und in ihr zurechtzukommen. Biologische Folge davon ist das üppige Wachstum unseres Frontalhirns, das wir eben vor allem dem Training unserer Spiegelzellen verdanken dürften.

Immer wenn unser Gehirn einen Zusammenhang erkennt, belohnt es sich selbst dafür. Deshalb lieben wir Zusammenhänge. Wir wollen, dass alles irgendwie miteinander zu tun hat. Hauptsache, wir kennen uns aus. Weil die Sterne stehen, wie sie stehen, haben wir Glück. Oder wir bringen Opfer dar, um die Götter milde zu stimmen. Heutzutage helfen uns diverse esoterische Theorien dabei, das große Ganze zu verstehen, indem sie aus wissenschaftlichen Versatzstücken Zusammenhänge basteln, die so gar nicht existieren. Immer suchen wir nach dem Warum. Wir wollen kontrollieren, selbst wenn das gar nicht geht. Kontrolle schützt vor Angst. Genau deshalb halten wir den Zufall so schlecht aus. Obwohl er überall seine Finger im Spiel hat. Das Eingeständnis, dass vielleicht gar nicht alles begriffen werden kann, ist verstörend, weil wir einen solchen Mangel an Kohärenz, an Stimmigkeit, als extrem unangenehm erleben. Denn er bedeutet Unsicherheit, und die macht eben Angst. Genau für diese Angstvermeidung kann Glauben hilfreich sein. Wo wir uns nicht auskennen, weil es Fragen gibt, die wir nicht beantworten können, da reimen wir uns unsere eigene Logik zusammen oder verlassen uns einfacher noch auf die vermeintlichen Wahrheiten, die wir von anderen in unserer Gemeinschaft von Kindheit an gepredigt bekommen haben. Liefert doch der Glauben eine einfache Pauschalerklärung für alle Fragen, die sich nicht beantworten lassen. Wo ich nicht weiß, glaube ich. Genau aus diesem Grund kann Glauben das Gefühl von Zufriedenheit steigern.

Letztlich funktioniert die permanente Suche nach Zusammenhängen selbst dort, wo sie nachweislich nicht existieren, nicht anders als die Erklärungsversuche eines Schizophrenen für die Symptome seiner Erkrankung. Wenn ein Mensch in seinem Gehirn Stimmen hört, die auf ihn einreden, so ist das für denjenigen oft unerträglich. Pausenlos wird er beschimpft oder aufgefordert, bestimmte Dinge zu tun. Das verwirrt und verursacht Angst. Erst der subjektive Erklärungsversuch, der Wahn, bessert das Befinden. Endlich kann er sich beruhigt zurücklehnen,

denn er weiß jetzt, wer zu ihm spricht. Gott. Er ist auser-
wählt.

Ganz zu Beginn meiner Arbeit als Assistenzarzt an einer psychiatrischen Klinik gab es auf meiner Station einen
Patienten, der sich zu dieser Schlussfolgerung durchge-
rungen hatte und fest davon überzeugt war, er werde in
zwei Wochen zum Weltherrscher erkoren. Sämtliche Versuche, ihn zu behandeln, scheiterten kläglich. Medikamente, selbst in maximaler Dosierung, Gespräche, alternative Therapien, nichts half. Ich fand das eigentlich nicht
erstaunlich. Denn was hatte die Wirklichkeit dem jungen
Mann zu bieten, das auch nur annähernd mit seiner selbst
gebastelten Erklärung mithalten konnte? Arbeitslosigkeit
und Sozialhilfe als Alternative zur Weltherrschaft als gött-
lich Auserkorener? Mir scheint, er hatte ganz insgeheim
weitaus mehr verstanden, als ihm zugetraut wurde.

Fire together, wire together

Beim Erkennen von Zusammenhängen feuern die Nervenzellen der beiden verknüpften Aspekte gleichzeitig.
Das wissen wir spätestens seit Pawlow. Nochmals zur Erinnerung: Der russische Verhaltensforscher fand heraus,
dass bei Hunden schon der Gedanke an Futter zur Spei-
chelsekretion führte und dass diese Reaktion auch allein
durch einen Klingelton ausgelöst werden konnte. Sofern
die Hunde das gelernt hatten. Im Gehirn der Hunde
feuerten die Nervenzellen, die das Klingeln erkannten,
gleichzeitig mit denjenigen, die die Erwartungshaltung

für das begehrte Futter steuerten. Eine solche verknüpfte Nervenzellaktivierung bezeichnet man als Synchronisation. Sie folgt der Regel *Fire together, wire together.* Was gemeinsam erregt wird, wird miteinander verknüpft und damit beim nächsten Mal ganz von selbst zusammen erregt. Pawlow nannte diese aneinandergekoppelte Reaktion einen bedingten Reflex.

Die Grundlage von Verstehen ist ebendieses Schaffen von Verbindungen. Genau durch sie lernt unser Gehirn im Laufe seines Lebens. Immer mehr Verknüpfungen werden aufgebaut, lassen einen zunehmend fein auf die Umwelt abgestimmten Erfahrungsschatz entstehen. Und jedes Mal, wenn wir uns auskennen, werden wir belohnt, verspüren wir ein subjektives Gefühl von Kohärenz. Das Verständnis, das ich gewonnen habe, passt zu meiner Wahrnehmung. Und auf Dauer auch zu meinem Lebensplan. Das erklärt, warum in psychologischen Tests die gemessene Zufriedenheit am höchsten im Alter von 60 bis 75 Jahren ist. In diesem Alter ist der Lebensentwurf (hoffentlich) geglückt. Man kennt sich aus. Zugleich sind die beginnenden Zipperlein des Alters noch nicht übermächtig.

Und was können wir tun, um unser Kohärenzgefühl zu verbessern? Wieder ist der entscheidende Faktor, der uns unseren gesamten Lebensentwurf als stimmig erleben lässt und uns damit Zufriedenheit beschert, das Vorhandensein liebevoller Beziehungen. Forschungen zur Zufriedenheit am Arbeitsplatz belegen das. Mitsprache, Fairness und Wertschätzung durch unsere Kollegen und Vorgesetzten sind dort die bedeutendsten Einflussfaktoren auf Kohärenz und Wohlbefinden. Das Gefühl, dass unsere Arbeit sinnvoll ist, entsteht vor allem aus unserem Beziehungsumfeld und gar nicht so sehr aus dem Inhalt unserer Tätigkeit. Zwar widerspricht das unserer Logik, dennoch trifft es zu. Und es lässt sich erklären.

Das Gefühl von Kohärenz entsteht, wie wir sahen, wenn Nervenzellen gemeinsam feuern. Synchrone Erregung ist damit die Basis von Zufriedenheit. Und genau hier wird auch die Wirkungsweise von Beziehung im Gehirn verständlich. Spiegelzellen zweier Menschen, die einander verstehen, feuern zusammen. Zwischenmenschliche Synchronisierung entsteht, potenzielles Wohlbefinden bei beiden! Einmal mehr wird an dieser Stelle die zentrale Rolle der Spiegelzellen ersichtlich. Dazu ein Beispiel aus dem Alltag: Haben Sie schon einmal einem verliebten Pärchen zugeschaut, das Hand in Hand spazieren geht? Ganz von selbst synchronisiert sich ihr Gang, wenn sie aufeinander eingestimmt sind. Unbewusst spiegeln sie einander im Verhalten. Wie durch solche synchronisierte Hirnaktivierung subjektives Wohlbefinden entsteht, hat man mittlerweile im Hirnscanner nachgewiesen.

Was haben Meditation und Orgasmus miteinander zu tun?

Matthieu Ricard ist französischer Molekularbiologe, der sich seit seiner Erleuchtung dem Leben in einem tibetischen Kloster als buddhistischer Mönch verschrieben hat. Offenbar hat ihm das gutgetan, wenn man Fotos von ihm

betrachtet – französische Intellektuelle sehen sonst selten
so glücklich aus. In engem Austausch mit dem Dalai
Lama widmet Ricard sich dem Dialog zwischen westli-
chem und östlichem Denken. Für den Erkenntnisgewinn
hat er sich selbst ins Hirn schauen lassen. Als Mensch, der
schon mehr als 10 000 Stunden seines Lebens mit Meditation verbracht hat, gehört er zur Gruppe der »Profi-Me-
ditierenden«. Und in genau jenem Zustand der meditati-
ven Versenkung haben Hirnforscher bei Ricard gemessen,
was sich in seinem Hirn tut, wenn er selbst (fast) nichts
tut.

Während sich die Gehirnaktivität bei Normalsterbli-
chen in der Meditation generell verlangsamt, geht sie beim
Profi in eine andere Richtung. Bei ihm treten im Elektro-
enzephalogramm (EEG) – einer Methode zur Messung
der elektrischen Hirnaktivität – besonders schnelle Gam-
mawellen auf. Und diese Wellen, das ist das Entscheidende, geraten in eine Resonanz, das heißt in einen Zustand
synchroner Erregung, die sich schließlich über das ganze
Gehirn mit Schwerpunkt im hinteren Teil des Großhirns
ausbreitet. Der vordere, dem intellektuellen Denken zuge-
wandte Teil des Großhirns ist dagegen nahezu stillgelegt.
Und jetzt wird es richtig spannend. Denn dieses Herun-
terfahren der intellektuellen Hirnarbeit fanden wir mit
identischen Hirnstrombildern ja auch schon beim Orgasmus. Sie erinnern sich an die Pärchen, die sich unter dem
Scanner liebten (siehe S. 149f.)? Jetzt wird verständlich,
warum Meditation Glücksgefühle weckt. Und es wird
nachvollziehbar, wieso sich Matthieu Ricard schon als
21-Jähriger ganz der Meditation verschreiben konnte, um

dann als 29-Jähriger die nächsten zwölf Jahre lang Tag und Nacht mit dem tibetischen Buddhisten Dilgo Khyent-se Rinpoche, Jahrgang 1910, zu verbringen, also durchaus in einer Lebensphase, in der üblicherweise Orgasmen lust-voll und häufig das Leben bereichern.

Die Glücksgefühle in der Meditation sind tatsächlich mit denen im Orgasmus vergleichbar. Wenn man es rich-tig macht. Und so gibt es Menschen, wie ich aus zuverläs-siger Quelle erfahren habe, die beim Meditieren zum Hö-hepunkt kommen. Wie das möglich ist? Beiden liegt das Gefühl des ekstatischen Verschmelzens zugrunde. Bei Meditierenden mit dem Universum, beim Orgasmus mit dem Partner. Damit entsprechen im Gehirn beide Erleb-nisformen einer Reaktivierung der paradiesischen Erin-nerung an die Zeit vor der Geburt, als wir eins waren mit unserer kleinen Welt und noch frei von intellektuellen Anforderungen. Das Frontalhirn hatte da weitgehend Sendepause – ganz wie im EEG am Höhepunkt.

So gesehen sind Meditationsprofis eigentlich einen Großteil ihrer Lebenszeit damit beschäftigt, sich in das gute Gefühl aus dem Mutterbauch zurückzuversetzen. 10 000 Stunden, das sind mehrere Jahre lang mehrere Stunden täglich. Kohärenzgefühl und Zufriedenheit stel-len sich bei ihnen dadurch ein, dass sie im wahrsten Sinne des Wortes wesentliche Teile ihres Großhirns abschalten. Wenn der dabei erlebten Alleinheit mit dem Universum dann oft esoterische oder religiöse Bedeutungen zuge-schrieben werden, so haben die mit der Realität wenig zu tun. Das erlebte Gefühl ist eben keineswegs der Beweis für eine höhere Macht, die alle Fäden im Universum zusammenhält. Und warum überhaupt den ultimativen Kick im Gehirn zum Tor zur universellen Einheit allen Seins stilisieren, anstatt ihn einfach zu genießen?

Mir persönlich erscheint die Vorstellung, mithilfe von Dauermeditationen in vorgeburtlichen Geborgenheitsgefühlen zu verharren, recht öde, vor allem auf Dauer. Ein aktiv erfülltes Leben ist für mich langfristig die verlockendere Variante auf dem Weg zur Zufriedenheit. Aber vielleicht sollte auch ich mal einige Tausend Stunden meditieren.

Warum Philipp zappelt

Der Alltag lehrt, dass die Belohnung das beste Mittel ist, um zu lernen. Immer wenn Belohnung mit gelernten Inhalten gekoppelt wird, beide Bereiche synchron aktiviert sind, funktioniert Lernen besonders gut. Dann werden dauerhafte Verknüpfungen geschaffen. Das funktioniert sogar noch besser, wenn zugleich von außen die Spiegelzellen eines Gegenübers parallel feuern und dadurch zusätzlich die Synchronisierung verstärken. Auch beim Lernen hilft Beziehung.

Die Schule beginnt. Der Erstklässler nimmt freudig seine prall gefüllte Schultüte entgegen. Es wird gefeiert. Die Eltern sind stolz. Dann die ersten Hausaufgaben. Der Kleine sitzt brav am Schreibtisch, aber die Mutter muss kurz einige Besorgungen tätigen. »Setz dich schön hin und mach deine Aufgaben. Ich bin gleich wieder zurück«, heißt es da. Bei der Rückkehr vom Einkauf ist das Blatt im Schulheft so weiß wie zuvor. Denn das Kind lernt am Anfang nicht für sich selbst oder fürs Leben, wie es so schön heißt. Es lernt für seine Eltern oder für die Lehrerin, somit für eine Bezugsperson. Daher braucht es am Anfang die Anwesenheit eines anderen, um seine Aufgaben erledigen zu können. Es benötigt die hilfreiche Unterstützung bei der Motivation. Erst dadurch kann das Kind schrittweise an ein selbstständiges Arbeiten herangeführt werden und lernt für den anderen auch dann, wenn der nicht danebensitzt. Das Lernen fürs eigene Leben kommt erst später, sehr viel später.

Gerade Kinder brauchen die Spiegelung durch den anderen wie die Luft zum Atmen, denn sie lernen am anderen, sie selbst zu werden. Phänomene wie die drastische Zunahme von ADHS sieht man vor diesem Hintergrund in einem anderen Licht. Kinder mit dieser Aufmerksamkeitsdefizit-Hyperaktivitätsstörung, die klassischen Zappelphilippe, sind andauernd in Bewegung und können sich schlecht konzentrieren. Als Ursache werden viele Faktoren diskutiert. Behandelt wird oft mit Tabletten. Dabei kristallisiert sich immer deutlicher heraus, dass diese Verhaltensauffälligkeit vor allem aus der Kombination von einem Zuviel an äußeren Reizen und einem Zuwenig an Beziehung entsteht. Paradebeispiel ist das Schlüsselkind, das stundenlang allein vor dem Fernseher sitzt.

Doch genauso findet das von einer Aktivität zur nächsten gezerrte Kind keine Ruhe. Es kann die andauernd erlebten Eindrücke gar nicht auf sich einwirken lassen. Weder tristes Alleingelassensein noch permanente Dauerbeschäftigung erfüllen die sozialen Bedürfnisse unserer menschlichen Natur. Allerdings ist diese so banale Einsicht unbequem, lässt sie sich doch oft nicht mit den Anforderungen der heutigen Gesellschaft in Einklang bringen. Und so wird lieber die Wirksamkeit von Medikamenten, und sei sie auch vorübergehend, als vermeintlicher Beweis für die These ins Feld geführt, dass ADHS ein Defekt in der Hirnchemie sei, der mit Umwelteinflüssen nichts zu tun habe. Die Pharmafirmen freut es. Aber unsere Kinder?

Auf den richtigen Schwung kommt es an

Synchronisation über die Spiegelzellen funktioniert eben auch wechselseitig. Ich empfinde, was du empfindest, und umgekehrt. Damit lässt sich das Entstehen von Zufriedenheit durch gute Beziehung ganz einfach erklären. Denn die Basis von Zufriedenheit ist ja Synchronisation im Gehirn. Zeitlebens ist unser Gehirn daher bestrebt zu lernen, wie es sich immer selbstverständlicher in synchrone Zustände versetzen kann. Genau das misslingt offenbar psychisch Kranken. So haben Untersuchungen an Zwangskranken und an Depressiven ergeben, dass bei ihnen im limbischen System und im Stirnhirn nicht synchrone, sondern chaotische Aktivitäten vorherrschen. Mithilfe von Psychotherapie konnten jedoch die Hirnareale wieder in einen gemeinsamen Rhythmus zurückgebracht werden.

Allerdings ganz so einfach funktioniert unser Gehirn nun doch nicht. Denn auch wenn es in eine übermäßige

Synchronisation gerät, also in Erregungsschleifen, die sich pausenlos wiederholen und aus denen es nicht mehr herausfindet, entstehen psychische Erkrankungen. Wieder ist dieses Phänomen charakteristisch für Zwangskranke und für Depressive, zeigt es sich am Festhalten von Gedanken und in pausenlosem Grübeln. Permanente Synchronisation allein macht nicht zufrieden, weil unser Gehirn von Natur aus neugierig ist, um sich weiterentwickeln und dadurch noch besser an die Umwelt anpassen zu können. Die messbare Hirnerregung spiegelt damit genau das Spannungsfeld unserer psychischen Grundbedürfnisse wider, zwischen ruhiger Geborgenheit einerseits und Neugier andererseits, zwischen Mutterbauch und Außenwelt, zwischen Morphium und Dopamin.

Der amerikanische Pionier der Hirnforschung, Walter Jackson Freeman III, hat das so formuliert, »dass das Gehirn grundsätzlich am Rande der Instabilität operiert, das heißt durch sehr kleine Anregungen von innen und außen in neue dynamische Funktionsmuster der beteiligten Neuronenpopulationen bzw. -netze übergehen kann. Es ist darauf ausgerichtet, dynamische Ordnungsübergänge zu generieren oder neue Ordnungszustände zu erzeugen.« Und ein solcher Anstoß zum Wandel kann offenbar besonders über die Aktivierung von Spiegelzellen angestoßen werden. Denn durch sie wirkt der andere direkt auf mein Gehirn ein.

Nur am Rande sei erwähnt, dass Freeman III (geboren 1927) der Sohn von Walter Jackson Freeman II ist. Der wiederum rückte dem Gehirn vor allem mit dem Skalpell zu Leibe, er war der Hauptverfechter der Lobotomie. Von

Anfang der Vierziger- bis Mitte der Fünfzigerjahre war sie die Standardbehandlung für schwere psychische Erkrankungen im angloamerikanischen Raum. Wie sie funktioniert? Ganz einfach. Mit einem feinen chirurgischen Schnitt wird das Stirnhirn vom limbischen System getrennt. Freeman II selbst beschrieb den Effekt, den das hat, so: »Die Psychochirurgie erlangt ihre Erfolge dadurch, dass sie die Fantasie zerschmettert, Gefühle abstumpft, abstraktes Denken vernichtet und ein roboterähnliches, kontrollierbares Individuum schafft.«

Zufriedenheit erlangt man so wohl kaum, denn im Stirnhirn werden unsere Konzepte von Beziehung und von Kohärenz zusammengefügt. Und beide sind, wie wir inzwischen wissen, die Basis für eine zufriedene Lebensgestaltung. Vorausgesetzt, sie werden gefüttert mit den Gefühlen vom limbischen System.

Dem Lernen auf die Sprünge helfen

Zeitlebens strebt unser Gehirn nach einer Integration der aufgenommenen Information. Denn sie ist die Grundlage für ein erfolgreiches Zurechtkommen in der Umwelt, die Basis fürs Überleben. Hierdurch entstehen immer öfter synchrone Erfahrungen, da Neues zunehmend auf Bekanntes trifft. Vorausgesetzt, man lebt aktiv und erobert sich die Welt. Mit fortschreitendem Lebenszyklus hat das Gehirn dann einen umfangreichen Erfahrungsschatz angehäuft. Damit das gelingt, ist der erste Lebensabschnitt stärker vom neugierig vorwärtsdrängenden Dopamin be-

herrscht, das spätere Leben hingegen vom Ruhe liebenden Morphium und seinen chemischen Verwandten. Am
Anfang wird möglichst an Eindrücken gesammelt, was
die Welt hergibt. Später dann wird alles in integrierte
Konzepte gegossen, in ein Gesamtverständnis. Ein wenig
ist es wie auf Reisen. Unterwegs schießt man Fotos von all
den Sehenswürdigkeiten, die es zu bewundern gilt, und
später, zu Hause, lässt man sich Abzüge machen, ordnet
sie und klebt sie in ein Album ein. Zumindest bis vor
Kurzem, denn heutzutage bewundern wir ja eher unsere
digitalisierten Erinnerungen am PC. Aber auch dort werden sie sortiert.

Unser Gehirn arbeitet sich also an der Umwelt und an
ihren Einflüssen zeitlebens ab und lernt dabei fleißig.
Also: niemals aufgeben! Das Gehirn ist und bleibt flexibel. Lernen ist und bleibt permanent möglich. Schmiermittel fürs Lernen sind dabei unsere Emotionen, allen
voran die Begeisterung, die uns Dopamin und bei geteilter Lernfreude auch Oxytocin verschaffen. Genau dieser
Effekt der Lernunterstützung durch gute Gefühle lässt
sich gezielt nutzen. Lust steigert die Lernleistung, stimuliert und verändert nachweislich Hirnstrukturen. Etwa
schon während eines nur achtwöchigen Seminars für
Achtsamkeit und Stressmanagement. Denkt man das mit
ein wenig Fantasie weiter, eröffnen sich geradezu unge-
ahnte Möglichkeiten, um dem Lernen auf die Sprünge zu
helfen.

Wenn wir täten, wie wir könnten

Der Bedarf, unser menschliches Gehirn mehr als bislang zum Lernen zu motivieren, ist auf nahezu allen Gebieten riesig. Etwa wenn man berücksichtigt, dass weltweit nur rund 1 bis 2 Prozent aller Erwachsenen eine weitgehende psychische Integration erreichen, also im Laufe ihres Lebens ein stabiles Konzept von sich selbst und anderen aufbauen, das auch in heftigen Gefühlen Bestand hat, weil es verlässlich von übergeordneten, allgemeingültigen Grundprinzipien beherrscht wird. Zumindest ging der 1987 verstorbene amerikanische Psychologe Lawrence Kohlberg davon aus. Laut seinen Forschungsergebnissen über die moralische Entwicklung des Menschen, die immer noch aktuell sind, schaffen es nur die wenigsten, ein abstraktes moralisches Wertesystem aufzubauen, das universelle ethische Prinzipien für das eigene Handeln anerkennt. Die meisten verharren auf einer der beiden Vorstufen: Entweder bleiben sie kindlich egozentrisch und lassen sich nur durch Strafe und Gehorsam zum Einhalten von Regeln bewegen. Oder sie haben zumindest die Fähigkeit gewonnen, die Bedürfnisse anderer zu achten. Mehr allerdings nicht. Ein konkretes Bespiel dazu: Auf Stufe eins werfe ich eine leer getrunkene Plastikflasche oder einen Zigarettenstummel einfach auf die Straße. Auf Stufe zwei benutze ich dafür einen Mülleimer. Auf Stufe drei vermeide ich möglichst überhaupt überflüssigen Müll, da er die Zukunft unseres Planeten gefährdet. Vielleicht ist auch hier als Anreiz eher Belohnung als Strafe gefragt.

In unserem Bildungssystem jedenfalls erscheint es über-
fällig, dass ganz gezielt und an erster Stelle die Motivation
der Lernenden gefördert wird. Entscheidet sich doch zu
einem wesentlichen Teil im Bereich Bildung, wohin sich
unsere menschliche Evolution weiterentwickeln wird.
Wie wir in Zukunft leben werden, steht uns weitgehend
frei, sofern wir die Verantwortung dafür übernehmen: für
uns, für unsere Mitmenschen und für unsere Erde. Das
Potenzial im Gehirn dafür haben wir, offenbar vor allem
im Frontalhirn. Es muss allerdings trainiert werden.

Und das beste Training dafür liefern in Beziehung erlebte Gefühle, die das Spiegelzellsystem zu vielfältigem
Wachstum anregen. Je lebendiger wir das von frühsten
Kindertagen an mit anderen üben, desto flexibler wird unser Repertoire an Verhaltensmustern. Und je stabiler unsere frühen Bindungen sind, desto leichter fällt es uns
später, sie bei Bedarf abzurufen. Wir haben dann ein ver-
lässliches Gefühl von Sicherheit, selbst wenn der andere
gar nicht real anwesend ist.

Diese Fähigkeit der Spiegelzellen, den anderen präsent
zu halten, selbst wenn er nicht da ist, erklärt sich aus der
Tatsache, dass bei der Selbstbeobachtung genau dieselben
Spiegelzellen aktiv sind wie bei der Interaktion mit einem
anderen. Kein Wunder, dienen diese Zellen ja der Speicherung von Handlungsmustern, unabhängig von den daran Beteiligten. Damit kann auch die Beziehung zu sich
selbst, die ursprünglich aus den Beziehungen zu anderen
entsteht, ab einer gewissen Reife aktiv daran mitarbeiten,
die vorwiegend vom Frontalhirn gesteuerten Eigenschaften der Psyche weiterzuentwickeln. Antriebs- und Im-

pulskontrolle, genauso Mitgefühl für andere und für sich selbst lassen sich bewusst trainieren. Die Dritte-Person-Perspektive entspricht dabei einer inneren Beziehung zwischen mir und mir selbst. »Me, myself and I«, wie es im Englischen so schön heißt.

Jede unserer inneren Beziehungen greift dabei auf unsere früh erlernten Bindungsmuster zurück. Der Ursprung unserer Beziehung zu uns selbst liegt damit in der frühen Bindung zwischen uns und unserer Mutter. Und zugleich prägt diese erste Erfahrung unsere späteren, stehen vor allem unsere intimen Beziehungen unter ihrem Einfluss. Immer jedoch verfügen wir über das Potenzial, uns weiterzuentwickeln.

Wir können ein Leben lang lernen, an realen Beziehungen und an deren Nachwirkungen in uns. Und so können wir unseren Kindern ganz bewusst gute Bindungen bieten, um ihnen die essenzielle Grundlage für ein zufriedenes Leben mit auf den Weg zu geben. Je gezielter wir das versuchen, je mehr unsere Kinder diese innere Sicherheit mitbekommen, desto eher kann es uns gelingen, dass ihnen eine weitgehende Zufriedenheit aller Menschen am Herzen liegen wird, und sie sich dafür einsetzen werden. Ohne pathetisch klingen zu wollen, ist das viel gepriesene Paradies auf Erden durchaus im Rahmen des Möglichen. Der Rest ist Anpassung, und die Fähigkeit dazu haben wir, die hat unser Gehirn von Natur aus.

Anpassung ist (fast) alles

Ich erinnere mich noch gut an den Vortrag eines betagten Kollegen, der mehrere Jahre in einem Konzentrationslager überlebt hatte. Er schilderte den Alltag dort. Und das in einer Weise, die es mir eiskalt über den Rücken laufen ließ. So und so musste man sich verhalten, um nicht geschlagen zu werden. Oder um an eine Sonderration Essen zu gelangen. Und diesen oder jenen Trick anwenden, um nicht nach Auschwitz deportiert zu werden. Das wirklich Furchtbare an seiner Beschreibung waren weniger die Fakten als die völlige Normalität, die das alles für ihn zu haben schien. So, als sei er immer noch dort. In kompletter Anpassung hatte er den Ort des Grauens nie mehr wirklich verlassen. Und gelegentlich überkamen ihn die Gefühle, die dazu passten: völlig unkontrollierte Wutausbrüche.

Grundlage unserer Anpassungsfähigkeit ist die psychische Basis, die wir uns bereits in jungen Jahren angeeignet haben. Kaum eine Tatsache belegt die Macht dieser Grundstruktur anschaulicher als die Relativität von Glück. Auch hierzu gibt es eine klassische sozialpsychologische Studie aus den USA. Schon im Jahr 1978 veröffentlichten die drei Psychologen Philip Brickman, Dan Coates und Ronnie Janoff-Bulman eine Befragung, die sie an 22 Lottogewinnern und 29 Querschnittsgelähmten durchgeführt hatten. Das Ergebnis war verblüffend. Nach anfänglicher Euphorie kamen die glücklichen Lottogewinner recht bald wieder auf den Boden ihrer Tatsachen, also ihrer eigenen psychischen Grundbeschaffenheit, zurück. Diejenigen, die vorher schon das Leben optimistisch gesehen hatten, waren mit dem Geldsegen vom Glück verwöhnt. Wer dagegen schon davor eher mies gelaunt durchs Leben gelaufen war, den konnte selbst der unverhoffte Reichtum nicht auf Dauer aus seinem Trübsinn reißen. Entsprechend verhielt es sich mit den Unfallopfern. Wer immer frohen Mutes sein Leben gemeistert hatte, der fand auch nach dem Unfall den Weg zurück in den gewohnten Alltag, trotz der einschneidenden Erfahrung und trotz der massiven und lebenslangen Behinderung. Und wer stets das Negative gesucht hatte, sah sich durch den Unfall in seiner pessimistischen Weltsicht bestens bestätigt.

Allerdings, ganz so egal, wie Brickman und seine Kollegen es uns glauben machen wollten, ist uns die Umwelt nicht. So, wie wir ein Leben lang lernen können, schlagen sich reale Erlebnisse ein Leben lang in unserer Psyche nieder. Immer auf der Basis unserer Vorerfahrungen, aber oft einschneidend. Wie bei dem Überlebenden des Holocaust. Das bewies inzwischen auch der US-Glücksforscher Ed Diener in seinen Untersuchungen. Und das bestätigen ja Alltagserfahrung und zahlreiche psychologische Studien zum Einfluss äußerer Faktoren, etwa der finanziellen Lage, auf das Wohlbefinden (siehe S. 157). Die Regel lautet also: Wir können uns flexibel anpassen, aber um zufrieden zu sein, brauchen wir eine ausreichend stabile psychische Grundstruktur und genügend gute Umweltbedingungen.

Ed Dieners Sohn, Robert Biswas-Diener, macht das übrigens vor. Er lässt sich, weil er unter anderem in Grön-

land, Indien und Kenia am Glück forschte, als Indiana
Jones der Positiven Psychologie feiern. Zusammen mit
Martin Seligman gibt er weltweit Seminare, in denen beide – ganz nach amerikanischer Art – voller Optimismus
die problemlose Machbarkeit des Glücks propagieren.
Beide scheinen davon gut leben zu können, beide wirken
keineswegs unglücklich.

Und doch gibt es bei aller Anpassungsfähigkeit leider
auch Menschen, die unglücklich und unzufrieden sind,
selbst wenn sie es eigentlich gar nicht sein müssten. Das
ist schlimm für sie – und leider nicht nur für sie. Aufgrund
der Gefühlsweitergabe durch Verhalten und Spiegelzellen
laufen sie nämlich Gefahr, dass sie ihr Unglück weitergeben an andere in ihrer Umgebung, besonders an ihre Kinder. Wie es zu solchem dauerhaften Unglück kommt, das
werden wir uns jetzt genauer anschauen. Dazu die gute
Nachricht gleich vorweg: Prinzipiell ließe es sich verhindern.

7 Wer immer unzufrieden bleibt

Die Sache mit den Konflikten

Chronische Unzufriedenheit hat zwei Wurzeln: psychische Konflikte und psychische Traumen. Beide bedeuten Dauerstress.

Konflikte prägen das menschliche Miteinander. Unterschiedliche Interessen prallen aufeinander. Und wenn keine Kultur der Konfliktlösung besteht, dann kracht es leicht, in Worten und in Taten. Das reicht vom Streit um die Schaufel im Sandkasten bis hin zu Ehekrise und totalem Krieg. Fakt ist: Offene Konflikte strengen an. Zufriedenheit sieht anders aus. Subtiler verhält es sich da mit versteckten Konflikten, wenn nach außen hin so getan wird, als gäbe es kein Problem, wenn freundlich lächelnd die Tür vor der Nase zugeschlagen wird, sich nichts klären lässt. Weil: Es ist ja nichts, rein gar nichts. Aber auch unausgesprochene Konflikte bedeuten Stress, sie sind oft langwierig und zehren an den Nerven.

Damit nicht genug, gibt es zudem noch Konflikte innerhalb der eigenen Psyche, und das zuhauf. Da sind einerseits die bewussten Konflikte. Soll ich oder soll ich nicht? Nun, die kann man lösen, indem man sich ent-scheidet. Meist ist eine falsche Entscheidung immer noch besser zu ertragen, als auf Dauer in der Unentschieden-heit zu verharren. Sofern man sich dann nicht darüber zermürbt, dass die Alternative wohl besser gewesen wäre, das Gras auf der anderen Seite sicher grüner wäre. Zu-mindest bleibt einem das Trostpflaster, es beim nächsten Mal anders machen zu können, aus dem Fehler zu lernen. Wenn es denn ein nächstes Mal gibt.

Die schwierigsten Konflikte jedoch sind und bleiben die unbewussten Konflikte, die, von denen man nicht einmal ahnt, dass man sie hat, und die einem dennoch den Schlaf rauben, Nacht für Nacht. Vielleicht werden Sie jetzt ungläu-big Ihre Stirn runzeln, sofern Sie nicht psychoanalytisches Vorwissen mit in die Lektüre dieses Buchs bringen. Wie kann ich einen Konflikt haben, von dem ich gar nichts weiß? Um das besser zu verstehen, hier einige klassische Beispiele:

Sie waren der Liebling Ihrer Mutter/Ihres Vaters und fühlen sich ihr/ihm in ewiger Treue verbunden, weswegen Sie sich schuldig fühlen, wenn Sie sich auf eine Partner-schaft einlassen. Und doch, so ganz allein ist man einsam.

Sie haben eine Mutter, die sich selbst pausenlos als Opfer erlebt und inszeniert, egal ob bewusst oder unbe-wusst. Sie haben gelernt, Rücksicht zu nehmen, ihr jeden Wunsch von den Lippen abzulesen. Das half Ihnen als Erwachsener dabei, das Herz Ihrer Frau zu gewinnen. Doch bleiben Ihre eigenen Bedürfnisse auf der Strecke.

Sie hatten einen cholerischen Vater, dem Sie es nie recht machen konnten. Jetzt ist Ihr Vorgesetzter genauso. Doch Sie brauchen den monatlichen Gehaltsscheck.

Sie lieben, aus welchen Gründen auch immer, das eigene Geschlecht, unterwerfen sich aber der gesellschaftlichen Tradition Ihrer Umgebung, weil sie dieser Art von Beziehung keine ungetrübte Toleranz entgegenbringt.

Sie hatten frühe Trennungserfahrungen, die Sie nicht verarbeitet haben, und kleben daher an Ihrem Partner, obwohl der Sie schlecht behandelt.

In den meisten der hier skizzierten Beispiele sind die frühen Bindungen die Grundlage für die unbewussten Konflikte. Neigen wir doch zur Wiederholung unserer früheren Erfahrungen, da sie sich in unsere Hirnstruktur eingebrannt haben. Stellt sich nun die Frage: Wie komme ich da raus?

Der erste Schritt besteht darin, überhaupt erst einmal zu erkennen, dass ein Konflikt vorliegt. Und um was für einen Konflikt es sich dabei handelt. Denn dann lässt er sich vielleicht durch eine Entscheidung lösen.

Hilfreich dabei ist, sich klarzumachen, dass die früher erlebte und jetzt unbewusst wiederholte Situation längst Vergangenheit ist. Sollte das nicht der Fall sein, etwa weil Sie inzwischen Mitte 50 sind und immer noch bei Mama wohnen, dann könnte es an der Zeit sein, diese Lebensgewohnheit zu ändern. Natürlich nur, wenn Sie damit einen Konflikt haben. Andernfalls sei Ihnen der vertraute heimische Herd herzlich vergönnt.

Das Verstehen der eigenen Lage ist jedoch wie meist in psychischen Belangen nur die halbe Miete. Um sich von alten Mustern zu lösen, bedarf es nämlich der realen, neuen, anderen Erfahrung. Und die sollte man sich ganz bewusst suchen. Ein Stück weit und je nach Art des Konflikts kann man sich dabei selbst unter die Arme greifen, in einer guten Beziehung zu sich selbst für das eigene Wohlergehen sorgen. Heute, als Erwachsener, bin ich nicht mehr abhängig davon, dass meine Mutter oder mein Vater für mich sorgen. Ich kann das jetzt allein. Oft jedoch liegen die Konflikte und die Erfahrungen, die zu ihrer Entstehung geführt haben, tiefer. Dann brauchen wir nicht nur zum Erkennen des Konflikts, sondern auch für seine Überwindung ganz real andere Menschen, denen wir vertrauen: Partner, Freunde, Verwandte oder Therapeuten.

Solche tief im Verborgenen schlummernden Konflikte sind, gerade wenn sie auf die ersten Lebensjahre zurückgehen, Folge psychischer Traumen. Der Konflikt besteht dann darin, dass die Psyche versucht, die Folgen des Traumas abzuwehren, das aber seinerseits beharrlich an die Oberfläche drängt. Um diesen Konflikt zu lösen, sind sichere Beziehungen ganz wesentlich. Denn in ihnen können die verborgenen Gefühle an die Oberfläche kommen und aufgefangen werden. Ganz so, wie es Eltern bei ihren Kindern machen. Hierzu brauchen wir andere Menschen. Wenn erst einmal das Trauma erkannt ist, eignet sich dazu eigentlich jeder, sofern er verlässlich verfügbar, verständnisvoll und nicht Teil der Traumaentstehung ist oder sich in anderer Weise in einer konfliktbelasteten Beziehung mit dem Traumatisierten befindet.

Besonders häufig als Ursache solcher Traumen sind Beziehungsabbrüche schon zwischen dem Säugling und seiner Mutter. Immer wieder habe ich Patienten mit entsprechenden Vorgeschichten in meiner Praxis. Oft sind frühe Krankenhausaufenthalte die Ursache, aus der Zeit, als es noch kein Rooming-in gab, Mütter in Krankenhäusern noch nicht bei ihren Neugeborenen bleiben konnten, wenn die krank waren. Oder denken Sie an Frühgeburten. All das ist häufig und leitet über zum zweiten Hauptgrund für Dauerstress und damit für latente chronische Unzufriedenheit, zu psychischen Traumen.

Wie das Trauma zum Trip führt

Psychische Traumen sind Erlebnisse, die emotional so schmerzhaft sind, dass dieser Schmerz während des Ereignisses selbst nicht verarbeitet werden kann. Sie sind *das* Beispiel für einen Stressexzess schlechthin. Denn in Panik und bei Extremschmerz schüttet der Körper massiv Stresshormone aus. Von einer Sekunde auf die andere, um Kampf oder Flucht zu ermöglichen und dafür alle verfügbaren Reserven bereitzustellen. Denn es geht ums Überleben. Ist weder Kampf noch Flucht möglich, dann bleibt in der Natur nur der Totstellreflex. Angesichts einer übermächtigen Gefahr verfallen viele Tiere in eine reglose Starre. Dieses Verhalten hat sich vor allem in der Evolution potenzieller Beutetiere durchgesetzt, weil viele Raubtiere dadurch von ihrer Beute ablassen. Ohne Flucht erlahmt der Jagdtrieb der Jäger.

Dieser Totstellreflex hat sich bei uns Menschen erhalten. So berichten Folteropfer, Nahtoderfahrene und gelegentlich auch Menschen auf dem Operationstisch übereinstimmend im Nachhinein davon, wie sie auf einmal den Eindruck hatten, über ihrem eigenen Körper zu schweben. Dabei zuzuschauen, was ihnen gerade angetan wurde, ohne den dazugehörigen Schmerz zu empfinden: »Was passierte, war Folgendes: Mir wurde auf einmal bewusst, dass ich über dem Fußende des Operationstisches schwebte und auf das hektische Treiben um den Körper eines Menschen unter mir herabsah. Schon bald begriff ich, dass es mein eigener Körper war … Ich hörte den Arzt auch sagen, er denke, dass ich schon tot sei. Später bestätigte er mir, dass er davon gesprochen hatte, und er war völlig perplex, als er erfuhr, dass ich ihn gehört hatte. Ich sagte ihnen damals auch, dass sie während einer Operation besser auf ihre Worte achtgeben sollten.«

Unter dem Einfluss von körpereigenem Morphium und den mit ihm in der Wirkung verwandten Endorphinen in Höchstdosen kommt es in diesen Fällen zu einer sogenannten Dissoziation, zu dem Eindruck, aus dem eigenen Körper herauszutreten, bei gleichzeitig aufgehobenem Schmerzempfinden und gedämpftem Bewusstsein. Ganz wie auf dem Herointrip. Und diese sonderbar anmutende Form der Selbstwahrnehmung kann gezielt gelernt, in Meditationen regelrecht eingeübt werden. So erklären sich die wundersam anmutenden Leistungen von Fakiren, den echten, die über glühende Kohlen spazieren, ihre Unterarme mit scharfen Messern durchstechen oder einen schweren Karren an Schnüren ziehen, die an Häkchen in ihrer Haut hängen. Durch das ausgeschüttete Morphium führt das bei ihnen zu einem angenehmen Begleitgefühl, weshalb sie ihre Torturen durchaus freiwillig auf sich nehmen.

Das versteckte Gedächtnis

Doch hat der akute Schutz durch die Dissoziation im Trauma ebenso eine Kehrseite: Es bleiben dauerhafte Folgen. Ich spreche hier von echten psychischen Traumen, dazu zählen eben nicht die Waldlaufübungen des Kollegen Hirschhausen in seiner Schulzeit (siehe S. 176f.). Die mögen nervig und anstrengend gewesen sein, echte Traumen waren sie nicht. Denn das sind sie erst, wenn die begleitenden Gefühle nicht verarbeitet werden können. Hirschhausen hingegen scheint ja ganz angemessen sauer gewesen zu sein, bevor ihn dann der Stolz überkam, es doch geschafft zu haben.

Die erste Folge solcher echter psychischer Traumen ist, dass die unweigerlich heftigen Gefühle, die im Moment selbst durch die Dissoziation unterdrückt werden, im Unterbewussten dauerhaft lebendig bleiben. Sie werden abgespalten. Das heißt, sie werden im Unbewussten vermeintlich ohne jeden Zusammenhang aufbewahrt. Selbst Jahre oder Jahrzehnte später kann dadurch ein einzelner mit dem Trauma verbundener Reiz, eben ein Trigger, einen wahren Gefühlssturm auslösen. Das kann ein Geräusch, ein Geruch oder sonst eine mit dem Trauma verknüpfte Erinnerung sein. Aus heiterem Himmel kommt es dann auf einmal zu massiver Angst und Panik oder zu vehementen Aggressionen, ohne dass auf den ersten Blick ein Zusammenhang zwischen aktuellem Anlass und der vollkommen überschießenden Gefühlsreaktion erkennbar ist.

Ursache für dieses Phänomen ist der durch Cortisol ausgelöste Zellabbau im Hippocampus, dem fürs Lernen zuständigen Sensibelchen im Gehirn. Der übermäßige Stress während des Traumas führt zu regelrechten Defekten in diesem Informationsverarbeitungszentrum, die eindeutig in bildgebenden Verfahren zu erkennen sind. Dadurch wird unter Umständen sogar das traumatische Erlebnis selbst vergessen. Doch die Gefühle, die es begleitet haben, die bleiben langfristig erhalten und können jederzeit hervorbrechen.

Denn sie werden ganz woanders abgespeichert: im Mandelkern, dem Teil des emotionalen Zentrums, in dem die Stressreaktion ihren Ausgang nimmt. Man spricht in diesem Fall von einem regelrechten »Traumagedächtnis«. Wieder macht das Sinn aus Sicht der Evolution. Denn wenn ein Trauma nicht bewältigt werden konnte, ist es hilfreich, beim nächsten Mal wachsamer zu sein, schneller auf Flucht oder Kampf vorbereitet zu sein. Damit es nicht zum Totstellreflex kommt. Als Folge davon ist bei Traumatisierten der Mandelkern nachweislich vergrößert. Und so sind Traumatisierte wachsamer, ängstlicher und reizbarer als der Durchschnittsbürger. Sie wittern Gefahr, oft auch dann, wenn es dafür eigentlich keinen Grund gibt. Im Zweifelsfall wird jede Handlung eines anderen als Angriff gedeutet und entsprechend reagiert. Damit leben Traumatisierte aufgrund ihrer permanenten Überempfindlichkeit im Dauerstress. Zufriedenheit macht sich bei so viel Nervosität und Panik rar.

Je früher in der psychischen Entwicklung es zu Traumen kommt, desto gravierender sind meist die Folgen. Oft werden weite Bereiche der psychischen Entwicklung schwer beeinträchtigt. Vor allem die Gefühlskontrolle und die verinnerlichten Beziehungsmuster. Ebenso wird die Lernfähigkeit gestört, insbesondere was die Einsicht in die eigenen Gefühle angeht. Dadurch wird häufiger aggressives Verhalten an den Tag gelegt, und zugleich fehlt die bewusste Kontrolle der eigenen Handlungen.

Ein kleines Kind, das Angst hat oder das sich verletzt hat, flüchtet in die Arme von Mutter oder Vater, um sich trösten zu lassen. Nähe, vor allem körperliche Nähe, führt zur Ausschüttung von Oxytocin und Morphium, schafft Sicherheit und stillt Schmerz. Gerade weil die Nähe zum anderen das wirksamste Mittel gegen Angst und Stress ist, sind Traumen, die uns durch andere Menschen zugefügt werden, besonders folgenschwer. Nicht nur ist dann das Trauma selbst überwältigend, sondern zusätzlich wird auch das Vertrauen in den Schutz durch die Anwesenheit eines anderen in den Grundfesten erschüttert.

Wenn das Gehirn nach Wiederholung lechzt

Doch es kommt noch schlimmer. Der abschirmende Morphiumkick, der während des Traumas zur Dissoziation und damit zur Schmerzhemmung führt, macht nämlich regelrecht süchtig. Einmal daran gewöhnt, lechzt das Gehirn nach dem Morphium. Dadurch zieht es das Opfer unwillkürlich zurück, hinein in das traumatisierende Umfeld. Unbewusst angetrieben, begibt es sich wieder und wieder in Gefahrensituationen, mit dem Risiko eines erneuten Traumas. Kein Wunder zudem, wenn gerade Trau-

maopfer ein erhöhtes Risiko für Suchterkrankungen auf-
weisen, sich bei Drogenabhängigen häufig Hinweise auf
eine traumatische Kindheit finden.

Besonders gut lässt sich dieser unbewusste Wiederho-
lungsdrang in Beziehungen beobachten. Wer früh in einer
Beziehung traumatisiert wurde, sucht sich später oft einen
Partner, der eine Neuauflage der frühen Erfahrung zu
werden verspricht. Wieder bin ich ausgenutzt worden.
Oder schlimmer: Wieder bin ich geschlagen, misshandelt
und missbraucht worden. So wie es den Täter aufgrund
des Kicks zur erneuten Tat hinzieht, unterliegt auch das
Opfer dem fatalen Drang, sich wieder und wieder trau-
matisieren zu lassen.

Zugleich drängt neben dem Suchtfaktor die Psyche des
Opfers unbewusst nach Wiederholung, wird das Handlungsmuster immer aufs Neue aktiviert und dadurch umso
lebendiger gehalten. Vor allem das Prinzip Hoffnung, der
Wunsch danach, das Erlittene ungeschehen zu machen,
lockt zum erneuten Versuch. Wie bei dem Spieler, der
ständig verliert, aber doch beharrlich weiterspielt. Beim
nächsten Mal wird alles anders. Da schaffe ich es. Ich werde nicht mehr das passive Opfer sein, sondern aktiv bleiben und so endlich den gerechten Ausgleich für das erlittene Leid erkämpfen. Der Gerechtigkeitssinn fordert so
seinen Tribut.

Trifft diese unbewusste psychische Strategie auf eine
besondere Begabung, eine, die ideal zur Entfaltung der
eigenen Wirkmächtigkeit dient, kann das Streben nach
Ausgleich für frühere Traumen zu einem entscheidenden
Antrieb werden und eine enorme Ausdauer und Beharr-

lichkeit freisetzen. Das erklärt, warum sich in der Biografie besonders erfolgreicher Menschen nicht selten massive Traumen finden lassen.

Man denke nur an Michael Jackson: »Nein, geschlagen habe er seinen Sohn Michael niemals, gibt Joe Jackson 2003 in einem Interview zu Protokoll. Schlagen tue man ja bekanntlich mit einem Stock. Er habe ihn lediglich ausgepeitscht. Mit einem Kabel oder einem Gürtel.« Zynisch kommentierte hier der Vater seine Rolle in der Karriere seines jüngsten Sohnes. Der sich davon nie erholte, sich in Erfolg, in Drogen und in eine inszenierte Kindheitswelt in seiner kalifornischen Neverland-Ranch flüchtete. Der sich von kosmetischen Chirurgen eine künstliche äußere Erscheinung verpassen ließ, die vor allem eines sollte: jede Ähnlichkeit mit dem Vater ausmerzen. Bis er an seinen Traumen zugrunde ging.

Doch sind Sonderbegabungen ja eher selten. Meist setzen Traumatisierte daher nicht auf die eigene Leistung, sondern hoffen auf die Erlösung durch den Partner. Durch ihn, den weißen Ritter, oder durch sie, die Übermutter, wird alles anders. Der nächste Partner wird das Leid ausgleichen und vollkommen sein, so sehr, dass die Latte für ihn verdammt hoch gelegt wird. Hier zeigt sich, wie mächtig der Drang sein kann, sich die eigene Sicht der Welt zu bestätigen. So sehr, dass der Partner meist unbewusst und ungewollt in die Rolle des früheren Täters regelrecht hineingedrängt wird. Wie das geht? Zum Beispiel durch ungerechtfertigte Vorwürfe: »Warum bist du so gemein zu mir?« – »Warum bist du immer schlechter Laune?« – »Warum hast du niemals Verständnis für mich?« Konsequent

und beharrlich kann man so leicht die nächste Stufe er-
klimmen: »Warum bist du jetzt so gereizt?«

Das Zuschieben von Gefühlen

Einer der bekanntesten Zeichentricksketche von Loriot
veranschaulicht lebhaft und plastisch nachvollziehbar, wie
sich diese Strategie im normalen Alltagsleben von Ehe-
gatten blendend bewährt. Ein Ehemann sitzt in einem
Armsessel und freut sich in kontemplativem Nichtstun
seines Lebens. Seine in der Küche werkelnde Gattin wirft
ihm von dort aus Ratschläge zu, was er denn nicht alles
tun könne oder solle. Obgleich der Gatte glaubhaft beteu-
ert, nichts tun zu wollen und damit zufrieden zu sein,
trübt sie die Idylle zusehends mit Kritik. Er wisse wohl
nicht, was er tun wolle, und sei darüber unzufrieden. Es
sei immer das Gleiche. Der Gatte verneint, findet damit
aber kein Gehör. Schließlich bezichtigt sie ihn, der bis dahin geduldig und ruhig geblieben ist, er schreie sie an. Da
platzt ihm der Kragen und er brüllt unvermittelt zurück:
»Ich schreie dich nicht an!«

Gerade bei Opfern psychischer Traumen funktioniert
dieses Zuschieben von Rollen, von Gefühlszuschreibun-
gen und zuletzt von ganz realen Stimmungen aufgrund
ihrer außergewöhnlichen Beharrlichkeit noch verlässli-
cher. Nicht weil sie das so wollen, sondern weil sie aufgrund ihrer Hirnstruktur nicht anders können. Solange
sie nicht durchschauen, wie sehr sie in den Folgen ihrer
traurigen Vergangenheit stecken bleiben. Irgendwann

brennt dann beim Partner die Sicherung durch, garantiert, wenn er nur lange genug ungerecht dauerbeschuldigt wird. Und dann wird er zum Täter. »Jetzt reicht's!« Das Opfer triumphiert: »Ich habe es ja gewusst.« Angefeuert wird so eine Dynamik wieder durch den lebendigen Einsatz der Spiegelzellen, mit denen sich ja so wunderbar Gefühle zuschieben lassen. Den eigenen Hass auf den (bis dahin noch) vermeintlichen Täter kann ich auf diese Weise dem anderen unterjubeln, bis der sich willig der ihm zugeschriebenen Rolle fügt.

In meiner therapeutischen Arbeit habe ich immer wieder mit Paaren zu tun, die sich gerade in diesem Punkt bestens gefunden haben. Es handelt sich um die Verbindung von einem Traumaopfer mit einem Partner, der aufgrund seiner eigenen Lebensgeschichte besonders sensible Spiegelzellen entwickelt hat. Solange dieser Partner nicht durchschaut, wie er unbewusst und ungewollt in die Täterrolle gedrängt wird, kommt es in solchen Paarungen regelmäßig zu dramatischen Eskalationen. Das Opfer schiebt dem Partner seine unbewussten Aggressionen zu. Der nimmt sie sensibel und ungewollt auf und gerät dadurch selbst in Rage, gegebenenfalls so weit, dass er zum Täter wird.

Warum Opfer zu Tätern werden

Wir haben festgestellt, dass mithilfe der Spiegelzellen grundsätzlich ganze Handlungsabläufe gespeichert und auf Abruf bereitgehalten werden und nicht so sehr die an ihnen Beteiligten. Die sind eher Nebensache. Als Konsequenz daraus ergibt sich eine weitere fatale Folge von Traumen: Weil das Verhalten des Traumas regelrecht gelernt wurde, neigen Opfer unweigerlich und meist ungewollt dazu, selbst zum Täter zu werden. Die Sucht zieht sie hin zur Tat. Die Aussicht darauf, endlich nicht mehr das passive Opfer zu sein, sondern aktiv zu handeln, stimuliert das Verhalten. Aus Ohnmacht wird Macht, und die wird ausgekostet, um die frühere Kränkung ungeschehen zu machen.

An all diesen Zusammenhängen wird deutlich, wie sehr Traumatisierungen, vor allem solche in Beziehungen, ein zufriedenes Leben sabotieren. Und das gilt noch in einem weiteren Punkt. Weil der Traumatisierte stressempfindlicher ist, stellt sich der körpereigene Regelkreislauf darauf ein. Vom Zeitpunkt des Traumas an wird der Ruhecortisolspiegel besonders niedrig gehalten. Sonst würde ja aufgrund der von nun an erhöhten Zahl an Cortisolrezeptoren gleich überreagiert.

Was für Folgen das für die körperliche Gesundheit hat, ist bislang nicht erforscht. Kommt es dadurch zu einer Überreaktion des Immunsystems, weil es weniger gehemmt wird, und gibt es dadurch weniger Infektionen, aber mehr Autoimmunerkrankungen? Bislang reine Spekulation. Jedoch genügt ein kleiner Anlass als Auslöser, um jederzeit eine massive Stressreaktion hervorzurufen. Und diese Übersensibilisierung gegenüber ansonsten normalen Cortisolwerten und damit gegenüber einer für andere normalen Stressbelastung dürfte die wesentliche Ursache für die erhöhte Depressionsneigung von Traumaopfern sein.

Denn Depressionen entstehen durch ein Übermaß an Stress. Und der kann sowohl durch Dauerstress, also durch konstant vermehrt vorhandenes Cortisol, als auch durch eine gesteigerte Stressempfindlichkeit, also eine überschießende Reaktion auf Cortisol, ausgelöst sein. Im ersten Fall liegt eine klassische Depression vor. Vor allem ungelöste Konflikte oder andere Arten von Dauerstress führen dabei zu einem chronischen Cortisolüberschuss im Blut. Im zweiten Fall besteht eine posttraumatische Belastungsstörung, eine traumatisch begründete Stressüberempfindlichkeit.

Gerade das Zusammenspiel aus verringerter Stresstoleranz und dem Opfer-Täter-Handlungsmuster kann fatale Folgen haben. So berichtete eine Mutter: »Ich fühlte mich in meinem ganzen Leben nie wirklich geliebt. Als das Kind auf die Welt kam, dachte ich, es würde mich lieben, aber als es die ganze Zeit nur schrie, bedeutete das, es würde mich nicht mögen, also schlug ich es.« Das Trauma, das sie selbst erlebt hatte, gab diese Mutter ungefiltert weiter. Auf diese Weise pflanzen sich Traumen unbewusst und wie von selbst von einer Generation zur nächsten fort, was inzwischen vielfach wissenschaftlich belegt ist.

Zufriedenheit wird dadurch systematisch der Boden entzogen. Und das nicht nur in einzelnen Familien. Es gibt ganze Weltgegenden, die unter unverarbeiteten Traumen leiden. Zahlen belegen das. So haben neueste Studien ergeben, dass sich beispielsweise in dem jungen Staat Kosovo bei einem Drittel der Bevölkerung posttraumatische Belastungsstörungen anfinden. Folge der jahrhundertelangen politischen Konflikte auf dem Balkan, die immer wieder in offenen Kriegen eskaliert sind. Die Betroffenen leiden anfangs unter plötzlich einschießenden Erinnerungsbildern, den sogenannten Flashbacks. Dann kommt es bei ihnen zu ausweichendem Vermeidungsverhalten, schließlich zu Schlafstörungen mit Gereiztheit, zu Schuld- und Schamgefühlen. Langfristig entwickeln sich in 90 Prozent der Fälle Depressionen, Alkohol- und Drogenmissbrauch und der unbewusste Drang, das Trauma zu wiederholen. Als Opfer oder als Täter. Der Teufelskreis schließt sich.

Depressionen durch Stress

Womit wir beim Thema Depression wären, dem Zufriedenheitskiller schlechthin. Diese Stresserkrankung ist vor allem Folge von ungelösten Dauerkonflikten, realen oder innerpsychischen, und eben von Traumen. Depressionen sind heutzutage so häufig wie nie zuvor. Laut der Weltgesundheitsorganisation (WHO) ist die Depression mittlerweile die kostspieligste aller Erkrankungen weltweit, vor allem wegen des krankheitsbedingten Arbeitszeitausfalls. Bis zu 20 Prozent aller Fehlzeiten von Arbeitnehmern zwischen 15 und 44 Jahren gehen auf ihr Konto. Ursache dürfte vornehmlich der gestiegene Stresslevel in der heutigen Gesellschaft sein. Wahrscheinlich ergänzt durch eine verringerte Stressresistenz.

Denn um resistent gegen Stress zu werden, brauchen wir ja von Geburt an sichere, verlässlich abrufbare Bindungen. Kleinfamilien mit der vollen Berufstätigkeit beider Eltern oder Alleinerzieher können das aufgrund ihrer Dauerbelastung oft nicht bieten. Wenn dann noch der Fernseher die Bezugsperson ersetzt, wie soll ein Kind da seine Stressresistenz entwickeln? Urvertrauen und damit der entscheidende Schutzfaktor gegen Depressionen und andere Stressfolgen kann nur durch die stabile Anwesenheit von Vertrauten in den ersten Lebensjahren aufgebaut werden. Und in einem Gesellschaftsklima, das den Wert von wohlwollenden Beziehungen hochhält. Denken Sie an Roseto.

Gerade dieses Urvertrauen lernen wir ganz früh. Und es ist so unglaublich einfach. Je mehr Hautkontakt ein Säugling hat, desto stressresistenter wird er und bleibt es ein Leben lang. Neben dem Antistresshormon Nummer eins, dem Oxytocin, kommt dabei einem schon erwähnten weiteren Botenstoff eine wesentliche Bedeutung zu. Denn gerade durch körperliche Nähe wird im Gehirn auch Serotonin freigesetzt. Und ein Mangel an Serotonin ist charakteristisch für Depressionen. Damit wird ein einfacher, aber enorm wichtiger Zusammenhang erkennbar: Körperliche Nähe schützt vor Depressionen. Und das gilt ebenfalls das ganze Leben lang. Denn Serotonin aktiviert Gene, die direkt die Empfindlichkeit für das Stresshormon Cortisol verringern.

Wir wissen aus der Hirnforschung, dass Dominanz und Erfolg die Serotoninwerte steigen lassen. Wer Erfolg hat und ein Alphatier ist, ist damit stressresistenter. Doch dürfte der Weg dahin genau umgekehrt verlaufen: Wer stressresistenter ist, hat eher Erfolg. Wie sagt doch der Volksmund: Hinter jedem erfolgreichen Mann steht eine starke Frau. Oder anders ausgedrückt: Liebe macht stark!

Wieder zeigt sich hier die Regel der Selbstverstärkungstendenz, die für unser Gehirn so charakteristisch ist. Hand in Hand mit dem Oxytocin, das die Cortisolausschüttung verringert, fördert auch Serotonin die Stressresistenz. Ausgeschüttet werden beide durch gute Beziehungen, vor allem in der frühen Kindheit. Wer aufgrund dessen Stress besser aushält, hat ein größeres Selbstbewusstsein und damit leichter Erfolg. Dadurch steigt der Serotoninspiegel weiter an. Und zu guter Letzt hat, wer über ein stabiles Selbstvertrauen verfügt und von Erfolgserlebnissen verwöhnt wird, auch seltener Alltagssorgen. Und falls er welche hat, kann er sie leichter überwinden. Auf lange Sicht hat er damit ganz real weniger Stress.

Ich habe selbst ausprobiert, wie das funktioniert. Und zwar bekam ich ein kleines, damals vier Monate altes Zwergdackelweibchen. Ganze zwei Kilo brachte die Hundedame auf die Waage. Sie war die Kleinste und Schwächste in dem Rudel von 50 Kläffern, in dem sie bei ihrem Züchter aufgewachsen war. Die ersten Tage in meiner Wohnung war sie ein ängstliches Fellbündel, verließ kaum ihr Körbchen. Ich habe daraufhin damit begonnen, sie die ganze Zeit bei mir zu halten. Und je mehr ich sie auf dem Arm herumtrug und ihr körperliche Nähe gab, desto selbstbewusster wurde sie. Heute wiegt sie allenfalls ein Kilo mehr, doch nimmt sie es an Selbstbewusstsein mit jedem anderen Hund auf, selbst wenn der 20-mal so groß ist wie sie.

Aber wie hängen Stress, Serotonin und Depression zusammen? Was genau spielt sich da im Gehirn ab? Mittlerweile klärt sich auch das im Detail. So kommt der irische Neuropharmakologe Brian Leonard in seinen Forschungen zu dem Ergebnis, dass bei anhaltendem Stress Serotonin zusätzlich über einen alternativen chemischen

Weg und dadurch verstärkt abgebaut wird. Übermäßiger Stress führt auf diese Weise direkt zu einer Verringerung von Serotonin. Zugleich entstehen durch diesen Umweg Abbaustoffe, die Nervenzellen schädigen und damit wie ein Nervengift wirken. Normalerweise werden solche Schäden repariert. Doch da im Stress die Cortisolwerte erhöht sind, ist das Immunsystem gehemmt. Die Reparaturprozesse sind beeinträchtigt. Dauerhafte Schäden sind die Folge. Das Risiko, im Alter an Demenz zu erkranken, steigt durch Depressionen.

Serotoninmangel ist damit weniger Ursache als Folge von Depressionen, weshalb ein künstliches Absenken des Serotoninspiegels bei Gesunden in der Regel nur dazu führt, dass der Gesunde dann stressanfälliger wird, aber damit kommt er zurecht. Erst Dauerstress macht depressiv. Und der entsteht eben aus ungelösten Konflikten und den dadurch dauerhaft aufgestauten Aggressionen. Oder auch durch chronische Unterforderung, etwa bei Dauerarbeitslosigkeit. Denn dann frustriert das Fehlen von Wirkmächtigkeit.

Gerade weil aufgestaute Aggressionen zu Dauerstress und damit in die Depression führen, wird verständlich, warum die Serotoninwerte nicht nur bei Depressiven verringert sind, sondern in absolut identischer Weise auch bei Menschen mit impulsiven Aggressionsdurchbrüchen. Egal, ob sie sie gegen sich selbst richten oder gegen andere. Damit bestätigt die Neurobiologie, was die Psychoanalyse schon lange behauptet hat: Depression ist gegen sich gerichtete Aggression, ist Selbsthemmung, allerdings häufig unterbrochen von Aggressivität und Wutattacken.

Und wie wirken Antidepressiva? Indem sie künstlich das Serotonin erhöhen, steigern sie die Stressresistenz und suggerieren zugleich das Gefühl von Erfolg. Das hebt dann auch die Stimmung. Aufgrund dieses indirekten Wirkungsansatzes braucht das oft Zeit. Genau deshalb wirken Antidepressiva in der Regel erst mit zwei Wochen Verzögerung. Wenn es durch das bessere Grundgefühl schließlich zu realen Erfolgserlebnissen kommt, kann eine depressive Krise so durchaus überwunden werden.

Andernfalls ist der Effekt der Antidepressiva nicht von Dauer. Besonders wenn die Konflikte oder die anderen Auslöser für den Dauerstress bestehen bleiben. Hier ist Psychotherapie gefragt, sonst passt sich das Gehirn schrittweise an die neuen, künstlich erhöhten Serotoninwerte an und gleicht diese aus, bis wieder der Ausgangswert erreicht ist, jetzt allerdings trotz der Medikamente. Zugleich drängt das Gehirn weiter mit Nachdruck, mit vermehrtem Stress, zur Lösung des Konflikts. Das Stressniveau steigt dadurch umso mehr. Nicht nur reicht die Wirkung des Medikaments irgendwann nicht mehr aus, sondern zusätzlich droht beim Absetzen ein heftiger depressiver Rückfall. Eine ausschließlich medikamentöse Behandlung von Depressionen erhöht damit die Rückfallwahrscheinlichkeit, außer es handelt sich um eine vorübergehende kurzzeitige Gabe in einer Stresskrise.

Psychotherapie dagegen normalisiert nachweislich und dauerhaft den Serotoninspiegel über das Bearbeiten der ungelösten Konflikte und über das Verdauen gerade der aggressiven Gefühle innerhalb der therapeutischen Beziehung. Das Risiko für neuerliche Depressionen wird so

gesenkt. Wieder erweist sich Beziehung als das Zauber-
mittel für ein zufriedenes Leben!

Nachdem wir nun, Schritt für Schritt, alle Bausteine für
ein zufriedenes Leben kennengelernt haben, ist es an der
Zeit, aus den gewonnenen Einblicken in die Tiefen unseres Gehirns praktische Konsequenzen zu ziehen.

8 Zufrieden werden ist nicht schwer

Intuition – oder: Erkenne deinen Bauch nicht nur im Spiegel

Es zieht uns zum Glück. Doch bleibt das Glück flüchtig. Das Streben nach dem kurzen Augenblick des Glückskicks treibt uns an, beflügelt unsere Fantasie zur Suche nach immer neuen kreativen Möglichkeiten der Glücksgewinnung. Auch wenn die Neurobiologie des Glücks nur einen Weg kennt, sind die Strategien zur schnellen Belohnung unendlich vielfältig. Sie reichen von den kleinen und großen Erfolgen, von neugierigen Überraschungen über Sex und Genuss bis hin zu Drogen. Doch gerade weil das Glücksstreben als Antrieb dient, werden beim Gelingen die Stellschrauben im Gehirn neu justiert. Das Glücksgefühl schwingt noch nach, dann ebbt es ab, um uns zu neuen Taten zu motivieren. Daher verraucht das Erfolgserlebnis. Daher zieht es uns wieder und wieder hin zur Lust. Und daher verlieren Drogen ihre Wirkung.

Erst die dauerhaft stabile Gewissheit, dass wir uns den Glückskick verlässlich holen, dass wir unsere Bedürfnisse stillen können, schafft die Basis für Zufriedenheit, belohnt uns mit dem ruhigen Gefühl eines gelingenden Lebensentwurfs. Das kann durch Einsicht und bewusste Lebensgestaltung gelingen. Oder auch intuitiv. Genauso kann es aber auch misslingen. Denn gerade die Richtung, in die uns unsere Intuition treibt, hängt ganz wesentlich von unseren frühen Bindungen ab. Sie bilden das Fundament für unsere Sicht auf die Welt, prägen unser Selbstbild und unsere Fähigkeit, Liebe und Lust zu empfinden. Dieser Intuition folgen wir in der Regel blind. Die rationalen Erklärungen für unser Verhalten basteln wir uns meist erst im Nachhinein hinzu.

Erst vor Kurzem zeigte eine Studie von der Florida State University abermals, wie sehr das Bauchgefühl unsere Lebensqualität bestimmt. Psychologieprofessor James McNulty präsentierte dort frisch Vermählten ein Foto ihres, respektive ihrer Angebeteten. Gleich anschließend bekamen sie die Aufgabe, Adjektive wie »großartig«, »fantastisch«, »schrecklich« oder »gruselig« so schnell wie möglich den Eigenschaften »positiv« oder »negativ« zuzuordnen. Dabei zeigte sich: Die Geschwindigkeit, mit der die Prüflinge die Worte sortierten, offenbarte ihr Grundgefühl dem Partner gegenüber zuverlässiger als alle bewussten Beteuerungen in direkten Befragungen. Der Test ließ verlässlich erkennen, ob die Ehe halten würde oder nicht. Die Nachforschung vier Jahre später brachte es an den Tag: Wer die positiven Begriffe langsamer erkannt hatte als die negativen, steckte in einer handfesten Ehekrise oder war sogar schon wieder geschieden.

Also achten Sie auf Ihre Intuition. Üben Sie, sie zu erkennen. Vermeiden Sie Konflikte zwischen Intuition und rationaler Entscheidungsfindung, denn die machen garantiert unzufrieden. Und finden Sie heraus, wo sie Ihrer Intuition trauen können und wo nicht. Denn Intuition kann uns auch fehlleiten. Dann, wenn sie in der Vergangenheit getrübt wurde, wenn aufgrund von frühen Traumen Misstrauen statt Urvertrauen zur bestimmenden Grundeinstellung im Leben wurde. Aggressive Fehlinterpretationen erschweren in der Folge das Leben und stehen der Zufriedenheit im Wege. Wenn überall Feinde lauern, kommt man nicht zur Ruhe und sabotiert dadurch Beziehungen, wenn man sie überhaupt zulässt. Dann wird Intuition zur Falle.

Grundsätzlich helfen uns unsere Bauchgefühle dabei, mit möglichst wenig Aufwand Entscheidungen zu treffen. Wir vereinfachen, wo wir nur können, gehen sparsam mit unseren Ressourcen um. Und das meist erfolgreich, selbst wenn die Entscheidung rational betrachtet komplex sein mag. Nehmen Sie die Partnerwahl. Was zerbrechen wir uns nicht oft darüber den Kopf, ob er oder sie, der oder die Richtige ist? Da wird überlegt und abgewogen. Und am Schluss entscheidet doch der Bauch nach einer ganz einfachen Regel.

Erst einmal vertrauen wir anderen. Allein schon die Tatsache, dass der oder die Auserwählte offenkundig die Bewunderung der Bezugsgruppe findet, beflügelt die Zuneigung.

Herzklopfen stellt sich ein, und es zieht uns hin zu dem anderen. Selbst wenn der Grund für das Herzklopfen ein ganz anderer ist. Wie wir gesehen haben, treibt uns auch Angst in die Arme von anderen, unweigerlich. Je waghalsiger der Gang über die schwingende Hängebrücke war, desto reizvoller erschien die am Ende wartende Schöne (siehe S. 79). Praktische Konsequenz: Suchen Sie einen Partner? Dann begeben Sie sich dorthin, wo die Gefühle toben, wo der Puls rast, und nicht in den Supermarkt um die Ecke.

Übrigens lässt sich die Regel, dem zu vertrauen, was die meisten schätzen, in handfeste finanzielle Vorteile ummünzen. Geld allein macht zwar nicht glücklich. Das konnte bewiesen werden. Doch es erleichtert das Leben in dem System, in dem wir leben, ungemein. Noch einmal Gerd Gigerenzer. Er befragte Laien auf der Straße, welche der Aktien, die den Deutschen Aktienindex (DAX) abbilden, sie kannten. Dann wählte er die wenigen Titel aus, die selbst den Uninformiertesten noch bekannt waren, und investierte in diese Werte rund 5000 Euro. Und siehe da, binnen eines halben Jahres hatte sein Depot um 47 Prozent an Wert gewonnen und damit deutlich über dem allgemeinen Durchschnitt zugelegt. Wesentlich besser als die im selben Zeitraum von Finanzexperten verwalteten Fonds. Gratulation!

So wertvoll die Intuition auch ist, so anfällig ist sie zugleich für unbewusste Fallstricke. Unerfüllte Sehnsüchte nach Sicherheit und immer wieder nach dem Verstehenwollen von allem und jedem locken nur allzu leicht in vereinfachende Erklärungsmodelle, wie sie Religion und Esoterik bereithalten. Gegen das Hineintappen in diese Fallen hilft nur, das Frontalhirn zu nutzen. Denn wenn ich die Abgründe meiner Psyche kenne, dann kann ich zumindest hin und wieder verhindern, dass ich mich in ihnen verstricke. Das bewusste Trainieren von Einsicht in sich selbst oder – wie es zeitgemäß heißt – von Achtsam-

keit hilft so dabei, zufrieden zu werden. Ebenso die Psychoanalyse. Denn sie verschafft Einblicke in das eigene
Unbewusste und in seine verschlungenen Regungen, und
sie bietet zugleich eine therapeutische Beziehung an, um
alte Gefühlsreste zu verdauen. So kann selbst nachträglich
noch gelernt werden, Verhaltensimpulse bei Bedarf zu
hemmen. Das gelingt nicht immer, aber immer öfter,
wenn es bewusst in der Realität geübt wird. Übung macht
den Meister. So wie schon das Kind durch stetiges Wiederholen lernt, vor allem, wenn Gefühle beteiligt sind und
wenn Erwachsene mit gutem Beispiel vorangehen.

Übung für den Alltag: Lächeln ist gesund

Haben wir uns klargemacht, wie das Gehirn aufgrund seiner Struktur permanent zur Selbstverstärkungstendenz
neigt, erkennen wir, wie wichtig es ist, schädliche Verhal-
tens- und Denkmuster rechtzeitig zu durchbrechen. Bes-
tes Beispiel: Sucht. Ist die erst einmal im Gehirn verankert, bekommt man sie nur schwer wieder los. Doch auch
banale Alltagsangewohnheiten schleifen sich ein, wenn
wir ihnen nicht gegensteuern, selbst wenn sie unsinnig
sind. Die kleinen dummen Angewohnheiten vom Finger-
nagelbeißen bis zum Nasebohren. Solange sie unser Überleben nicht entscheidend behindern, bleiben wir ihnen
treu. Es sei denn, wir gewöhnen sie uns bewusst ab. Und
auch umgekehrt gilt das, lassen sich doch von uns er-
wünschte Eigenschaften fördern und ausbauen. Lächeln
lässt sich üben, und es hebt die Stimmung. Der Weg zur

Zufriedenheit steht zwar unter dem Einfluss der Vergangenheit, aber er kann aktiv gestaltet werden. Das Gehirn ist und bleibt lernfähig.

Paul Ekman ist Anthropologe und Psychologe. Zuletzt war er an der University of California in San Francisco tätig, und er ist laut dem *Time Magazine* einer der 100 einflussreichsten Menschen auf unserem Planeten. Sein Forschungsgebiet sind die Mikroexpressionen, die kleinen Muskelbewegungen, die unsere Mimik und damit unsere nonverbale Kommunikation beherrschen. Da die Mimik oft unwillkürlich abläuft, lässt sich an ihr einiges über die wahren Gedanken ablesen. Über das, was sich hinter den Worten verbirgt. Doch nicht nur das. Ekman hat ebenfalls gezeigt, dass sich die normalerweise unbewusst einstellende Mimik bewusst einüben und dadurch gezielt nutzen lässt. Und mehr noch, dass sogar dieser Effekt zur Selbstverstärkung neigt und damit in beiden Richtungen wirksam ist. Nicht nur lächeln wir, wenn unsere Stimmung gut ist. Nein, wir können auch mithilfe eines eingeübten Lächelns unsere Stimmung heben. Allerdings wohl nur, solange uns das Lächeln nicht vergeht, weil gerade andere Gefühle unsere Stimmung beherrschen.

Am besten funktioniert das Einüben von Gefühlen jedenfalls, wenn wir dabei nicht allein sind, sondern wenn unsere Spiegelzellen lebendig angeregt werden, weil uns ein nettes Gesicht anlächelt und wir das Lächeln erwidern. Sie kennen das sicher: Lachen ist ansteckend. Am besten in einer Runde. Und am allerbesten in einer Runde, in der einer der Anwesenden krampfhaft versucht, ernst zu bleiben, weil er die Situation so gar nicht komisch findet. Was haben mein Vater und meine Geschwister früher geprustet vor Lachen, wenn wir alle zusammen bei Kerzenschein in der Vorweihnachtszeit am Tisch saßen und meine Mutter uns zum Adventliedsingen animieren wollte. Ein Blick genügte, und wir waren nicht mehr zu halten. Sie ausgenommen.

Doch keine Sorge. Das Einüben von Selbstkontrolle soll kein Selbstzweck sein. Und es schließt mit ein, gezielt loslassen zu können, wo Kontrolle hinderlich ist. Es geht hier also nicht um die Perfektionierung des totalen Menschen. Sondern gut genug ist genug. Sonst entsteht nur künstlich Stress. Und Stress im Übermaß ist ja bekanntermaßen ungesund. Wer leichter zufriedenzustellen ist, lebt zufriedener. Wer andauernd nach Perfektion strebt, macht sich das Leben nur unnötig schwer. Auch das haben psychologische Studien an den Tag gebracht. Sie belegen, dass Menschen, die krampfhaft versuchen, ihr Leben bei Arbeit, Einkäufen und Freizeitaktivitäten zu maximieren, häufiger an Depressionen und Selbstvorwürfen leiden. Kein Wunder, wenn ihnen nichts gut genug ist.

Demgegenüber verfügen die sogenannten Satisfier, die sich spielend leicht zufriedengeben, über mehr Optimismus, Selbstachtung und Lebenszufriedenheit. Das leuchtet ein, wenn man sich die Hintergründe von Perfektionsstreben ansieht. Unbewusst geht es dabei meist um einen Wunsch nach möglichst umfassender Kontrolle. Wenn ich etwas perfekt kann, dann habe ich alles im Griff und brauche ich keine Angst zu haben vor der Katastrophe, die ich eigentlich andauernd befürchte.

Ebenso kann Perfektionsstreben aus Geltungsdrang heraus oder aus der tief verwurzelten Überzeugung entstehen, dass ich vom Leben oder von wem auch immer ungerecht behandelt wurde. Dann will ich jetzt endlich den Ausgleich dafür haben. Und der muss groß sein, so perfekt wie nur möglich. Alles andere reicht mir nicht. Selbstverständlich gibt es kreative Ausnahmen, wo der Wunsch nach Perfektion durchaus seine Berechtigung hat. In der Kunst etwa oder in der Musik. Im alltäglichen Leben allerdings bewährt sich diese Strategie meist ganz und gar nicht.

Fazit: Zufriedenheit im Alltag ist keine Hexerei. Vor allem die Einsicht in unsere Bedürfnisse und ihre Befriedigung werden von unserem Gehirn belohnt. Morphium und die in ihrer Wirkung verwandten Endorphine beschenken uns dann mit einem stabilen guten Gefühl.

Die Vorliebe für Ketchup

Was für Bedürfnisse wir haben, entscheidet sich nicht selten ganz früh. Wir verfügen über ein umfangreiches Spektrum an genetischen Anlagen. Doch welche davon aktiviert werden, bestimmen unsere frühen Erfahrungen. Und die beginnen lange vor der Geburt. Alles, was über das mütterliche Blut beim Ungeborenen ankommt, beeinflusst potenziell seine späteren Vorlieben. Das Gleiche gilt nach der Geburt für die Muttermilch. Da ist es nicht egal, ob die echt oder künstlich ist. Ketchup brachte das an den Tag. Wer als Säugling in den Sechzigerjahren mit

Muttermilchersatz gefüttert wurde, entwickelte eine Vorliebe für vanillinhaltiges Ketchup – der Babynahrung wurde damals nämlich Vanillin beigemengt. Der Einfluss geht jedoch noch weiter, so weit, dass der heutige Trend zu Barrique-Weinen ebenfalls seine Wurzel in der Babynahrung der Sechzigerjahre haben dürfte. Der Geschmack, der von den Eichenfässern in den Wein übergeht, hat nämlich Vanillinanteile. Damit gilt wohl auch hier: Früh übt sich, wer ein Meister werden will.

Mag es auf den ersten Blick scheinen, als seien wir vor allem auf den Konsum von Nahrung und Sex aus – die Werbung suggeriert uns das tagtäglich –, unsere psychischen Grundbedürfnisse sind andere. Wir haben gesehen, dass unser Beziehungsleben und unser Streben nach eigenständigem Bewirken die Basis von Zufriedenheit sind. Vorausgesetzt natürlich, Bauch und Liebesleben sind ausreichend gesättigt.

Wenn nicht alles möglich ist

Bedauerlicherweise ist unsere Umwelt kein Schlaraffenland endloser Wunscherfüllung. Daher müssen wir lernen, aktiv für die Befriedigung unserer Bedürfnisse zu sorgen. Allein schon deshalb, weil dann das Bewirken nicht zu kurz kommt. Oder wir lernen Verzicht. Prinzipiell gibt es immer diese beiden entgegengesetzten Wege, um zufrieden zu werden.

Wir können uns also in bunter Vielfalt mit Menschen umgeben, die unsere Wünsche teilen, und so gemeinsam mit ihnen der Befriedigung entgegenstreben – ja, Sex ist gesund – oder wir können uns der Askese verschreiben und durch das bewusste Absenken unseres Bedürfnisniveaus das, was die Umwelt zu bieten hat, als befriedigend hinnehmen. Allerdings funktioniert das nur in gewissen, individuell ganz verschiedenen Grenzen. Abhängig von unseren früheren Erfahrungen und den aus ihnen verbliebenen Sehnsüchten und Konflikten.

Doch auch ein noch so asketischer Lebensansatz wird über kurz oder lang auf reale Frustrationen treffen. Dann brauchen wir Kraft, um sie zu überwinden. Meist ist das Gefühl, das diese Kraft zum Ausdruck bringt, Wut. Die Kunst besteht darin, ebendiese Wut zu nutzen. Wut macht stark, wenn sie gezielt eingesetzt werden kann. Und das will – oder besser: muss gelernt sein. Am besten und üblicherweise in der Kindheit.

Sie alle kennen das: Ein Kind wirft sich im Wutanfall auf den Boden und brüllt der Mama entgegen: »Ich hasse dich. Ich will dich nie wiedersehen.« Besonders typisch ist das etwa im Alter von zwei bis drei Jahren. Wenn das Kind jetzt von seinen Eltern lernt, wie es mit dieser Wut umgehen kann, ist viel gewonnen. Denn ein konstruktiver Umgang mit Aggression hilft auf dem Weg in ein zufriedenes Leben. Verständnis (»Ich verstehe, dass du jetzt wütend bist, weil du kein Eis bekommst«), aber zugleich Konsequenz und Erläuterung (»Es bleibt dabei, denn du hast gestern schon eins gehabt«) heißt dabei die Zauberformel. Idealerweise ergänzt durch Vorschläge, konstruktiv mit dem heftigen Gefühl umzugehen (»Komm jetzt, du kannst mir beim Kuchenbacken helfen«).

Wird hingegen auf Dauer nicht gelernt, wütende Impulse konstruktiv zu nutzten, dann bleiben sie irgendwann als Depression im Halse stecken oder sie entladen sich in spontaner Aggression. So wie beim erwachsenen Choleriker, der nach Belieben Mitarbeiter feuert, mit unzüchtigen Gesten andere Autofahrer traktiert oder permanent seine Familie terrorisiert. Weil er nicht gelernt hat, seine Gefühle zu kontrollieren, sie zu erkennen und gezielt einzusetzen, gibt er sich mehr oder weniger unfreiwillig der Lächerlichkeit preis. Wieder sind es die Menschen der Umgebung, die frühen Bindungen, die mit Liebe und mit klaren Grenzen das Frontalhirn des Kindes so trainieren helfen müssen, dass es als Erwachsener nicht Sklave seines limbischen Systems bleibt.

Warten auf den Mäusespeck

Der Umgang mit Gefühlen führt zu einer Reifung des limbischen Systems und zugleich zu einer Weiterentwicklung des abstrakten Denkens, da hierdurch die Integration vom Bild anderer und damit letztlich auch vom eigenen Selbstbild gefördert wird. Wenn die Mama, die ich gerade hasse, dieselbe ist wie die, die ich sonst liebe, dann wachsen unterschiedliche Teilbilder zu einem Gesamtkonzept zusammen. Andernfalls bestehen zwei Mutterkonzepte fort, die nur gute und die nur böse Mutter. Streng getrennt voneinander, gespalten. Bei fehlender Integration bleibt dieses an sich frühe psychische Entwicklungsstadium ein Leben lang erhalten. Es stimuliert in der Folge Partner-

schaften durch impulsiven und abrupten Wandel des Be-
ziehungsangebots zwischen Liebe und Hass, oft in Sekun-
denschnelle, und treibt sie so über kurz oder lang in den
Abgrund. Mit der Integration wird zugleich der Faktor
Zeit in die psychischen Konzepte eingebaut. Wenn ich
weiß, dass die wütende Mutter mich später wieder lieb haben und dass meine eigene Wut verrauchen wird, dann
habe ich eine erste Vorstellung von Zeit gewonnen.

Auch diese Fähigkeit zur zeitlichen Abstraktion lässt
sich in einem klassischen psychologischen Test nachweisen: dem Marshmallow-Test. Erfunden hat ihn der Wiener Walter Mischel, der wie so viele Bürger der Stadt mit
der Machtergreifung der Nazis 1938 in die Vereinigten
Staaten emigrieren musste. Der Test ist simpel. Sie können ihn spielend leicht selbst zu Hause durchführen.
Vierjährige erhalten ein Marshmallow, zu deutsch »Mäu-
sespeck«, eine bei Kindern in den USA beliebte Süßigkeit,
und werden danach vor die Wahl gestellt, es entweder
gleich zu essen oder aber einige Minuten abzuwarten und
dann als Belohnung für ihr Warten noch ein zweites da-
zuzubekommen. Wer warten kann, hat den Test bestanden. So einfach er ist, so aussagekräftig ist er zugleich,
erlaubt er doch verlässliche Vorhersagen selbst über den
späteren akademischen Erfolg und andere Persönlich-
keitseigenschaften der getesteten Kinder. Eigentlich kein
Wunder, ist das Wartenkönnen auf die erhoffte Belohnung doch eine wesentliche Voraussetzung dafür, sich
beim Erbringen komplexer Leistungen bei Laune zu halten, etwa um eine langjährige Ausbildung zu absolvieren
oder um ein Buch zu schreiben.

Gefühle richtig verdauen

Mag es auf den ersten Blick auch merkwürdig erscheinen, letztlich lässt sich der Umgang mit Gefühlen durchaus anschaulich mit einem Verdauungsvorgang vergleichen. Ich erwähnte es schon. Allerdings einem, der gelernt werden muss. Hierzu müssen die Erwachsenen die Gefühle ihres Kindes möglichst intuitiv erfassen, sie im Idealfall auffangen und erklären, dabei ein Stück weit verständnisvoll teilen und so beispielhaft gemeinsam mit ihrem Sprössling verdauen. Sie kennen das sicher aus eigener Erfahrung: das Teilen von Gefühlen und wie sie dadurch beherrschbarer werden – beim Trösten.

Alle Forschungsergebnisse deuten ja darauf hin, dass die Kombination aus sicherer Bindung und gelebtem Modell in der Alltagsrealität die Grundlage für eine stabile Psyche bildet. Diese Erkenntnis ist einfach und doch wichtig, weil zahlreiche gesellschaftliche Entwicklungen die Voraussetzungen für dieses emotionale Heranreifen zunehmend erschweren. Nicht nur nimmt auch für Kinder der Stress durch den allseits propagierten Leistungsdruck permanent zu, zugleich und wahrscheinlich noch wesentlicher fehlt oft ein lebendiges Beziehungsumfeld mit dem darin möglichen Spiegeln, Erfassen und Verdauen von Gefühlen. Wenn überhaupt, dann werden Kinder deshalb zu »Tyrannen«.

Die meisten Primaten und, eng mit ihnen verwandt, die meisten Menschen leben in größeren Gemeinschaften. Darin ist für das Abfedern von Gefühlen fast immer jemand verfügbar, und ohne viel Aufwand lassen sich unterschiedlichste Beziehungsmuster und Bewältigungsstrategien lernen. Doch bei uns geht heutzutage die Entwicklung in eine andere Richtung. Statt realer Beziehungen müssen sich unsere Kinder oft mit virtuellen Alternativen in Form von Fernsehen und Internet begnügen. Und die sind emotionale Einbahnstraßen. Sie spiegeln nicht, sie bieten allenfalls Modelle, die kopiert werden können.

Aber nicht nur das. Da zudem der Kommerz Einschaltquote und Anzahl von Klicks zum entscheidenden Kriterium für die gesendeten und ins Netz gestellten Inhalte macht, wird dort vor allem um Aufmerksamkeit gebuhlt. Und neben Sex versetzt uns nichts stärker in gespannte Erregung als Gewalt. Das war zum Überleben hilfreich und ist es je nach Wohnort immer noch. Denn Gewalt bedeutet Gefahr, und je früher ich die erkenne, desto eher kann ich reagieren.

Die Medien wissen, dass Gewalt unsere Aufmerksamkeit erzwingt, und nutzen das aus. Je nach Medienart mehr oder weniger. Einen konstruktiven Umgang mit Gefühlen lernt man beim medialen Gewaltkonsum nicht. Nicht als Erwachsener und noch weniger als Kind. Wenn außerdem vor dem Bildschirm niemand da ist, der die durch den Medienkonsum angeheizten Gefühle auffängt, stauen sie sich erst recht an, unverdaut. Legen den Grundstein für Jugendgewalt und für psychische Probleme.

Da auch Bewegung vor der Mattscheibe kaum stattfindet, gerade Kinder aber körperliche Aktivität brauchen, wird das Kind zum Zappelphilipp. Kann es nicht ruhig sitzen, kann es sich nicht konzentrieren. Der gut gemeinte Rat oder genervte Befehl: »Reiß dich doch zusammen!«, verhallt wirkungslos, steigert die Unruhe nur weiter, da er zusätzlichen Stress bedeutet. Wie beschrieben, nennen wir das heutzutage ADHS und geben Tabletten. Doch was fehlt dem Kind anderes als ein von einer sicheren Bindung begleitetes Heranführen an das Zurechtkommen in der Welt? Gibt es ein brauchbareres Übungsfeld für die Frustrationstoleranz als das wirkliche Leben?

Es ist also ganz einfach – eigentlich. Wir benötigen zumindest eine stabile sichere frühe Bindung, besser noch ein ganzes Spektrum. Werden zudem schwere Traumen vermieden, steht dem Eintritt in ein eigenverantwortliches Leben und damit in eine zufriedene Selbstentfaltung kaum noch etwas entgegen. Einfacher ist das fraglos, wenn mehrere Bezugspersonen greifbar sind, wenn – wie in Großfamilien – verschiedene Generationen ihre Lebenserfahrungen an das Kind weitergeben können. Denn dann verteilt sich die Sorge für das Kind auf mehrere Schultern. Der Stress für den Einzelnen ist geringer. So wie bei unseren Vorfahren und bei unseren nächsten Verwandten.

Das kleine Einmaleins der Zufriedenheit

Konkret geht es um folgende psychische Lerninhalte als Basis für eine zufriedene Lebensgestaltung: Gefühle – vor allem eigene Aggressionen – erkennen, verdauen, im besten Falle nutzen lernen; Konflikte lösen können, bewusste ebenso wie tiefer liegende; Betätigungsfelder für das Entfalten von Wirkmächtigkeit und Genuss finden. Basis

dieses Lernens sind immer Beziehungen, in denen vorgelebt und emotional geteilt werden muss, wie das Leben
funktioniert. Belohnen wir unsere Psyche zusätzlich noch
mit gelegentlichen Glücksmomenten, erschließt sich auch
der Sinn des Lebens ganz von selbst, ganz ohne religiöse
oder esoterische Ersatzentwürfe. Das Leben selbst wird
dann als das Wesentliche erkannt.

Mit so einem Erfahrungsschatz sind wir im Spannungsfeld zwischen Beziehung und Bewirken, zwischen Geborgenheit und Neugier, offen für das Leben, in jedem Moment, und vernachlässigen dabei nicht die kleinen Freuden
des Lebens, die wir besonders intensiv durch Kontraste
erleben.

Das Salz in der Suppe

Noch heute erinnere ich mich an eine Wüstenfahrt durch
die Kalahari in Botswana, die jetzt 27 Jahre zurückliegt.
Der Staub der Piste klebte am ganzen Körper, als unsere
kleine Gruppe in dem verschlafenen Städtchen Maun an-
kam. Zwei Steinbauten gab es dort damals, eine Bank und
eine Versicherung, der Rest bestand aus Wellblechhütten.
Eine davon war ein Lebensmittelladen, drinnen ein Kühlschrank mit eisgekühltem Perrier. Es schmeckte wie
Champagner. Der erste Schluck Wasser nach einer Fahrt
durch die Wüste versetzte das Belohnungszentrum meines Gehirns in höchste Verzückung, weil der Durst mein
Bedürfnis nach Wasser schon stark angeheizt hatte. Und
dann kam noch die besser als erwartet ausgefallene Über-

raschung hinzu, dass es fein perlend und eiskalt war. Einfach herrlich. Als jedoch der Durst gestillt war, setzte Gewöhnung ein. Wasser war irgendwann wieder nur Wasser.

Diese Erkenntnis, dass wir Kontraste besonders intensiv erleben, können wir bewusst nutzen. Wir können uns auf die Suche nach neuen Eindrücken machen, die der letzten Erfahrung einen Kontrast entgegensetzen. Zugleich sollten wir unser Genussleben regelrecht trainieren, um es so richtig in Fahrt zu bringen. Sind doch viele Genüsse beim ersten Mal noch gar nicht im ganzen Ausmaß ihrer Intensität erlebbar. Käse, Austern, Rotwein, die Musik Richard Wagners, Sex. Die Liste ist so endlos wie der Einfallsreichtum des Menschen. Hundertjährige Eier, Affenhirn, die Leber des Kugelfisches. Ohne Übung kein Genuss. Ist der aber erst einmal gefunden, dann wird er mit der Zeit immer intensiver, weil vor jedem nächsten Mal die Vorfreude die Erwartungshaltung anfeuert und damit den Genuss verstärkt. Vorfreudige Begeisterung ist das Schmieröl für späteren Genuss.

Außer er wird zur Routine. Essen wir jeden Tag Kaviar, so wird irgendwann das Wurstbrot zur Delikatesse. Einfach weil unser Gehirn die Abwechslung liebt. Denn was zur Selbstverständlichkeit geworden ist, stimuliert nicht mehr unser Motivationssystem. Es ist also empfehlenswert, im Alltag auf Abwechslung zu achten, sich verschiedene Lustbereiche zu erschließen und ein Leben lang von einem Genuss zum nächsten zu pilgern. Und dabei stets wieder rechtzeitig aufzuhören, nämlich dann, wenn es am schönsten ist.

Auch das ist wissenschaftlich untermauert. Eindeutig wird die Erinnerung am stärksten geprägt vom Gefühl am Ende eines Ereignisses. Der israelisch-amerikanische Wirtschafts-Nobelpreisträger Daniel Kahneman fand diese Peak-End-Regel in einem klassischen Experiment. In einem ersten Versuchsdurchgang wurde den Teilnehmern über Kopfhörer ein acht Sekunden lang dauernder, unangenehmer Lärm vorgespielt. Im zweiten Anlauf währte die Lärmbeschallung doppelt so lang. Erst wurde der Acht-Sekunden-Lärm wiederholt, anschließend spielte man weitere acht Sekunden lang eine weniger nervige Belästigung ein. Danach befragt, welche der beiden unangenehmen Erfahrungen sie lieber noch einmal durchleben würden, antwortete die überwältigende Mehrheit der Teilnehmer: »Die zweite«, obwohl die objektiv betrachtet ja unangenehmer war. Subjektiv aber erschien sie als die angenehmere. Also, verlassen Sie die Party, wenn sie am schönsten ist. Denn der letzte Eindruck bleibt am stärksten im Gedächtnis hängen.

Börsenweisheiten – von häufigen kleinen Gewinnen und seltenen großen Verlusten

Und wenn die Party mies ist? Meiden Sie sie das nächste Mal. Suchen Sie das Positive, so oft es geht. Meiden Sie das Negative. Genau nach dieser Regel funktioniert auch die Börse. Schon die Erwartungshaltung stimuliert. Die Kurse steigen langsam, Stück für Stück. Gewinne gilt es auszukosten. Jeder einzelne ist ein Dopaminstoß. So belohnen uns viele kleine positive Ereignisse mehr als ein großes. Umgekehrt gilt das genauso. Viele kleine Verluste oder andere negative Erlebnisse in Dauerfolge zermürben uns mehr als ein großer Verlust.

Damit sollte Positives, damit sollten Gewinne in wohldosierte, häufige Einheiten aufgeteilt, Verluste und andere Katastrophen hingegen gebündelt werden. Vor allem da wir dazu neigen, schlechte Erfahrungen stärker zu bewerten als gute. Das hat sich in der Evolution bewährt, um uns das nächste Mal vor der negativen Erfahrung zu schützen. Also, wenn es ganz mies kommt: Augen zu und durch. So wie im Crash. Sofern man nicht aus dem Fenster springt, wenn es kracht, ist der übliche Verlauf an der Börse von langsam steigenden und schnell fallenden Kursen psychologisch gesehen durchaus eine gute Strategie.

Problematisch für den Privatanleger ist dabei nur die aufgezwungene Passivität. Er schaut zu. Die Kurse machen andere. Im Crash wird der Blick auf den Bildschirm zum Kontrollverlust. Denn die Passivität steht unserem Bedürfnis, selbst zu bewirken, genauso entgegen wie dem Wunsch, aufkeimende Angst durch aktive Kontrolle einzudämmen. Machtlosigkeit und Ärger über die kostspieligen Konsequenzen können sich dann zur Panik aufschaukeln. Da die eigene Wut in die Welt hinausprojiziert wird, erscheint die ganze Welt auf einmal gefährlich, macht Angst. Frei nach dem Motto »Wenn die Welt genauso wütend ist, wie ich es gerade bin, dann sollte ich verdammt Angst haben«. Die Vorstellung über die weitere Zukunft kann so, angeheizt von Wut und Panik, in

totale Hoffnungslosigkeit münden. Zugleich fehlt die
Möglichkeit, aktiv einzugreifen. Dann drohen Kurz-
schlusshandlungen.

Mitmachen ist alles – auch in der Politik

Aktives Handeln wird vom Gehirn belohnt. Denn das
Gestalten, das handfeste Erleben von Wirkmächtigkeit,
ist ja eine der beiden zentralen Säulen unseres psychischen Wohlbefindens. So können selbst simple Tätigkei-
ten entscheidende Auswirkungen haben. In einem Alters-
heim, in dem das Blumengießen an die Heimbewohner
delegiert wurde, blühten nicht nur die Blumen auf, auch
die Bewohner gewannen neuen Lebensmut hinzu angesichts der gestiegenen Verantwortung. Sie begannen sogar
von sich aus andere kleinere Aufgaben zu übernehmen
und fühlten sich insgesamt glücklicher. Mit Folgen: Sie
wurden seltener krank und lebten deutlich länger.

Es lohnt sich also, aktive Beschäftigung statt passiven
Konsum zu suchen. Bei der Arbeit und in der Freizeit.
Eigenständiges Handeln, egal welcher Art, ist besser als
passives Fernsehen oder Internetsurfen. Vor allem, wenn
am Ende ein selbst geschaffenes Ergebnis steht. Kommen
dann noch wohltuende Beziehungen hinzu – in Teamar-
beit, im Mannschaftssport, beim Musizieren – ist schon
sehr viel getan für eine zufriedene Lebensgestaltung.

Übrigens gilt der Wunsch nach aktivem Eingebunden-
sein auch für die Politik. Hat der Bürger, haben wir das
Gefühl, aktiv etwas bewirken, aktiv mitentscheiden zu

können, steigt die Zufriedenheit mit dem System. Nicht umsonst schneiden in Umfragen zur Lebenszufriedenheit die Länder am besten ab, deren Bewohner aktiv in die politischen Entscheidungen ihres Landes eingebunden sind. Vor allem die Schweiz mit ihrer langen Tradition direkter Demokratie ist da beispielgebend. Und selbst dort gibt es Unterschiede zwischen den einzelnen Kantonen. Faszinierend ist dazu das Ergebnis einer internen Studie. Es bestätigt, was die Hirnforschung nahelegt: Je mehr die Bewohner eines Kantons in ihrer Politik mitwirken können, desto wohler fühlen sie sich. Der Einfluss ist so massiv, dass ein Umzug von Genf nach Basel-Land mehr für die Lebenszufriedenheit bringt als ein Aufstieg von der untersten in die höchste Einkommensgruppe. Mitmachen ist alles. Dann kann selbst Politik begeistern.

Das ewige Hin und Her zwischen Neugier und Treue

Begeisterung treibt uns an. Dafür sorgt das Dopamin. Nicht nur das lustvolle Kitzeln unserer Sinneszellen und keineswegs allein Geld berauschen uns. Gerade Erfolg beflügelt, bei der Arbeit oder in der Freizeit, und ebenso lassen wir uns hinreißen von Liebe, Lust und Leidenschaft. Doch gerade dahinter verbirgt sich ein latenter Konflikt. Unsere hirneigene Sucht nach Neuem drängt uns zu Glücksmomenten in immer neuen Varianten auch im Liebesspiel und damit potenziell zu ständig neuen

Partnern. Zugleich sehnen wir uns aber nach Geborgenheit in stabilen Bindungen.

Unsere psychischen Bedürfnisse unterwerfen uns – je
nach individueller Ausstattung mit Dopamin- und Oxytocinrezeptoren – einem konstanten Balanceakt. Wie der
Säugling, der auf dem Boden davonkrabbelt, um zu seinem bunten Spielzeug zu gelangen. Er vergewissert sich
alle paar Augenblicke, dass seine Mama noch da ist. Erst
dann geht es weiter zur Stereoanlage oder besser noch zur
bunten Tischdecke, die sich so herrlich vom Tisch ziehen
lässt, sodass dann klirrend das Geschirr scheppert. Dieses
Hin und Her zwischen Sicherheit und Neugier, dieses erst
mit dem Tod endende Dilemma, wird je nach Kultur un-
terschiedlich gelöst.

Bei uns im Herzen des alten Europas besteht die häu-
figste Lösung im Streben nach einem gemeinsamen Ausleben der Neugier. Vorausgesetzt natürlich, die frühen
Bindungen boten uns Sicherheit, denn sonst pfeifen wir ja
auf Beziehungsstabilität. Zusammen mit dem Partner erobern wir uns die Welt und suchen nach immer neuen
Varianten von Lust und Genuss. Dabei nutzen wir die
Macht unserer Spiegelzellen, um uns gegenseitig anzu-
feuern. Auf Reisen, bei kulinarischen Höhenflügen, beim
Tanz, beim Feuerwerk des gemeinsamen Orgasmus. So
verschmelzen die Neugier des Dopamins und die Bezie-
hungsmacht des Oxytocins.

Zeitlebens ist die Sehnsucht nach Geborgenheit, ge-
speist von der Erinnerung an die frühste Kindheit, der
Gegenpol zur Neugier. Wie die Luft zum Atmen brauchen wir Vertraute, die uns umgeben. Wichtig dabei ist

die Erkenntnis, dass wir als Erwachsene prinzipiell frei sind, uns unsere Beziehungen selbst auszusuchen. Unsere Eltern bekommen wir vorgesetzt, ob wir wollen oder nicht. Später im Leben können wir frei wählen, wen wir zum Partner oder zum Freund nehmen. Allerdings tappen wir dabei oft in die Falle, genau die Muster von Neuem durchzuspielen, die uns von früher Kindheit her vertraut sind. Diesem unbewussten Sog können wir nur durch bewusste Einsicht entkommen. Andernfalls neigen vor allem Opfer-Täter-Beziehungen zur Wiederholung.

Beziehungsstress und Sucht

Weil das Verharren in alten Opferrollen Dauerstress bedeutet, sind gerade Traumen eine wesentliche Ursache für die Entstehung von Depression und Sucht. Sucht ist dann nicht nur die wiederholte Suche nach dem Morphiumkick im Trauma, sondern zugleich der Versuch, dem Dauerstress zu entfliehen. Und Sucht ist ein fataler Ausweg aus dem Wiederholungszwang der alten Erfahrungen, die in einer ständigen Neuinszenierung den Alltag beherrschen. Vor allem in den durch das Trauma verzerrten Beziehungsmustern.

Gerade Stress in Beziehungen führt unmittelbar in die Sucht. Der inzwischen verstorbene amerikanische Psychologe und Suchtspezialist an der University of Washington, Gordon Alan Marlatt, machte dazu in den Siebzigerjahren einen trickreichen Versuch. Die Versuchsteilnehmer hatten ein kniffliges Rätsel zu lösen. Sie dachten, das sei ihre eigentliche Aufgabe. Doch weit gefehlt. Zwei der drei ge-

testeten Gruppen wurden vom Versuchsleiter mit herab-
würdigender und unfairer Kritik übergossen. Anschließend folgte ein vermeintlicher Getränketest, bei dem die
Teilnehmer verschiedene alkoholische Getränke nach Belieben zu sich nehmen und bewerten sollten. Dabei lang-
ten die zuvor Schikanierten bei der Trinkprobe deutlich
stärker zu als die anderen. Außer sie durften, wie in der
dritten Gruppe, vor Beginn des Getränketests ihrem Zorn
über den unfairen Versuchsleiter freien Lauf lassen. Vor
allem Ärger bereitet Stress, besonders wenn er uns von anderen zugefügt wird, und Alkohol ist eines der ältesten
Hilfsmittel der Menschheit, um Stress abzubauen. Schnell,
aber nur kurzfristig, mit langfristigen Folgen.

Der Weg hinaus aus dem Teufelskreis, sich immer wieder in alten Beziehungsmustern zu verheddern, besteht in
der Einsicht in die unbewusste Wiederholungsneigung
und im Erleben von realen neuen, gegenteiligen Erfahrungen. Hier genau setzt Psychotherapie an, ergänzt sie doch
das Verständnis von den eigenen inneren, aus der Vergangenheit gespeisten Bindungsmustern mit der Möglichkeit,
eine stabile andere Beziehungserfahrung zu machen.
Hierdurch kann es gelingen, sich von unerwünschten An-
teilen früherer Bindungen zu lösen.

Die magische Zahl Zehn

Werden erst einmal die aktuellen Beziehungen vom Ge-
strüpp der Vergangenheit befreit, dann lassen sie sich erfüllt leben, mit Partnern, Freunden, Bekannten, Verwand-

ten und Kindern. Wie der Psychologe Richard Tunney von der University of Nottingham in einer Befragung mit über 1700 Engländern herausgefunden hat, korreliert dabei die Anzahl an Freunden mit der Lebenszufriedenheit. Die magische Zahl lautet Zehn. Wer mehr als zehn Freunde hat, lebt insgesamt eher zufrieden als unzufrieden. Unabhängig davon, wann er die Freunde kennengelernt hat, ob schon im Sandkasten oder erst kürzlich. Am allerzufriedensten sind dieser Studie zufolge Männer mit 49 Freunden und Frauen mit 33 Freundinnen. Offenbar war der Freundschaftsbegriff eher weit gefasst. Freundschaften aktiv zu pflegen, erweist sich jedenfalls als ausgesprochen guter Rat. Auf längere Sicht ist er sogar lebenswichtig. Eine groß angelegte Studie aus den USA hat nämlich belegt, dass Freunde die Lebenserwartung mindestens so stark beeinflussen wie Rauchen, Bluthochdruck und Übergewicht. Allerdings mit umgekehrtem Vorzeichen.

Noch entscheidender wirken sich nur die Partnerschaft, die Häufigkeit von Sex und körperliche Bewegung auf die Lebenszufriedenheit aus. Wobei alle drei ja oft zusammen gelebt werden. Für sportliche Betätigung ist ein echter antidepressiver Effekt belegt. Für Sex gilt vermutlich das Gleiche, auch ohne dass es Untersuchungen dazu gibt, gehen doch gerade hier körperliche Aktivität und Beziehung Hand in Hand. Zumindest bei partnerschaftlichem Sex. Was will man mehr? Also legen Sie ruhig das Buch jetzt beiseite und widmen Sie sich Ihrem Partner. Der positive Effekt von Lust ist wissenschaftlich bewiesen.

Vom Sex zur Fitness

Doch was, wenn der Partner respektive die Partnerin nicht will? Genügt ihm oder ihr die Vorfreude auf ein inniges Miteinander mit Ihnen nicht, dann müssen Sie andere Wege beschreiten, um das Belohnungszentrum im Gehirn des anderen zu wecken. Vor allem positive Überraschungen spornen an, mithilfe des Dopamins. Belohnung und Überraschung sind in Beziehungen von unschätzbarem Vorteil. Fazit: Seien Sie mit beidem großzügig.

Zusätzlichen Anreiz kann dabei der Kitzel bieten, dass etwas nicht leicht zu bekommen ist, sondern nur mit Mühe. Zweijährige Kinder jedenfalls, die zwei gleichwertige Spielzeuge zur Auswahl hatten, bevorzugten das, das weniger leicht zu ergattern war. Schließlich ist ein schwer erkämpfter Erfolg ein besserer Beweis für die eigene Wirkmächtigkeit. Allerdings betrifft das vor allem die Altersgruppe derer, die sich gerade mit Laufen und Wutanfällen die Welt erobern, die sich also andauernd beweisen müssen, was sie schon alles können. Manch einer wächst da irgendwann heraus. Man sollte sich also in der Psyche und in den Vorlieben seines Partners auskennen und nicht blind darauf vertrauen, dass der es toll findet, wenn man es ihm schwer macht. Außer er ist zwei Jahre alt.

Was körperliche Bewegung abseits sexueller Aktivitäten angeht, lautet die übliche Empfehlung für die richtige Dosierung: dreimal pro Woche eine halbe Stunde Laufen, Schwimmen oder was Sie sonst so mögen. Als Minimum – doch selbstverständlich ist weniger besser als gar nichts. Übertreiben sollte man natürlich ebenfalls nicht. Denn das würde ja wieder Stress bedeuten.

Der positive Einfluss, den Bewegung auf unser Wohlbefinden hat, wurde vom mittlerweile in Dresden tätigen Neurowissenschaftler Gerd Kempermann in einem Rattenversuch bewiesen. Ein einfaches Laufrad im Käfig genügte schon, und die dadurch zum Laufen animierten Nager schnitten in Gedächtnistests deutlich besser ab als ihre bewegungsarm gehaltenen Verwandten. Der positive Einfluss von Bewegung hebt damit keineswegs nur die Stimmung, sondern die Leistungsfähigkeit des Gehirns insgesamt. Der Grund dafür ist eine Zunahme von Nervenzellwachstumsfaktoren durch regelmäßige Bewegung. Gerade Ausdauersport wirkt damit gut gegen Depressionen, weil er dem fatalen Nervenzellabbau entgegenwirkt. Wissenschaftliche Studien belegen, dass Sport bei leichteren Depressionen genauso effektiv ist wie Antidepressiva. Dass er damit ebenso gegen Alzheimer schützt, liegt auf der Hand. Und natürlich lassen sich durch Bewegung Aggressionen und Stress abbauen. Folglich sinkt das Cortisolniveau.

Einfacher ist Sport oft in Gemeinschaft. Und einfacher wird er durch Gewöhnung, durch Regelmäßigkeit. Kommt zur körperlichen Fitness noch eine gesunde, ausgewogene Ernährung hinzu, ist eine solide Grundlage geschaffen, um sich in einem gut umsorgten Körper der Erfüllung der psychischen Bedürfnisse zu widmen. Aller Anfang mag schwer sein, doch das Aufraffen zum Pflegen des eigenen Körpers lohnt sich. Sein Wohlergehen sollte Ihnen am Herzen liegen. Behandeln Sie Ihren Körper pfleglich. Schließlich existiert keine Psyche ohne Körper, zumindest noch nicht.

Von der Kunst, aktiv loszulassen

Regelmäßige Bewegung hält noch einen weiteren Bau-
stein für mehr Zufriedenheit parat. Gerade im Sport lassen sich besonders leicht Flow-Erlebnisse gewinnen: Das
andauernde Hochgefühl, wenn vorfreudige Erwartung
und Belohnung für das Erreichte ineinander übergehen
und sich so selbst weiter anfeuern. Denn eine frei gewähl-
te und wohldosierte körperliche Aktivität lässt sich gut
den eigenen Fähigkeiten anpassen und ermöglicht so die
für die Entstehung eines Flow erforderliche ausgegliche-
ne, weder über- noch unterfordernde Tätigkeit, in der sich
unter dem Einfluss des Morphiums das Frontalhirn weitgehend abschaltet. »Ich laufe, um Leere zu erlangen«, beschreibt es der japanische Schriftsteller und Läufer Haru-
ki Murakami in seinem Buch *Wovon ich rede, wenn ich vom
Laufen rede*. Wichtig dabei ist, es richtig zu machen: Das
bedeutet, mit einem Puls von 70 bis 80 Prozent der maxi-
malen Leistung. Die errechnet sich leicht nach der folgenden Formel: 220 minus Lebensalter. Und davon dann
80 Prozent.

Doch auch bei geistiger Tätigkeit kann sich ein Flow
einstellen. Ideal ist es daher, wenn Sie sich eine Arbeit
suchen, die genau dieses Eintauchen ermöglicht, in der
Sie sich so vergessen und verlieren können wie ein Kind
beim konzentrierten Spielen. Wenn das nicht gelingt,
sollten Sie sich zumindest ein Hobby gönnen, das Ihnen
das Entspannungspotenzial des Flows bietet. Denn Flow
genauso wie Meditation erlauben ein zeitweiliges Zu-
rücksinken in den emotionalen Zustand vorgeburtlicher

Geborgenheit und ermöglichen so ein Auftanken im Zustand weitgehender Stressfreiheit.

Weil Stress sich massiv auf unser Wohlbefinden auswirkt, ist gerade die bewusste Steuerung des eigenen Stresshaushalts von besonderer Bedeutung für eine zufriedene Lebensgestaltung. Sowohl Unter- als auch Überforderung sollten vermieden werden. Denn beide bedeuten Stress. Natürlich lässt sich das einfacher sagen als in die Tat umsetzen, da das wirkliche Leben ganz von allein immer wieder massiven Stress bereithält. Gerade heutzutage. Doch genau deshalb ist es umso wichtiger, gezielt Pausen im hektischen Alltag einzuplanen, um übermäßigen Stress abzubauen, und Aktivitäten, die eine stimulierende Anforderung bieten, im besten Fall verbunden mit Flow-Erlebnissen. Dabei liebt unser Gehirn das Gewohnte, strebt aber zugleich neugierig nach Abwechslung. Und sei es nur, dass Sie beim Laufen die Laufstrecke wechseln. Wieder zeigt sich, wie wichtig es ist, seine eigenen Bedürfnisse zu kennen, um gut für sich sorgen zu können.

Vorfreude – oder: Das Geheimnis der Zeit

Gerade im Zeitmanagement besteht in unserer Gesellschaft ein drastischer Nachholbedarf: Noch längst haben wir keine richtige Dosis gefunden, um mit den beiden Polen Aktivität und Entspannung so umzugehen, dass wir dabei das eigene Wohlergehen im Blick haben. Zwischen dem, was wir als gut für unser eigenes Wohlbefinden einschätzen, und der Zeit, die wir in Wirklichkeit täglich dafür reservieren, bestehen in der Praxis erschreckende Diskrepanzen. Auch das hat Daniel Kahneman getestet, in Texas, im Jahr 2004, an Frauen mittleren Alters. Ihre liebste Tätigkeit war: Sex. Und wie viel Zeit verbrachten sie damit durchschnittlich am Tag? Gerade einmal zwölf Minuten. Am unteren Ende des Lustspektrums rangierten, selbst noch hinter der Haushaltsarbeit, der Beruf und das Pendeln dorthin, also die Fahrerei. Und trotzdem verbrachten die Befragten im Durchschnitt jeden Tag sieben Stunden bei der Arbeit und pendelten darüber hinaus noch eineinhalb Stunden. Was für ein riesiger Verbesserungsbedarf! Vielleicht erklären sich so die zweieinhalb Stunden, die diese Frauen dann täglich am Telefon saßen, um sich bei ihren Freundinnen auszuweinen.

Doch wie sieht es in Ihrem Leben aus, lieber Leser? Trifft das Folgende auf Sie zu? Stimmen bei Ihnen Qualität und Dosierung von Beziehungen und Bewirken? Wenn ja, dann steht Ihnen die Tür für einen zufriedenen Lebensentwurf schon weit offen. Vor allem, wenn außerdem ein gesunder Umgang mit Stress hinzukommt. Dazu noch regelmäßig Sex und Flow-Erlebnisse und als Sahnehäubchen Glückserlebnisse, die sich besonders einstellen, wenn Sie sich ein waches Auge für die kleinen Freuden des Alltags bewahren – die Tür öffnet sich noch weiter. Zu guter Letzt natürlich negative Überraschungen möglichst vermeiden. Soweit das geht. Und wie wir schon am Verlauf der Börsen gesehen haben, erfreuen viele kleine Belohnungen mehr als eine große. Zerlegen Sie sich also das Positive genüsslich in viele Bestandteile und kosten Sie sie aus. Negatives hingegen fassen Sie möglichst zusammen und haken alles auf einmal ab.

Beachten Sie dabei außerdem, dass unser Gehirn Vorfreude, die erwartungsvolle Spannung auf ein Ereignis, besonders liebt, und nutzen Sie das. Planen Sie Ihre Reise im Voraus, dann haben Sie mehr davon. Oder den Autokauf. Oder das Liebesglück. Aber lassen Sie dabei Raum für positive Überraschungen. Wie mächtig Vorfreude sein kann, zeigen sämtliche Glücksspiele. Sie leben von nichts anderem. Denn andernfalls wären die vielen kleinen Verluste, die etwa das Lottospiel mit sich bringt, kaum zu ertragen. Doch die werden verleugnet, werden hinter der vorfreudigen Erwartung auf das nächste Mal versteckt, beim Lotto zudem durch die Aussicht auf einen im Vergleich zum Einsatz unverhältnismäßig großen Gewinn. Ein Schuss magisches Denken tut sein Übriges dazu. Heute werde ich gewinnen, weil die Sterne richtig stehen, ich meine Glückszahlen kenne, mein Großvater Geburtstag hat oder wie auch immer die Versuche, den Zufall zu kontrollieren, lauten mögen.

Intensiv werden wir zudem belohnt, wenn wir etwas selbst geschafft haben und es uns dabei nicht zu leicht gemacht wurde, wenn wir eine gute Entscheidung getroffen, den richtigen Weg gefunden oder ein tolles Essen gezaubert haben. Je höher die Anforderung, desto größer ist in der Regel die Belohnung bei Erfolg. Das lässt sich wunderbar beim Rätseln beobachten. Wenn es so richtig knifflig wird und uns schließlich nach langem Knobeln trotzdem die Lösung gelingt, ist der Belohnungseffekt am stärksten. Natürlich muss dafür die Ausdauer trainiert werden, aber dazu bietet das Leben ja mehr als genügend Gelegenheiten. Wer jedenfalls gleich aufgibt und stets nur den bequemen Weg wählt, bringt sich um die Belohnungsspitzen im triumphierenden Dopaminrausch. Und er verbaut sich die Freude an der Vorfreude. Denn auch die verlangt nach Geduld.

Erkenne dich selbst – und nutze die Erkenntnis

Wie wir sehen konnten, lassen sich aus den Erkenntnissen der Hirnforschung ganz konkrete Handlungsempfehlungen für eine zufriedene Lebensgestaltung ableiten. Folgen wir ihnen, dann werden sie ganz von selbst zur Selbstverständlichkeit. Weiß ich, was gut für mich ist, und sorge ich dafür, dass ich es ausreichend erhalte, gewöhne ich mich daran. Alles, was wir im Laufe des Lebens lernen (bewusst oder unbewusst), entwickelt unsere Psyche weiter, lässt sie heranreifen. Stets gilt dabei das Gesetz der Selbstverstärkung. Immer besser finden wir uns so in der Umwelt zurecht, erobern wir uns höhere Ebenen der Abstraktion und gewinnen so irgendwann einen Gesamtüberblick. Dann kennen wir uns aus in unserem Leben, in unseren Beziehungen, in unserem Beruf, in der Welt. Dann wissen wir, wie wir welche Situation meistern können, stehen über den Dingen. So entsteht im Laufe der Zeit Weisheit. Weise Menschen können intuitiv Wichtiges von Unwichtigem unterscheiden und sich die Zeit, die sie haben, ganz automatisch zu ihrer Zufriedenheit gestalten.

Doch wie kommen wir dahin? Indem wir uns selbst, unsere Bedürfnisse und unsere Fähigkeiten, unsere Stärken und Schwächen kennen, ja selbst unsere blinden Flecken. Denn erst dann haben wir die Möglichkeit, sie – falls nötig – zu kontrollieren oder gegebenenfalls auch zu nutzen. Nehmen wir das Beispiel des Cholerikers. Anstatt seine Familie, seine Kinder, seine Kollegen oder völlig Unbekannte anzubrüllen, wäre es besser für ihn und seine Umwelt – wenn er schon nicht anders kann –, seine Eigenheit sinnvoll an den Mann zu bringen, etwa indem er sich wehrt, wenn man ihn im Restaurant, beim Einkauf oder auf dem Amt schlecht behandelt. Oder wenn er sieht, dass einem anderen Unrecht widerfährt.

Die Empfehlung gilt für jeden: Machen Sie, wenn möglich, aus Ihrer Schwäche eine Stärke. Finden Sie den passenden Beruf, wenn Sie andauernd helfen wollen, alles kontrollieren müssen, pingelig genau sind oder das kreative Chaos lieben. Wenn Sie sich Ihrer dunklen Seiten bewusst werden, dann können Sie sich die passende Beschäftigung suchen, in Ihrer Tätigkeit aufgehen und Erfüllung finden. Wenn nicht, laufen Sie Gefahr, irgendwann auszubrennen.

Durch Selbsterkenntnis können wir unser Frontalhirn so trainieren, dass es die Impulse vom limbischen System nach Bedarf kontrollieren kann. Es kann sie eingrenzen oder ihnen freien Lauf lassen. Vorausgesetzt, nicht nur die Erkenntnis, sondern auch der Umgang mit Gefühlen ist gelernt worden. Erst dann sind wir dazu in der Lage, über alle oder zumindest über viele Facetten unserer psychischen Existenz weitgehend frei zu verfügen und den bun-

ten Anforderungen unserer Umwelt angemessen zu be-
gegnen. Selbst wenn manche Interpretationen des Libet-
Versuchs (siehe S. 31f.) uns Glauben machen wollen, wir
seien nur Marionetten unseres Unbewussten: Wir sind es
nicht. Wir können uns für oder gegen die emotional an-
gestoßenen Handlungsimpulse entscheiden. Sofern wir
das durch echte Erfahrung gelernt haben. Nicht umsonst
wird das Üben von Selbstkontrolle in vielen Kulturen als
Ausdruck seelischer Reife angesehen. Nur darf Selbstkontrolle nicht mit der Unterdrückung von Gefühlen verwechselt werden, denn die macht krank. Lassen Sie Ihre
Gefühle also zu und lernen Sie, mit ihnen umzugehen.
Nutzen Sie sie im besten Fall gezielt!

Die unerlässliche Unterstützung in diesem oft lebenslangen Lernprozess finden wir in unserem Beziehungsumfeld. Ganz von selbst werden dort nicht nur vielfältige
Reize für unser Gefühlsleben gesetzt, sondern können wir
zugleich den Umgang mit unseren Gefühlen spielerisch
üben. Im Austausch mit anderen erhalten wir direkte
Rückmeldungen und erleben wir, meist mehr oder weniger unbewusst, deren Reaktionen. So lernen wir, unsere
Gefühle immer besser zu verstehen und emotional zu verdauen. Auch wenn gerade bei Angst die Anwesenheit des
vertrauten anderen die beste Medizin ist, teilen wir nicht
nur sie, sondern sämtliche Gefühle. Freude, Leid, Liebe,
Trauer, Begeisterung, alles. Noch einmal zeigt sich, wie be-
deutend unsere Bindungen für unser Wohlbefinden sind.

Je besser wir uns mithilfe der anfänglich realen und
dann verinnerlichten Beziehungen in der Welt zurechtfinden, desto stärker wird Kohärenz zur bestimmenden

Grundhaltung in unserem Leben, fühlen wir uns mit uns selbst und mit der Welt im Einklang. Wiederholt sich dieses Erleben von Kohärenz verlässlich, integriert sich unsere Psyche, entsteht im Idealfall ein harmonisches Gleichgewicht von körperlichen und seelischen Bedürfnissen. Neurologische Basis dieses Kohärenzgefühls ist die parallele Aktivierung von Nervenzellen innerhalb unseres eigenen Gehirns, jedoch genauso zwischen unserem und den Gehirnen der uns umgebenden Menschen. Selbst mit Tieren können sich unsere Gehirnwellen parallel schalten. Direkt beeinflusst so unsere Umgebung, wie wir uns fühlen, und sie schlägt sich so in unserer Hirnstruktur nieder. Viel unmittelbarer, als wir das üblicherweise realisieren oder wahrhaben wollen.

Zehn Cent für mehr Zufriedenheit

Selbst die aktuelle Stimmung bestimmt auf diese Weise den Blick auf unser gesamtes Leben. In einer psychologischen Studie des aus Deutschland stammenden und jetzt in den USA tätigen Psychologen Norbert Schwarz wurden Studenten nach ihrer subjektiven Zufriedenheit im Leben befragt. Hatten sie kurz vor der Befragung ein Zehn-Cent-Stück gefunden, so war die Gesamteinschätzung ihres Lebens signifikant besser. Natürlich wussten sie nicht, dass das Geldstück von den Versuchsleitern absichtlich für sie bereitgelegt worden war. Schnöde zehn Cent genügten, und das ganze Leben erschien ihnen glücklicher. Genauso beeinflusst das Wetter die Zufriedenheit. Oder auch die unmittelbare Umgebung. Spielend leicht gelang es daher britischen Hirnforschern um S. C. Baker in London, ihre Versuchspersonen innerhalb kürzester Zeit in depressive Verstimmungen zu stürzen, indem sie ihnen Sätze zu lesen gaben wie »Das Leben ist nicht lebenswert«. Als Begleitmusik dazu gab es schwere Kost, den ersten Satz aus Sergej Prokofjews »Leutnant Kijé«-Suite: »Russland unter dem Joch der Mongolen.«

Sogar die Formulierung von Fragestellungen beeinflusst die Antwort auf die Einschätzung des eigenen Lebensglücks entscheidend. Wurde die Zufriedenheit in der Ehe als weiterer Punkt vor der allgemeinen Sicht auf das Leben abgefragt, war offenkundig das Lebensglück davon beeinträchtigt. War die Fragestellung umgekehrt, fand sich dagegen kein Zusammenhang.

Unsere Zufriedenheit ist also relativ. Und damit ist sie aktiv beeinflussbar. Wie, das haben wir an den diversen praktischen Alltagsbeispielen gesehen. Mit wem und wie wir leben und lieben, was wir essen und trinken, was wir lesen, was für Musik wir hören, wie wir uns bewegen, wie wir uns mit Kunst, Kultur und Politik auseinandersetzen. All das lässt sich gestalten. Nicht krampfhaft, aber bewusst. Es lohnt sich wirklich, unsere Augen offen zu halten für das, was uns guttut.

Dazu ein Tipp: Seien Sie vorsichtig mit Vergleichen. Wissen Sie, wie sich Medaillengewinner bei Olympischen Spielen fühlen? Am unglücklichsten sind erwiesenermaßen die Gewinner von Silbermedaillen. Sie ärgern sich, dass es nicht für Gold gereicht hat. Die Drittplatzierten quält das nicht. Ganz im Gegenteil sind sie froh, dass sie es überhaupt auf einen Medaillenplatz geschafft haben. Eine ähnliche Erfahrung mit Vergleichen machten die Einwohner Ostdeutschlands nach der Wende. Das abrupt geänderte Vergleichsniveau durch die Einheit schlug ihnen auf die Stimmung. Hatte ihr Lebensstandard bis dahin an der Spitze aller Ostblockländer gelegen, so verglichen sie sich nun mit ihren neuen Mitbürgern aus dem Westen und sahen sich auf einmal deutlich benachteiligt. Obwohl es ihnen objektiv besser ging, sank ihre Zufriedenheit.

Macht Gott zufriedener?

Bleibt noch die Frage nach Gott. Hilft der beim Zufriedenwerden? Umfragen bescheinigen gläubigen Menschen durchaus ein längeres Leben. Der Glaube scheint zumindest gut für die Gesundheit zu sein. So verringert er das Risiko für Herz-Kreislauf-Erkrankungen und stimuliert das Immunsystem. Mit diesem eindrucksvollen Ergebnis seiner sogenannten Klosterstudie landete der aus Nürnberg stammende Wahlwiener Marc Luy 1998 einen Hit. Jedenfalls in gewissen Kreisen. Bei seiner Untersuchung wertete er Daten von immerhin 11 624 Ordensmitgliedern aus, gesammelt in bayerischen Klöstern. Sie brachten an den Tag, dass Nonnen etwa gleichaltrig sterben wie Frauen außerhalb von Klostermauern, Mönche hingegen ihre weltlichen Geschlechtsgenossen um Jahre überleben.

Damit war der Beleg dafür gefunden, dass die üblicherweise kürzere Lebensdauer von Männern gegenüber

Frauen nicht biologisch begründet sein kann. Flugs wurde daraus im *P.M. Magazin* abgeleitet: »Enthaltsamkeit und Beten fördert die Lebenserwartung der Männer.« Und ein Altersforscher lieferte im Spiegel sogleich die Erklärung dazu mit seiner Behauptung: Testosteron im Alter schwäche das Immunsystem. Und das, obwohl diverse Studien längst belegt hatten, dass regelmäßiger Sex die Lebenserwartung erhöht. Von der Zufriedenheit ganz zu schweigen, die allein ja schon lebensverlängernd ist. Mönchen ist Sex als Weg zu einem langen und erfüllten irdischen Dasein verbaut. Offiziell zumindest. Trotzdem aber leben sie länger als Durchschnittsmänner. Warum?

Das mutmaßliche Fehlen von Geschlechtskrankheiten und Selbstmorden beeinflusst zwar ihre Lebenserwartung positiv, aber nur marginal. Und Enthaltsamkeit ist sicher nicht der Grund, denn ein kausaler Beweis für eine lebensverlängernde Wirkung von sexuellem Dauerfrust wurde nie erbracht. Abgesehen davon wäre das auch unlogisch und evolutionärer Unsinn. Warum sollte eine Tätigkeit, die dem Erhalt der Art dient, das Leben verkürzen? Eine lustvolle Tätigkeit zudem, die die Belohnungszentren im Gehirn so richtig aktiviert und damit eine der stärksten Motivationskräfte für unser Verhalten überhaupt ist? Die Erkenntnisse, die wir im Laufe dieses Buches gewonnen haben, sprechen eine andere Sprache. Nicht Lustverzicht, sondern die Stressarmut in der behüteten Atmosphäre des Klosters dürfte für die höhere Lebenserwartung der Ordensbrüder verantwortlich sein.

Nicht nur ist ihr Alltag weitgehend stressfrei, verlässlich im Ablauf und, den körperlichen und seelischen Bedürfnissen entsprechend, klar strukturiert. Sondern zusätzlich ist das ganze Leben im Kloster auf Beziehungen aufgebaut, auf realen ebenso wie auf der verinnerlichten göttlichen. Und gerade Beziehungen reduzieren ja Stress ganz wesentlich.

Genau diese Stressreduktion dürfte auch der Grund sein für den positiven Effekt, den Glauben im weltlichen Leben bieten kann. Kann, wohlgemerkt, bietet er doch klare Regeln und Gemeinschaft, unterstützt durch die innere Beziehung zu einer projizierten Idealfamilie. Im Christentum mit einem väterlich gütigen Gottvater, einer ewig liebenden Gottesmutter und einem Sohn, der alles Leid der Welt auf sich nimmt. Kein alltägliches menschliches Elternpaar, ob mit oder ohne Kind, kann da mithalten.

Zugleich hält das stabile Regelwerk der religiösen Gemeinschaft hilfreiche Vereinfachungen für den Alltag parat. Man kennt sich aus, weiß, was wann wie zu tun ist. Sündigt man, gibt es Wege, sich reinzuwaschen. Die Last der eigenen Verantwortung wird so gemildert und die Angst reduziert. Mit ihr zugleich der Stress. Denn wenn es ein Leben nach dem Tod gibt, braucht man sich ja jetzt keinen Stress zu machen. Ist das Leben im Diesseits mies, wird im Jenseits schon der Ausgleich warten, dort gibt es die Gerechtigkeit, die wir Menschen uns so sehr ersehnen.

Überhaupt lässt sich auf diese Weise die Komplexität unseres chaotischen und von Zufällen geprägten Erdendaseins auf einfache Grunderklärungen reduzieren. Ist doch unser Bedürfnis, etwas verstehen zu wollen, die Triebfeder für unser Denken schlechthin: ursprünglich, um zu überleben, inzwischen längst, um die Welt zu kontrollieren. Weil wir dadurch länger und sicherer leben können und weil wir immer weiter voran wollen. Dort, wo wir keine oder noch keine Erklärungen für unsere Beobachtungen und Fragen gefunden haben, basteln wir uns welche zusammen. Aber bedeutet das, dass Gott wirklich konkret existiert? Hierzu der Nicht-nur-Physiker Vince Ebert: »Die Tatsache, dass ein gläubiger Mensch eventuell glücklicher ist als ein Skeptiker, trägt zur Sache nicht mehr bei als die Tatsache, dass ein betrunkener Mensch glücklicher ist als ein nüchterner.«

Doch Glauben hat eine dunkle Kehrseite. Viele Religionen wirken massiv auf das Unbewusste ihrer Gläubigen ein. Mittel zu diesem Zweck ist das Trauma. Es findet sich in den Horrorgeschichten von Christus am Kreuz, in den endlosen Leiden der gefolterten und ermordeten Heiligen und in der Drohung des Fegefeuers. Oder in realen körperliche Traumen wie männlicher Beschneidung und weiblicher Genitalverstümmelung.

Das Trauma treibt uns in die Arme von anderen, hier in die Arme der religiösen Gemeinschaft. Das ist keineswegs frei von Nebenwirkungen. Immer hinterlassen Traumen innerpsychische Spaltungen und legen damit den Grundstein für das Fatale: Wir gegen den Rest der Welt. Was bindet, grenzt auch aus. Je radikaler, desto massiver. Konflikte mit Andersdenkenden sind vorprogrammiert. Für lange Zeiträume, denn wie von selbst werden Traumen an die Nachfolgegenerationen weitergegeben und so am Leben erhalten. Zugleich sind sie permanente latente Drohung und helfen so, dem Einzelnen das moralische Regelwerk der Religion aufzuzwingen. In Zeiten, in denen wie im Mittelalter stabile Rechtsstrukturen weitgehend fehlten, war das von Nutzen für die Gesellschaft, um zumindest Ansätze einer ordnenden Moral zu schaffen. Aber heutzutage?

Damals, als wir noch auf einer Weltscheibe saßen

In letzter Konsequenz ist Religion nichts anderes als eine Form der Weitergabe von kulturellen Inhalten. Religion wird kulturell erlernt. Damit ist sie grundsätzlich flexibel und wandelbar, was die Religionsgeschichte bestens belegt. Interessanterweise lassen die Gotteskonzepte, die im Laufe der Geschichte entwickelt wurden, Parallelen zur psychischen Entwicklung von Individuen erkennen. Aus den konkret erdachten Gottesbildern der Naturvölker wurden direkte Projektionen chaotischer Familienverhältnisse bei den antiken Göttern. Und daraus abgeleitet entwickelten sich die zunehmend integrierten, später zum Teil abstrakten Konzepte der monotheistischen Religionen. Wie jedes Kleinkind alle Geschehnisse um sich herum auf sich bezieht, hatten wir als Menschheit insgesamt einst die Vorstellung, wir seien das Zentrum des Universums. Damals, als wir, ich erwähnte es schon, noch von Gott geschaffen auf einer Scheibe inmitten des Weltalls saßen.

Hier zeigt sich, wie wir Teil einer faszinierenden kulturellen Entwicklung sind, die zwar weltweit in unterschiedlicher Geschwindigkeit abläuft, aber insgesamt einer zunehmenden psychischen Integration und damit einer

Reifung des Denkens entgegenstrebt. Unweigerlich ist jeder dabei in den Entwicklungsstand seines Umfelds eingebunden. Diese Entwicklung ist nicht aufzuhalten, wird angetrieben von der Selbstverstärkungstendenz. Selbst wenn es dabei permanent Rückschritte gab und gibt, wenn rückwärts gerichtete Kräfte aus Angst vor der Dynamik und vor der Unsicherheit des Neuen versuchen, das Rad zurückzudrehen. Denken Sie nur an die Taliban in Afghanistan. Die zunehmende globale Vernetzung, die vor allem mit dem Internet immer unmittelbarer voranschreitet, wird in absehbarer Zeit fast jeden erreicht haben. Das Wissen, das uns zu dem Menschen macht, der wir heute sind, beschränkt sich längst nicht mehr auf die Inhalte unseres individuellen Gehirns. Längst sind wir miteinander und mit dem Gesamtwissen der Menschheit vernetzt und erschaffen uns erst dadurch unsere subjektive Interpretation von der Welt, entwickeln daraus unser Lebensgefühl.

Wir sind schon in der Zukunft angekommen

Wesentlicher Motor für die intellektuelle Weiterentwicklung unserer menschlichen Evolution war und ist die Beziehung. Die zunehmende Komplexität unserer Beziehungsmuster bewirkte eine fortschreitende Ausdifferenzierung unseres Spiegelzellsystems. Dadurch wuchs unser Gehirn von Generation zu Generation ein Stück weiter. Erst durch unsere Beziehungen wurden wir so zu Menschen. Diese Abhängigkeit von anderen erklärt auch die Anziehungskraft der neuen sozialen Netzwerke. Beziehung wird dort längst virtualisiert. Auf Facebook leben Tote weiter, existieren fiktive Personen, sammeln Tiere Freunde, ohne es zu wissen.

Überall erschaffen wir Beziehungen nach dem Prinzip der Selbstverstärkung. Was für die Vernetzung im Gehirn gilt, gilt genauso für die soziale Vernetzung. Das Internet folgt der Regel der Selbstverstärkungstendenz. Was häufig abgerufen wird, wird häufiger abgerufen. Die Werbung im Netz nutzt das gezielt. Sie füttert uns mit den Angeboten, die unserer eigenen Suchspur entsprechen. Die Gefahr dabei ist, dass wir den Blick verlieren für Alternativen. Haben wir einmal digital einen Flug nach New York gesucht, bekommen wir ihn wieder angeboten in unserem Account. Ob wir dann jemals nach Singapur reisen werden? Zum Glück hilft uns da die naturgegebene Neugier, Dopamin sei Dank.

Konstant weiten wir unsere Vernetzungen und unser Denken aus. Längst sind wir aktive Gestalter der Evolution. Weite Teile unseres Planeten sind bereits von Menschenhand geformt. Von den Reisterrassen auf Bali bis zu den Poldern in Holland, dem Meer abgerungen. Von Stadtlandschaften in New York, Hongkong, Shanghai und Tokio bis zu künstlichen Parklandschaften. Bald ist das künstliche Dubai fast überall. Und so, wie wir die Erde umformen, gestalten wir unsere eigene menschliche Evolution. Denn Evolution ist nichts anderes als die Weitergabe von Information, von Wissen. Längst haben wir die Biologie verlassen, beherrschen kulturelle Inhalte unsere Weiterentwicklung stärker als der Bauplan unserer Gene. Und gerade in diesem Moment gehen wir den nächsten entscheidenden Schritt. Wir sind dabei, uns selbst zu kopieren als technische Wesen. Damit entwickeln wir uns unweigerlich weiter in eine neue Dimension.

Im Jahr 2013 fiel der Startschuss für das Human Brain Project. Dieses Großprojekt der Europäischen Kommission bündelt unser gesamtes Wissen vom menschlichen Gehirn. Sein Ziel ist die Nachbildung eines kompletten Gehirns durch Simulation im Computer. Koordiniert wird es von Henry Markram, einem echten Weltbürger, geboren in Südafrika, Staatsbürger Israels und nun Neurowissenschaftler an der Eidgenössischen Technischen Hochschule in Lausanne (EPFL), wo das Megaprojekt, an dem 80 europäische und internationale Forschungseinrichtungen beteiligt sind, über zehn Jahre laufen soll. Offenkundig sind wir längst in der Zukunft angekommen. Nur haben das bislang die wenigsten von uns gemerkt.

Schritt für Schritt ins Hirn

Wie sich dieser Nachbau eines ganzen Gehirns und damit von der Essenz unseres Menschseins machen lassen dürfte, beginnen wir inzwischen bis ins kleinste Detail nachzuvollziehen. Erinnern Sie sich noch an den Versuch des aus Heidelberg stammenden Hirnforschers Wolfram Schultz zur Funktionsweise von Dopaminneuronen bei Äffchen, die mit Apfelstücken und Rosinen gefüttert wurden (siehe S. 113ff.)? Der entscheidende Anreiz für das Feuern ihrer Dopaminneurone war die Erwartungshaltung. Ob sie bestätigt wurde oder nicht, erwies sich als entscheidende Grundvoraussetzung für das Lernen im Gehirn.

Zur gleichen Zeit, als Schultz in die Affenhirne hineinschaute, studierten Read Montague und Peter Dayan am Salk Institute in den USA genau das, was er dort gefunden hatte: Lernprozesse. Ihr Ausgangspunkt war aber ein gänzlich anderer: ein Computermodell. Zwei Informatiker, Rich Sutton und Andrew Barto, hatten die Software dazu entworfen. Ihr Grundaufbau war einfach. Immer erstellte sie eine Prognose über das nächste zu erwartende Ereignis, etwa den kommenden Zug bei einem Spiel. War die Vorhersage richtig, so wurde das Ergebnis verstärkt. War sie falsch, musste die Software ihre Einschätzung anpassen.

Dann, 1991, eines schönen Frühlingsmorgens, fand Dayan durch Zufall die Ergebnisse von Schultz. Sogleich stürmte er in das Büro seines Kollegen Montague. Die Sensation war perfekt. Die Funktionsweise vom Lernen im Gehirn war entschlüsselt. Die beiden konnten es kaum fassen. So sehr entsprachen die Ergebnisse von Schultz denen ihrer künstlichen Lernmaschinen. Montague dachte am Anfang sogar, sein Kollege habe die Daten fingiert, um ihn auf den Arm zu nehmen. Der eigentliche Lernprozess im Gehirn erwies sich als extrem einfach. Wieder hatte die Natur sparsam gearbeitet. Erinnern Sie sich noch an die vermeintlich komplexe mathematische Gleichung, die zum Fangen eines Balles nötig sein sollte (siehe S. 167ff.)?

Montague und Dayan veröffentlichten ihre Erkenntnis in einem gemeinsamen Artikel. Oder besser, sie versuchten es. Keine wissenschaftliche Zeitschrift interessierte sich für ihre eigenartig anmutende These, die auf einer Verknüpfung von Neurobiologie und Computerwissenschaften basierte. Erst ein Magazin für eingefleischte Denkexoten, das *Journal for Advances in Neural Information Processing Systems,* fand sich schließlich dazu bereit. Es sollte noch weitere sechs Jahre dauern, bis endlich die etablierte Wissenschaft begeistert werden konnte. Ein Beitrag, den die beiden jetzt gemeinsam mit Schultz verfasst hatten, erschien in der angesehenen amerikanischen Fachzeitschrift *Science.* Er schlug ein wie eine Bombe.

Inzwischen wurde mehrfach bewiesen, dass wir auch in unseren zwischenmenschlichen Beziehungen mithilfe von unbewussten Vorhersagen agieren, die bestätigt und verstärkt oder gegebenenfalls korrigiert werden. Problemlos können Sie das im Selbstversuch beobachten. Treffen Sie nämlich jemand Neuen, vergleichen Sie ihn automatisch mit einem Bekannten und schreiben ihm erst einmal genau dessen Eigenschaften zu. Die sich dann im weiteren Verlauf vielleicht bestätigen können oder auch nicht.

Selbst das Auf und Ab an den Börsen erklärt sich über das Lernen an der Erwartung. Wo, wenn nicht dort, wird schließlich die Zukunft gehandelt? In einer groß angelegten Studie bewies Montague, dass Investoren frustriert sind, wenn sie in einem steigenden Markt Gewinnchancen verpassen, weil sie nicht investiert haben. Sie wollen dann aus ihrem Fehler lernen und neigen daher dazu, gerade als Folge der verpassten Chance erst recht und immer mehr zu investieren. Unweigerlich entstehen so Investmentblasen. Bis es kracht.

Doch mit der Entdeckung der einfachen Lernformel unseres menschlichen Gehirns wurde zugleich ein zentraler Grundbaustein für den Bau eines künstlichen Gehirns gefunden, der sich problemlos nachahmen lässt. So wie das einfache Computermodell durch Zufall den Lernmechanismus der Affen kopiert hatte. Der Nachbau eines Gehirns im Digitalen ist damit nur noch eine Frage der Zeit. Und mit Sicherheit wird es bald darauf dann zwei und mehr solcher Kunsthirne geben, die leicht miteinander zu verbinden sind, durch einfaches Zusammenstecken statt durch langwieriges Eintrainieren von Spiegelzellen wie bei natürlichen Gehirnen. Die Leistungskapazität der künstlichen wird damit die unserer biologischen Gehirne spielend überflügeln. Zugleich können in ihnen die Fehlerquellen ausgeglichen werden, die wir noch mit uns herumschleppen. Versucht wird das längst. Nicht umsonst wird der Aktienhandel der Profis fast nur noch von Computern beherrscht. Nur sind die bislang offenbar noch nicht clever genug, um Erfolg zu garantieren.

Fakt ist: Wir schaffen uns selbst als biologische Wesen ab. Wir Menschen werden bald als digitalisierte Intelligenz weiterleben, wenn wir dann noch von Leben sprechen wollen. Damit nehmen wir zunehmend den Platz ein, den wir in unserer Kultur einmal einem schöpfenden Gott zugedacht hatten. Aus Science-Fiction wird Realität. Und damit werden wir, die selbst ernannte Krone der Schöpfung, wahrscheinlich schon bald eine neuerliche Entzauberung, eine letzte Kränkung erleben. Ob wir dann als postbiologische Menschen weiterhin zufrieden sein können? Ich weiß es nicht. Es wird wohl davon abhängen, ob wir unser emotionales Wissen mit hinübernehmen in die transhumane, virtualisierte Existenz.

Doch bis dahin bleibt uns noch ein wenig Zeit. Bis dahin können wir uns noch darin üben, zufrieden zu sein. Und wir sollten ein aktives Mitspracherecht an unserer Weiterentwicklung einfordern, damit diese vielleicht letzten Fragen der Menschheit nicht von einigen wenigen Computerfreaks am Bildschirm entschieden werden. Denn das würde uns über kurz oder lang den Schlaf rauben. Und Schlafmangel macht gestresst, nervös und damit unzufrieden.

Zum guten Schluss

Noch einmal sei es gesagt: Es ist recht einfach, zufrieden zu werden. Die Qualität unseres Beziehungslebens, ausgehend von unseren frühen Bindungen, erweist sich als *die* zentrale Quelle von Zufriedenheit oder eben von ihrem Gegenteil. Wir Menschen sind in unsere Beziehungen eingebettet und werden erst durch sie zu denjenigen, die wir sind. Sind unsere allerersten Bindungserfahrungen gut, ergibt sich der Rest in unserem Leben beinahe wie von selbst. Der aktuelle Stand unserer Beziehungen prägt und färbt die Sicht auf unser gesamtes Leben. Wie in einer Sequenz aus dem Woody-Allen-Film *Celebrity*: »Der da hinten ist ein berühmter Filmkritiker. Er hat jeden Film gehasst. Und dann hat er eine junge Frau geheiratet. Und seitdem liebt er jeden Film.« Also, nutzen Sie die Zeit, denn sie ist vergänglich. Schärfen Sie dabei Ihren Blick auch für die kleinen Freuden des Lebens. Wie wunderbar war der melancholische Gesang des Sprossers – der östliche Nachbar unserer Nachtigall – kurz vor Mitternacht in der späten Dämmerung der russischen Taiga, den ich nach der rauschenden Party in einem Palais außerhalb von Sankt Petersburg mit Gerald Hüther teilen konnte. Oder wie sehr ist es das Lächeln meiner Liebsten.

Das Beste aus der Wissenschaft folgt nun zu guter Letzt, damit Sie es in lebendiger Erinnerung behalten. Eine weitere Megastudie. Diesmal von der Harvard University. Die Grant-Studie. Sie läuft seit über 75 Jahren. Gesunde Männer, weiße Amerikaner aus zwei Gruppen, die eine Harvard-Absolventen, die andere Angehörige der Unterschicht, wurden und werden alle zwei Jahre befragt: nach Gesundheit, Erfolg, Eheglück und Lebenszufriedenheit. Prominentester Teilnehmer an dieser Studie: John F. Kennedy.

Die Ergebnisse bestätigen die enorme Bedeutung von Liebe in unserem Leben. Von Anfang an und bis zum Schluss. Die Studie ist eine aus dem Land der unbegrenzten Möglichkeiten, und dort wird Erfolg gern in barer Münze gemessen. Die Studie errechnete folglich den Wertzuwachs von Liebe in US-Dollar: Wer eine frühe, enge, von Wärme geprägte Mutterbeziehung erleben durfte, verdiente durchschnittlich im Spitzenbereich im Jahr 87 000 Dollar mehr. Und wer dazu noch eine liebevolle Partnerin hatte, brachte es sogar auf 141 000 Dollar mehr. Übermäßige Intelligenz hatte dagegen keinen vergleichbaren Effekt. Die Studie ergab übrigens auch, wie sehr die politische Einstellung das Liebesleben beeinflusst. Während Konservative im Durchschnitt mit 68 Jahren das letzte Mal Sex haben, behalten Liberale ihre Liebesfreuden bis weit ins neunte Lebensjahrzehnt hinein bei. Wenn das kein überzeugendes Argument für ein eindeutiges politisches Statement ist! Die Quintessenz aus all den Jahren der Forschung war für den langjährigen Studienleiter George Vaillant jedenfalls eindeutig. Er fasste sie in fünf Worte: »Lebensglück ist Liebe. Und basta.«

Noch eine letzte Anekdote. Vor einigen Jahren war ich auf einem psychiatrischen Kongress in Ecuador, in Guayaquil. An einem der Abende gab es ein festliches Diner in einem alten Holzhaus aus der Kolonialzeit. Das Haus war großzügig angelegt wie ein Palast und lag direkt am Río Guayas. Der laue Abendwind zog vom Wasser des Flusses herauf und ließ die leichten Vorhänge tanzen. An Achtertischen genossen wir das gute Mahl in einem riesigen Salon. Dann kamen drei Mariachi-Musiker. Mit ihren Gitarren zogen sie von Tisch zu Tisch und spielten auf. Die anwesenden Kollegen, fast alle Südamerikaner, kannten die Lieder, gesellten sich zu den Gitarristen und stimmten lebhaft mit ein. Fasziniert von der ungehemmten Lebensfreude, ließ ich mich mitreißen, schloss mich der vergnügten Menschentraube an.

Wir kamen zu einem Tisch, an dem ein älteres Ehepaar saß, der Mann im Rollstuhl. Seine betagte Frau wünschte sich ein Lied und sang es dann selbst. Der Text lautete ungefähr: »Du bist mein Herz, meine Seele, mein Leben.« Voller Leidenschaft, inbrünstig, in der sehnsüchtigen Melodie des einfachen Liedes gestand sie ihrem Mann ewige Liebe. Ein Kollege, der neben mir stand, flüsterte mir ins Ohr: »Du musst wissen: Er hat Krebs im Endstadium und nur noch wenige Wochen zu leben.«

Folgen Sie dem Beispiel der Dame. Lieben Sie so oft, so gut, so intensiv es geht. Dann leben Sie gesund, lange und zufrieden. Bis zuletzt. Mehr noch: Erst dann leben Sie!

Literatur

www.abendzeitung-muenchen.de/inhalt.leute-michael-jackson-schon-als-kind-auf-die-buehne-gepeitscht.526c56ff-9494-4cbf-ad60-bb29bc8d52dc.html

http://articles.philly.com/2011-07-18/news/29786980_1_baboons-stress-alpha-males

Andreasen, N. C., und D. W. Black: Introductory Textbook of Psychiatry. Washington D.C. 2001

http://edge.org/conversation/testosterone-on-my-mind

Bauer, J.: Das Gedächtnis des Körpers. München 2007 (10. erw. Aufl.)

Bauer, J.: Das System der Spiegelneuronen: www.google.at/url?sa=t&rct=j&q=&esrc=s&source=web&cd=13&ved=0CHIQFjAM&url=http%3A%2F%2Fpeteritin.files.wordpress.com%2F2008%2F09%2Fjoachim-bauer-spiegelneuronen.doc&ei=XAo2UvayBpDFtAa4y4GABQ&usg=AFQjCNE0nUiX9NQ_mnovqd6yaEJledq3Eew&bvm=bv.52164340,d.Yms

http://news.bbc.co.uk/2/hi/science/nature/172631.stm, 16. September 1998

Bergman, T. J.; Beehner, J. C.; Cheney, D. L.; Seyfarth, R. M. und Whitten, P. L.: Correlates of stress in free-ranging male chacma baboons. In: Animal Behaviour 70. 2005, S. 703–713

http://boroughroseto.com/history/

http://brainimmune.com/stress-proinflammation-autoregulation-and-cardiovascular-diseases/

Bredow, R. v.: Das gewollte Klischee. In: Spitzer, M. und Bertram, W. Hirnforschung für Neu(ro)gierige. Stuttgart 2010, S. 60–75

Brickman, P.; Coates, D. und Janoff-Bulman, R.: Lottery winners and accident victims: Is happiness relative? In: Journal of Personality and Social Psychology. 1978, S. 917–927; www.ncbi.nlm.nih.gov/pubmed/690806

Buchheim, A. und Bertram, W.: Ain't no sunshine when she's gone – Wie Bindung das Gehirn verändert. In: Spitzer, M., und W. Bertram: Hirnforschung für Neu(ro)gierige. Stuttgart 2010, S. 28–42

Buddecke, E.: Pathobiochemie. Berlin 1983

Capus, A., im Gespräch

www.sscnet.ucla.edu/anthro/faculty/fiske/misc/carter.pdf

Chamberlain, D. B.: Neue Forschungsergebnisse aus der Beobachtung vorgeburtlichen Verhaltens. In: Janus, L. und Haibach, S.: Seelisches Erleben vor und während der Geburt. Neu-Isenburg 1997

Clarkin, J. F.; Yeomans, F. E. und Kernberg, O. F.: Psychotherapie der Borderline-Persönlichkeit. Stuttgart 2001

Cloninger, C. R.: Feeling Good. Oxford 2004

www.ted.com/talks/mihaly_csikszentmihalyi_on_flow.html

www.dailymail.co.uk/health/article-2036685/The-high-price-sucking-thumb-I-31.html

www.dailymail.co.uk/news/article-1079997/The-secret-happiness-Having-10-good-friends.html

DeMause, L.: Das emotionale Leben der Nationen. Klagenfurt 2002

Deneke, F.-W.: Psychische Struktur und Gehirn. Stuttgart 1999

Dornes, M.: Gedanken zur frühen Entwicklung und ihre Bedeutung für die Neurosenpsychologie. In: Forum der Psychoanalyse 11. 1995, S. 27–49

Dornes, M.: Die frühe Kindheit. Frankfurt am Main 1997, S. 269–270

Ebert, V.: Glaubst du noch oder denkst du schon? In: Spitzer, M., und W. Bertram: Hirnforschung für Neu(ro)gierige. Stuttgart 2010, S. 261–274

Esch, T.: Die Neurobiologie des Glücks. Stuttgart 2012

http://faculty.psy.ohio-state.edu/1/kiecolt-glaser/

www.faz.net/aktuell/gesellschaft/familie/langzeitstudie-ein-liebestest-fuer-die-glueckliche-ehe-12687145.html

www.faz.net/aktuell/wissen/mensch-gene/epigenetik-stress-im-sperma-12914902.html

FAZ vom 20. Januar 2014, S. 20

www.focus.de/gesundheit/ratgeber/sexualitaet/erotik/dr.sex/
mehr-jahre_aid_17604.html

Fonagy, P. u. a.: Entwicklungspsychologische Wurzeln der Border-
line-Persönlichkeitsstörung – Reflective Functioning und Bindung.
In: PTT (Persönlichkeitsstörungen Theorie und Therapie).
Heft 4. Stuttgart 2001

Fonagy, P.: »Violent Attachments«. Vortrag beim Symposium in
Wien vom 7.–8. Juli 2006: »Love and Hate, a challenge for
contemporary neurobiology«

Freyberger, H. J. und Spitzer, C.: Posttraumatische Belastungsstörungen. In: Ahrens, S. und Schneider, W.: Lehrbuch der psychosomatischen Medizin. Stuttgart 2002 (2. überarb. Aufl.), S. 332

Fromm, E.: Anatomie der menschlichen Destruktivität. Reinbek
2005 (21. Aufl.)

Gallese, V. und Buccino, G.: Wir und die anderen. In: Spitzer, M. und
Bertram, W.: Hirnforschung für Neu(ro)gierige. Stuttgart 2010,
S. 43–58

Gigerenzer, G.: Bauchentscheidungen: Die Intelligenz des Unbewussten und Macht der Intuition. München 2008

www.glamour.de/liebe/beziehung/oxytocin-gefaehrliches-spray-
gegen-untreue

www.gluecksforschung.de/Hirnforschung-und-Glueck.htm

Günther, M.: Geld & subjektives Wohlbefinden. Eine Bestandsauf-
nahme der zentralen Ergebnisse aus der Glücksforschung.
München 2011

Hacker, F.: Aggression. Wien 1971

http://de.wikipedia.org/wiki/Harry_Harlow

Hawkley, L. und Cacioppo, J.: Loneliness and Pathways to Disease.
Chicago 2002; http://psychology.uchicago.edu/people/faculty/
cacioppo/jtcreprints/hc03.pdf

Hirschhausen, E. von: Glück kommt selten allein ... Reinbek
2009

Hüther, G.: Biologie der Angst. Göttingen 1997

www.humanbrainproject.eu/

www.idw-online.de/de/news467718

http://whsc.emory.edu/_pubs/em/1998summer/vole.html

Jacobson, E.: Depression. Frankfurt am Main 1983

Janus, L.: Wie die Seele entsteht. München 1993

Kapfhammer, H. P.: Trauma und Dissoziation – eine neurobiologische Perspektive. In: PTT (Persönlichkeitsstörungen Theorie und Therapie). Sonderband. Stuttgart 2001, S. 10–15

Klein, S.: Die Glücksformel. Reinbek 2002

Koenigsberg, H. W. und Siever, L. J.: Die Neurobiologie der Borderline-Persönlichkeitsstörung. In: Kernberg, O. F.; Dulz, B. und Sachsse, U.: Handbuch der Borderline-Störungen. Stuttgart 2000

Leonard, B.: Im persönlichen Gespräch anlässlich des 2. Regionalkongresses des Weltpsychiaterverbandes und des 19. Peruanischen Psychiatriekongresses in Lima vom 30. November – 3. Dezember 2006

Levine, R.: Die große Verführung. München 2003

Lewin, R.: »Is your brain really necessary?« In: Science 210 (4475). 1980, S. 1232ff.

Lommel, P. van: Endloses Bewusstsein: Neue medizinische Fakten zur Nahtoderfahrung. Ostfildern 2011

Lorenz, S.: Wie das Seelenleben des Kindes schon im Mutterleib geformt wird. Berlin 1999

www.massagemag.com/News/2006/January/125/Tiffany.php

Max-Planck-Gesellschaft Heidelberg: Anti-Angst-Hormon Oxytocin wird gezielt an seine Wirkorte im Gehirn transportiert, 8. Februar 2012; www.mpg.de/5018735/

www.mmsseiten.de/gw-004.htm

www.naturalnews.com/025393_health_WHO_life.html

www.ncbi.nlm.nih.gov/pubmed/7428712. In: Endokrinologie. Juni 1980, S. 365–368

www.ncbi.nlm.nih.gov/pmc/articles/PMC1721847/; Archives of Disease in Childhood. Fetal Neonatal Edition 2005, S. 166–169

www.news.de/gesundheit/754746489/ein-hormon-verfuehrt-frauen-zum-fremdgehen/1/

www.nytimes.com/2013/09/03/sports/nyad-completes-cuba-to-florida-swim.html?_r=0

www.nzz.ch/wissen/wissenschaft/shakespeares-sonette--gespeichert-in-dna-molekuelen-1.17968591

www.pm-magazin.de/a/die-lust-mit-der-lust

www.onmeda.de/g-fit/joggen-419.html

www.onmeda.de/g-psychologie/verschwundener-zwilling-581.html

www.paulekman.com

peteritin.files.wordpress.com/2008/

Piontelli, A.: Vom Fetus zum Kind. Über den Ursprung des psychischen Lebens. Eine psychoanalytische Beobachtungsstudie. Stuttgart 1996

www.pm-magazin.de/a/gesundes-klosterleben

Precht, R. D.: Liebe. Ein unordentliches Gefühl. München 2009

www.sciencedirect.com/science/article/pii/0031938401005649

http://seedmagazine.com/content/article/a_new_state_of_mind/

www.seligmaneurope.com

www.shvoong.com/social-sciences/sychology/1707931-d4dr-gene-people-risk-lives/

Siefer, W. und Weber, C.: Ich. Wie wir uns selbst erfinden. Frankfurt am Main 2006

Smith, D.: Sex and death: Are they related? Findings from the Caerphilly cohort study. In: British Medical Journal. 1997, S. 315 – 1641; www.bmj.com//315/7123/1641

www.spiegel.de/wissenschaft/mensch/studie-unter-moenchen-lebe-langsam-stirb-alt-a-266212.html

www.spiegel.de/schulspiegel/neue-studie-jugend-immer-frueher-geschlechtsreif-a-418064.html

www.spiegel.de/spiegel/print/d-77299773.html

Spitzer, M.: Nervensachen. Stuttgart 2003

Spitzer, M. und Bertram, W.: Braintertainment. Stuttgart 2007

Spitzer, M. und Bertram, W.: Hirnforschung für Neu(ro)gierige. Stuttgart 2010

http://diestandard.at/1229975421618/Man-kann-sich-nur-als-Verliererin-fuehlen

Steinemann, E.: Der verlorene Zwilling. München 2006

www.sueddeutsche.de/kultur/haruki-murakamis-lauftagebuch-der-marathonschreiber-1.281406

Teo, A. R.; Choi, H. und Valenstein, M.: Social Relationships and Depression: Ten-Year Follow-Up from a Nationally Representative Study. Public Library of Science Oneline (PLOS ONE). 30. April 2013

Thomashoff, H.-O.: Versuchung des Bösen. München 2009

Tress, W. und Heinz, R.: Willensfreiheit zwischen Philosophie, Psychoanalyse und Neurobiologie. Göttingen 2007

www.uic.edu/classes/osci/osci590/14_2%20The%20Roseto%20Effect. htm

Walter, H.: Liebe und Lust. Ein intimes Verhältnis und seine neurobiologischen Grundlagen. In: Buschlinger, W. und Lütge, C. (Hg.): Kaltblütig. Philosophie von einem rationalen Standpunkt. Festschrift für Gerhard Vollmer zum 60. Geburtstag. Stuttgart 2003

Wentzel, T.: Anlässlich eines Vortrags in Wien am 19. Mai 2010

http://de.wikipedia.org/wiki/Dean_Hamer

http://en.wikipedia.org/wiki/Grant_Study

http://de.wikipedia.org/wiki/Gratifikationsaufschub

http://de.wikipedia.org/wiki/Happy_Planet_Index

http://de.wikipedia.org/wiki/Human_Brain_Project

http://de.wikipedia.org/wiki/James_Olds – cite_note-1

http://de.wikipedia.org/wiki/Jim_Jones

http://de.wikipedia.org/wiki/Klosterstudie

http://de.wikipedia.org/wiki/Lobotomie

http://de.wikipedia.org/wiki/Matthieu_Ricard

http://en.wikipedia.org/wiki/Peak-end_rule

http://de.wikipedia.org/wiki/Theory_of_Mind

http://en.wikipedia.org/wiki/Walter_Jackson_Freeman_II

http://en.wikipedia.org/wiki/Walter_Jackson_Freeman_III

Winkler-Pjrek, E.: Ärgerattacken und Depression des Mannes. In: Update in Psychiatrie und Psychotherapie Nr. 12. April 2007

www.wissenschaft.de/archiv/-/journal_content/56/12054/1669924/ Morphiumrausch-im-Gehirn/

www.zeit.de/1998/36/Ein_Gen_fuer_alle_Faelle

Dank

Ein Buch: Am Anfang steht die Idee, aber die ist vage. Erst im Austausch mit anderen kristallisiert sich das eigentliche Thema heraus. Mein Dank gilt damit zuerst Gerd Gigerenzer, denn er hat mich mit meiner Agentin Barbara Wenner zusammengebracht. Sie war es dann, die mich bei der Themensuche nicht hat ruhen lassen, bis die Zufriedenheit auf dem Tisch lag, und sie hat auch den Kontakt zu Bettina Traub vom Ariston Verlag hergestellt. Dem engagierten Team dort verdanke ich wertvolle Unterstützung beim kreativen Entstehungsprozess und bei der Verbreitung des Buches. Ohne es läge es nicht in Ihrer Hand, liebe Leserin, lieber Leser. Allen voran danke ich dabei meiner Lektorin Regina Carstensen, die wichtige Anstöße gab, den roten Faden des Buches von zu vielen Seitensträngen zu entwirren, und die einen erquicklichen Sinn für Humor gezeigt hat. Den vielen Kollegen aus dem faszinierenden Feld der Hirnforschung danke ich ebenfalls. Nicht nur waren sie Anreiz, boten sie Austausch und Reflexion, halfen sie dabei, Gedanken weiterzuverfolgen oder fallen zu lassen, ein niemals endender Prozess, gerade weil es dauernd neue Erkenntnisse gibt, tagtäglich. Längst sind viele von ihnen echte Freunde geworden, leben sie im wirklichen Leben, was sich als erfrischend einfache Quintessenz des Buches erwiesen hat. Unsere Bindungen machen uns zu demjenigen, der wir sind. Liebe ist der wichtigste Faktor für ein zufriedenes Leben. Damit gilt der größte Dank all jenen, mit denen ich Liebe in all ihren Facetten leben kann, konnte und weiter können werde, je intensiver, desto mehr.